DIE BESTEN STELL- UND CAMPING-PLÄTZE IN KROATIEN

Istra Premium Camping Resort, Funtana ⑫

Der 2019 eröffnete 5-Sterne-Platz nahe Poreč verfügt über einen Aquapark, ein breites Sport- und Unterhaltungsangebot, schöne Strände und verschiedene Stellplatzkategorien, teils mit Meerblick (s. S. 70).

160kr Abb.: ipc © Istra Premium Camping Resort by Valamar

161kr Abb.: cvs - Val Saline Camping Rovinj

⑱ Camping Val Saline, Rovinj

Der 4-Sterne-Platz in einer Naturoase nahe Rovinj bietet viel Komfort und ein reichhaltiges Wellness-Angebot. Von vielen der Stellplätze blickt man auf den kilometerlangen Kiesstrand. Das Restaurant Saline verwöhnt mit exzellenter Küche (s. S. 86).

Camping Kovačine, Insel Cres ㉚

Das familiäre ECO-Camp auf einer naturbelassenen, von glasklarem Wasser umgebenen Halbinsel ist perfekt für einen Familienurlaub geeignet. Es vereint grüne Olivenhaine mit schönen Fels- und Kiesstränden und hat einen separaten FKK-Bereich (s. S. 124).

144kr Abb.: rh

164kr Abb.: rh

㊽ Camping Village Šimuni, Insel Pag

Der reizvoll gelegene Platz im Pinienwald umfasst eine eigene Halbinsel. Die teils eigenwillige Gestaltung überrascht mit liebevollen Details. Neben Sportangeboten gibt es viel Unterhaltung und Gastronomie (s. S. 149).

Camping Park Soline, Biograd ㊴

Park Soline im Schatten hoher Pinien befindet sich nur 500 m vom Zentrum von Biograd an einem langen Kies- und Sandstrand. Der Platz mit Wellness-Oase ist vor allem für die Vor- und Nachsaison zu empfehlen und hat ein gutes Restaurant mit Meerblick (s. S. 164).

241kr Abb.: ps © Camping Park Soline

DIE SCHÖNSTEN LANDSCHAFTEN

Plitvicer Seen
Die amphibische Welt der Plitvicer Seen mit den blaugrünen Seen, weißen Felsbarrieren, grünem Schilf und Buchenurwäldern zählt zu den eindrucksvollsten Karstphänomenen: die Tuffterrassen, Katarakte und Kaskaden sind ein Werk des Wassers (s. S. 109).

Paklenica
Die Vielfalt der wild zerrissenen Schlucht quer durch das über 1700 m hohe Velebit-Gebirge reicht von mediterraner Küstenvegetation mit Palmen und Agaven bis zu Föhrenwald und subalpinen Bergmatten. Sie ist ein Paradies für Kletterer und Bergwanderer (s. S. 115).

Krka
Nur wenige Kilometer landeinwärts von Šibenik hat der tief eingeschnittene Fluss Krka eine fantastische Wunderwelt geschaffen, die zum Schönsten gehört, was die vielfältige Natur an Kroatiens Küste zu bieten hat (s. S. 170).

Biokovo
Die Bergregion westlich des Sveti Jure ist eines der ursprünglichsten Wandergebiete Kroatiens. Wegen ihrer einzigartigen Pflanzenwelt, ihrer Karstphänomene und ihrer grandiosen Landschaft wurde sie als Biokovo-Naturpark unter Schutz gestellt (s. S. 194).

Velebit
Das gesamte, 150 km lange Velebit-Gebirge ist ein Welt-Biosphärenreservat und mit mehr als 2000 km² das größte Naturschutzgebiet Kroatiens. Der 50 km lange Premužić-Pfad erschließt die bizarre Karstwelt in einem der schönsten Gebiete (s. S. 107).

DIE SEHENSWERTESTEN ORTE

Motovun
Unter den vielen sehenswerten Bergstädten Istriens ist Motovun sicher die bekannteste und am meisten besuchte. Die alten Gassen sind ein Erlebnis, der Ausblick ist grandios und im schattigen Innenhof der Festung findet man eine exzellente Gaststätte (s. S. 76).

Rovinj
Die „Perle der Adria" konkurriert mit Poreč um den Preis der schönsten Stadt Istriens. Dank ihrer Insellage und des malerischen Kampanile der Barockkirche hat sie die Nase vorn. Malerisch spiegelt sie sich im Wasser des Jachthafens. Ein Postkartenmotiv! (s. S. 82)

Korčula
Die pittoreske Festungsstadt auf der gleichnamigen Insel wird nicht zu Unrecht als „Klein-Dubrovnik" gepriesen und ist für ihre Bauschätze, ihre Museen und die Darbietung von wilden Schwerttänzen in farbenprächtigen Kostümen bekannt (s. S. 213).

Split
Die Hauptstadt Mitteldalmatiens ist weltweit einmalig: eine uralte und doch jugendlich-lebendige Stadt, entstanden in den Mauern eines römischen Kaiserpalastes. Wo sonst kann man auf dem Säulenhof vor den Kaisergemächern einen Cappuccino trinken? (s. S. 185)

Dubrovnik
Nicht erst seit „Game of Thrones" ist die als UNESCO-Weltkulturerbe geschützte Festungsstadt ein Touristenziel von Weltrang. Treten Sie durch das Pile-Tor und verlieren Sie sich in einer völlig anderen Welt! (s. S. 227)

INHALTSVERZEICHNIS

Vorwort: Sonnenküste und Inselparadiese. 7
Zu den Routenbeschreibungen 9
Hinweise zur Benutzung 10

Praktische Reisetipps A–Z. 11
Anreise (12); Ausflüge (16); Barrierefreies Reisen (16); Diplomatische Vertretungen (17); Einkaufen (17); Einreisebestimmungen (20); Essen und Trinken (20); Fähren (24); Feste und Feiertage (25); Fotografieren (26); Gasversorgung (27); Geld (27); Gesundheit (28); Haustiere (29); Informationen (29); Karten (31); Panne und Unfall (32); Parken (32); Post (33); Reisezeit und Klima (33); Rundfunk (34); Sicherheit (34); Sportliche Urlaubsaktivitäten (36); Straßenverhältnisse (40); Strom (41); Tanken (41); Telefon (42); Trinkgeld (42); Übernachten (43); Umsatzsteuer (50); Verkehrsregeln (51); Ver- und Entsorgung (51); Zoll (52)

① Route 1. 53
Routenübersicht 55
Die Riviera von Umag 56
Die Riviera von Poreč 62
Rundfahrt durch das Binnenland Istriens 71
Die Küste von Rovinj 81
Pula (Polana). 87
Die Ostküste 92

② Route 2. 95
Routenübersicht 96
Die Riviera von Opatija 98
Rijeka 101
Die Vinodolski-Riviera 104
Die Velebit-Küste 106

③ Route 3. 119
Routenübersicht 121
Cres 122
Lošinj 128
Krk 132
Rab. 139

◁ *Schroff zerrissene Kalkfelsen prägen die Berge und Küsten Kroatiens (Foto: 242kr Abb.: rh)*

④ Route 4 ....**143**
Routenübersicht 145
Insel Pag 146
Nin 151
Zadar 154
Abstecher zu den Inseln Ugljan und Pašman ... 157
Abstecher zur Insel Dugi Otok 158
Zwischen Zadar und Šibenik 162
Šibenik................................. 167
Krka-Nationalpark 170

⑤ Route 5 ....**173**
Routenübersicht 175
Zwischen Šibenik und Split 176
Split 185
Von Split zur Makarska Riviera............. 189
Makarska Riviera 191

⑥ Route 6 ....**197**
Routenübersicht 199
Brač 200
Hvar 207
Korčula 212
Pelješac 216

⑦ Route 7 ....**221**
Routenübersicht 222
Zwischen Ploče und Dubrovnik 224
Dubrovnik 227
Cavtat und das Konavle-Tal 234
Mljet................................... 235

Anhang............................**237**
Kleine Sprachhilfe Kroatisch 238
Register 245
Impressum 249
Der Autor 250

Routenatlas........................**251**
Übersicht der Camping- und Stellplätze 270
Legende der im Routenatlas
verwendeten Symbole 272

VORWORT: SONNENKÜSTE UND INSELPARADIESE

Schon zu Zeiten Jugoslawiens war die östliche Adriaküste zwischen Istrien und der Bucht von Kotor der Inbegriff für Camping-Urlaub: eine zerklüftete, buchtenreiche Küste gesäumt von einem Labyrinth aus Hunderten von wildromantischen Inseln. Ein Sonnenparadies mit klarem Wasser und zahlreichen Campingplätzen, mit malerischen Fischerstädtchen und Baudenkmälern aus römischer und venezianischer Zeit, mit einer hervorragenden und äußerst vielfältigen Gastronomie, faszinierenden Nationalparks und vor allem mit gastfreundlichen Menschen.

Seit der Unabhängigkeit Kroatiens hat das Land viel in den Tourismus und den Ausbau der früher recht einfachen Campingplätze investiert. Seither bieten viele der Plätze eine sehr gute Ausstattung und hohen Komfort. Auch Gastronomie, Hotellerie und Weinbau haben längst internationalen Standard erreicht. dadurch ist der Sonnenbalkon schöner und verlockender denn je und stetig steigende Besucherzahlen sprechen für sich. Die Küste und ihre zahlreichen Inseln sind ein gefragtes Ziel von Camping-Urlaubern und Wohnmobil-Reisenden.

Sie gliedert sich in drei Hauptregionen: die Halbinsel Istrien mit einer touristisch intensiv erschlossenen Küste und einem idyllischen Hinterland, die Region Kvarner (von Mošćenička Draga bis Senj mit den Inseln Cres, Lošinj, Krk und Rab) und Dalmatien, das sich etwa von Starigrad-Paklenica bis zur Bucht von Kotor erstreckt. Politisch und touristisch wird Dalmatien weiter unterteilt in die Bezirke (Županije) Zadar, Šibenik-Knin, Split-Mitteldalmatien und Dubrovnik-Neretva. Bei der Routenplanung habe ich mich nach Möglichkeit an dieser Gliederung orientiert – wo es aus praktischen Gründen der Routenführung nicht sinnvoll erschien, bin ich davon abgewichen.

Die gesamte kroatische Küste ist eine Ferienregion, deren Trumpfkarten sich sehen lassen können: fast 2000 km Festlandküste, rund 1000 Inseln und Hunderte von Felsenriffen mit zusätzlichen 4000 km Küstenlinie, das sauberste Wasser des Mittelmeers und Paradiese für Taucher, Segler und Wassersportler mit so stabilem Wetter, dass die Hotels teilweise eine „Sonnengarantie" geben!

Dabei sollte man nicht übersehen, dass diese Küste weit mehr zu bieten hat als Badestrände und Wassersport. Nur wenige Kilometer vom Meer entfernt kann man auf Bergpfaden durch ursprüngliche Wälder und Felslandschaften wandern oder wilde Canyons, faszinierende Wasserfälle, Sinterterrassen und Höhlen entdecken.

Kulturbeflissene werden begeistert sein von mittelalterlichen Städten wie Dubrovnik, Trogir, Korčula und Zadar oder von den zahlreichen Bauwerken aus venezianischer und römischer Zeit. Traditionsreiche Kurorte wie Opatija und Hvar versinken in der Pracht von Palmen und Oleanderblüten, karge Bergdörfer sehen aus, als wäre die Zeit dort stehen geblieben, Inselstädtchen faszinieren durch ihr schattiges Gassenlabyrinth – und in Split kann man sogar eine Altstadt entdecken, die in einen Römerpalast hineingebaut wurde.

Viele der Restaurants servieren köstliche Fischgerichte und Meeresfrüchte aus dem Mittelmeer, die Qualität der Weine kann seit einigen Jahren ebenfalls überzeugen – und farbenfrohe Trachtenfeste, wilde Reiterspiele und akrobatische Schwerttänze unter Palmen sorgen für Unterhaltung. Urlauberherz, was willst du mehr?!

Was Straßen, Bauwerke und Komfort sowie Ausstattung der Campingplätze angeht, hat sich in den letzten Jahrzehnten viel verändert. Überall wurde gearbeitet und gebaut: Wertvolle Baudenkmäler, die man zu jugoslawischer Zeit vernachlässigt hatte, wurden restauriert, modernere Sanitäranlagen, Kanalisationen und Kläranlagen wurden eingerichtet, neue Straßen wurden geschaffen und bestehende ausgebaut – und unweit der Küstenlinie wurde eine neue Autobahn gebaut, die den Besucher weit schneller und bequemer zu Strand und Sonne bringt als früher. Dafür sind allerdings die Preise auch spürbar gestiegen.

Kroatien ist nicht mehr das Billigland des Massentourismus wie vor der Unabhängigkeit. Die heutigen Preise sind mit denen anderer Mittelmeerländer vergleichbar. Aber dafür werden jetzt auch höhere Qualität und besserer Service geboten. Daran wird unübersehbar und intensiv gearbeitet und die Resultate können sich durchaus sehen lassen. Dennoch haben die Campingpreise ein kritisches Niveau erreicht. Freistehen ist verboten, strafbar und kaum noch möglich.

Nachdem anfangs alles helle Begeisterung war, habe ich auf meinen letzten Reisen immer öfter auch unzufriedene Wohnmobil- und Camping-Urlauber getroffen. Das Risiko ist groß, dass dem erfreulichen Boom ein plötzlicher Absturz folgt.

Wir können nur hoffen, dass es nicht so kommen wird, sondern dass die Verantwortlichen in der Tourismusplanung und die Campingplatz-Betreiber das richtige Gespür haben werden, um den Bogen nicht zu überspannen. Es wäre jammerschade! Für das Land, denn es braucht den Tourismus – und für die Besucher, denn Kroatien hat wahrlich ein fantastisches Potenzial!

Ich wünsche Ihnen eine angenehme Reise mit positiven Erfahrungen,

Rainer Höh

Liebe Leserinnen und Leser,

die Inhalte aus diesem Wohnmobil-Tourguide wurden detailliert recherchiert und gewissenhaft kontrolliert. Allerdings bringt die Corona-Pandemie manche Unwägbarkeiten mit sich – auch in Kroatien. Da bis zum Redaktionsschluss noch nicht im Detail absehbar war, wie sich diese Krise auf das wirtschaftliche, kulturelle und soziale Leben in dem Land auswirken wird, kann es u. U. passieren, dass einzelne im Buch aufgeführte Angebote nur eingeschränkt oder gar nicht mehr existieren.

Trotz dieser Unwägbarkeiten soll der Wohnmobil-Tourguide Kroatien stets auf dem aktuellsten Stand sein. Deshalb bitten wir Sie, den Verlag über mögliche Veränderungen zu informieren, damit wir sie über die Update-Funktion zum Buch auf der Website www.reise-know-how.de/wohnmobil-tourguide/kroatien21 allen Nutzern bereitstellen können.

Vielen Dank!

ZU DEN ROUTENBESCHREIBUNGEN

Eines der größten Probleme – beziehungsweise eine der mühsamsten Arbeiten – vor einer Wohnmobilreise in unbekannte Regionen ist nach meiner Erfahrung die Routenplanung. Wie fahre ich am besten, um alle Orte und Attraktionen, die mich interessieren, zu sehen? Wo befinden sich diese überhaupt? Und welche Route erlaubt mir, sie optimal und ohne endloses Hin und Her zu verknüpfen? Man kann Tage und Wochen mit der Planung verbringen, Bücher und Karten wälzen oder auf gut Glück durch die Landschaft kreuzen – und egal wie man es macht: Meist merkt man erst hinterher (oder gar erst nach einer zweiten Reise), was man unterwegs übersehen hat, woran man ahnungslos vorbeigefahren ist und wie man es hätte besser machen können.

Deshalb haben wir uns dafür entschieden, die Reiseführer dieser Reihe an vorbereiteten Routen zu orientieren. Wenngleich Ihnen dies die Arbeit der eigenen Routenplanung nicht ganz abnehmen mag, so wird es sie doch zumindest erheblich erleichtern.

Ich habe alle meine Erfahrungen aus rund einem Dutzend Kroatien-Reisen und sehr viel Zeit am Schreibtisch und über Landkarten gebeugt darin investiert, diese Routen auszuarbeiten.

Trotzdem können es natürlich immer nur Vorschläge sein, denn was dem einen wichtig ist, interessiert den anderen einen feuchten Kehricht – oder umgekehrt. Jeder hat seine eigenen Präferenzen und setzt seine eigenen Schwerpunkte. Deshalb würde ich persönlich es mit Routenvorschlägen genau so machen, wie ich es auch mit Kochrezepten halte: Ich koche selten ganz ohne, aber fast nie genau nach Rezept! Rezepte und Routenvorschläge sind Hilfen und Anleitungen, die einem viel Mühe und langes Herumprobieren ersparen und die Orientierung erleichtern können, aber sie sind weder Gesetze noch allein seligmachende Dogmen. Wählen Sie aus, variieren und kombinieren Sie nach Herzenslust!

Wie Sie rasch feststellen werden, habe ich mich bei der Beschreibung der Routen in erster Linie auf solche Aspekte konzentriert, die für Reisende mit dem Wohnmobil relevant sind und die man in üblichen Reiseführern für gewöhnlich nicht findet: Straßenzustand, Hindernisse wie Tunnel, Engstellen oder Brücken, problematische Innenstädte, die man meiden sollte, Park-, Rast- und Picknickplätze, Ver- und Entsorgungsstationen, Wohnmobil-Stellplätze und Parkmöglichkeiten für einen Badenachmittag oder die Stadtbesichtigung. Natürlich sind auch alle wesentlichen Sehenswürdigkeiten und sonstigen Attraktionen entlang der Strecke kurz beschrieben oder zumindest erwähnt, damit Sie wissen, was es wo und wann zu sehen gibt – und damit Sie beurteilen können, ob es Sie interessiert oder nicht.

Einen Kultur-Reiseführer ersetzen sollen und können diese Beschreibungen nicht. Wer mehr über die einzelnen Städte, über ihre Geschichte, über Bauwerke und Baumeister etc. wissen möchte, dem empfehle ich zusätzlich die Reiseführer „Istrien und Kvarner Bucht", „Kroatien – Küste und Inseln" bzw. den Gesamtband „Kroatien" von Werner Lips, die auch im Reise Know-How Verlag erschienen sind.

Für einzelne Routen einen „Zeitbedarf" anzugeben, ist sehr schwierig und nicht unbedingt hilfreich. Wer alles nur durch die Frontscheibe besichtigt, der hat eine Route rasch abgehakt. Wer hingegen gelegentlich wandern, baden, ausgiebiger besichtigen oder einen gemütlichen Kaffee trinken will (was alles sehr zu empfehlen ist!), der kann auf einer Route mühelos einen ganzen Urlaub verbringen.

Keinesfalls sollten Sie meinen, alle Routen auf einer einzigen Tour abfahren zu müssen. Lassen Sie sich lieber Zeit. Wählen Sie aus. Genießen Sie.

Denn es ist eine alte Weisheit: Wer weniger anschaut, sieht oft mehr!

HINWEISE ZUR BENUTZUNG

STELL- UND CAMPINGPLÄTZE

In diesem Wohnmobil-Tourguide wird eine breite Auswahl der in der Region verfügbaren Stell- und Campingplätze mit allen wichtigen Angaben beschrieben. Darüber hinaus listen einschlägige Apps und Stellplatzführer weitere Übernachtungsmöglichkeiten auf. Die Nichterwähnung in unserem Buch bedeutet nicht, dass ein Platz nicht mehr existiert oder eine geringe Qualität aufweist.

GPS-KOORDINATEN

Die GPS-Koordinaten in diesem Buch sind generell als geografische Koordinaten angegeben. Das **Kartendatum** ist WGS84. Die Angabe der **geografischen Koordinaten** (Breite und Länge, Lat./Lon.) erfolgt in **Dezimalgrad** (hddd.ddddd), also z. B. 45.16993, 14.54696. Die erste Angabe zeigt den Wert für die nördliche Breite (°N), die zweite den für die östliche Länge (°E) an. Alle modernen GPS-Geräte akzeptieren die Schreibung als Dezimalgrad, gegebenenfalls muss das Eingabeformat in den Einstellungen des Gerätes aber erst ausgewählt werden. Einige Geräte verlangen möglicherweise statt des Punktes ein Komma als Trennzeichen.

Umrechnung von Koordinaten

Geografische Koordinaten können in drei Varianten angegeben werden: Dezimalgrad (zum Beispiel 45,34765°), Dezimalminuten (45° 32,45') und Dezimalsekunden (45° 32' 23,54"). In diesem Buch verwenden wir ausschließlich Angaben in Dezimalgrad. Die Umrechnung zwischen diesen Varianten führt immer wieder zu Fehlern, denn ein Grad hat 60 (nicht 100!) Minuten. Die Angaben in Dezimalgrad können daher nicht einfach durch Kommaverschiebung in Dezimalminuten umgewandelt werden! 45,31957°N sind nicht gleich 45° 31,957', sondern 45° 19,174'! Wer dies nicht beachtet, erhält beträchtliche Fehler. Achten Sie darauf, dass Sie für die Eingabe am GPS-Gerät das Format auswählen, in dem Ihnen die Koordinaten vorliegen. Falls dies nicht möglich ist, erleichtert ein Datenkonverter die Umrechnung, z. B. im Internet unter www.geoplaner.de.

Nutzung der GPS-Koordinaten

Wer ein **GPS-Gerät oder Navigationssystem** benutzt, das Wegpunkt-Eingaben akzeptiert, der kann sich von diesem Gerät direkt zu den jeweiligen Punkten führen lassen. Praktisch alle heutigen Navigationssysteme bieten diese Möglichkeit. Einige **Internet-Kartendienste oder Routenplaner** wie Google-Maps™ (http://maps.google.de) zeigen nach Eingabe der geografischen Daten den gesuchten Punkt an, auf Wunsch mit Satellitenansicht und an vielen Stellen mit StreetView-Funktion. Achtung: GoogleMaps™ erwartet die Eingabe mit Punkt als Dezimalzeichen ohne Buchstaben, z. B. 45.16993 14.54696.

Koordinaten zum Download

Die **GPS-Koordinaten der Stell- und Campingplätze im Buch** können auf der Verlags-Homepage www.reise-know-how.de von der Artikelseite dieses Buches unter der Rubrik Datenservice als Waypoint-Liste heruntergeladen werden.

Benötigt Ihr Gerät ein **anderes Datenformat als kml oder gpx,** kann die Umrechnung beispielsweise unter www.routeconverter.de oder www.gpsvisualizer.com erfolgen.

Service für Mobilgeräte

Durch Einscannen des QR-Codes auf dem Umschlag bzw. durch Eingabe der Internet-Adresse www.reise-know-how.de/wohnmobil-tourguide/kroatien21 wird ein für den mobilen Einsatz optimierter Internet-Dienst aufgerufen. Damit kann die Lage der Stellplätze auf einer Karte und die Route dorthin angezeigt werden. Voraussetzung ist eine Datenverbindung über das Mobilfunknetz oder WLAN.

PRAKTISCHE REISETIPPS A–Z

ANREISE

Die Hauptroute nach Kroatien verläuft via München, Salzburg, Tauernautobahn, Klagenfurt und Ljubljana. Der Karawanken-Tunnel hat die kroatische Küste näher an Mitteleuropa herangerückt. Bei flüssigem Verkehr kann man von München in etwa 7 Stunden nach Rijeka fahren. Als Alternative empfiehlt der ADAC die sogenannte „Wohlfühlroute" Linz – Graz – Maribor – Zagreb. Hier kann man eine Besichtigung von Zagreb integrieren und kommt an den Plitvicer Seen vorbei.

❶ Camping Plitvice ★★

GPS 45.774797, 15.875315

Kein Platz für den Urlaub, aber praktisch, um auf der Anreise Zagreb zu besichtigen oder eine Nacht zu verbringen. Der Platz mit hohen Bäumen ist für seine Lage an der Autobahn überraschend ruhig. Er bietet Busverbindungen nach Zagreb und ein Restaurant. **Lage/Anfahrt:** direkt bei einer Raststätte an der Autobahn A3/E70 im Stadtteil Lučko, südwestlich des Zentrums; problemlose Zufahrt; **Platzanzahl:** 100; **Untergrund:** Gras; **Service:** Wasser, Abwasser, Chemie-WC, Strom; **Preis:** ca. 27 €; **Geöffnet:** ganzjährig; **Kontakt:** Tel. 01 6530444, www.motel-plitvice.hr (auch auf Deutsch)

Lichtpflicht

Beachten Sie, dass in **Slowenien** und **Kroatien** auch am Tag mit Abblendlicht gefahren werden muss.

DURCH ÖSTERREICH

Die Benutzung von Autobahnen und Schnellstraßen ist in Österreich kostenpflichtig. Wohnmobile bis zu 3,5 t benötigen dafür eine **Vignette,** die es für 10 Tage (14,50 €), 2 Monate (33,15 €) oder ein ganzes Jahr (96,15 €) gibt. Sie ist in zahlreichen Verkaufsstellen (u. a. an den Grenzen) erhältlich. Anhänger benötigen keine extra Vignette. Die Korridor-Vignette gibt es nicht mehr. Wer also 14 Tage Kroatien-Urlaub machen will, muss zweimal eine 10-Tage-Vignette kaufen – und zusätzlich Tunnelmaut (s. u.) entrichten!

Seit 2017 gibt es alternativ zur Aufkleber-Vignette eine **digitale Vignette,** die man innerhalb von 1 bis 2 Stunden über die Website www.vignetteoesterreich.de bekommt. Die digitale Vignette ist an das Autokennzeichen gebunden und kommt aufgrund der Online-Registrierung ohne Aufkleber aus. Sie kann unkompliziert mit z. B. Paypal oder per Kreditkarte bezahlt werden.

Wohnmobile über 3,5 t Gesamtgewicht müssen sich eine **Go-Box** beschaffen. Einziger Unterschied: Beim Wohnmobil werden die Achsen von Anhängern nicht mitgezählt. Mit der Go-Box wird die Maut vollelektronisch gemessen und bezahlt. Man erhält sie für 5 € an ausgewiesenen Verkaufsstellen entlang den Hauptzufahrtstrecken nach Österreich sowie in den Grenzbüros des ÖAMTC. Beim Kauf muss die Emissionsklasse bzw. Antriebsart des Fahrzeugs nachgewiesen werden, damit sie an der Box eingestellt werden kann. Sie kann mit Guthaben zwischen 75 und 500 € aufgeladen werden und bleibt ab der letzten Aufladung 2 Jahre lang gültig. Alternativ kann man **GO Direkt** beantragen (auch online) – die anfallenden Gebühren werden dann direkt abgebucht, eventuell zu viel bezahlte Beträge und ein Rabatt von 0,3 % werden automatisch erstattet. Die Box muss von innen an der Windschutzscheibe befestigt werden. Auf den vignettenpflichtigen Strecken beträgt die Gebühr inkl. aller Zuschläge für 2-achsige Wohnmobile 19,6 Cent/km, für 3-achsige 27,6 Cent/km bei Emissionsklasse Euro VI, 20,6 bzw. 29 Cent bei Klasse V, 21,3 bzw. 30 Cent bei Klasse IV und 23,2 bzw. 32,6 Cent bei EURO Klasse 0–III; jeweils plus 20 % MWSt. Bitte achten Sie darauf, die Box entsprechend zu programmieren! Weitere Infos: www.asfinag.at/maut/maut-fuer-lkw-und-bus sowie www.go-maut.at.

Viele Tunnel und Alpenstrecken in Österreich sind „sondermautpflichtig". Das heißt: Zusätzlich zur Vignette oder Go-Box bezahlt man noch einmal. Auf der Tauernroute für den **Tauern- und Katschbergtunnel** zusammen 11,50 € und für den **Karawankentunnel** 7,50 €; auf der „Wohlfühlroute" für den **Bosrucktunnel** 5,50 € und für den **Gleinalmtunnel** 9,50 €. Jeweils einfach!

Achtung
Laut ADAC ist u. a. das Teilstück der A12 zwischen der deutsch-österreichischen Grenze bei Kiefersfelden und der Anschlussstelle Kufstein-Süd jetzt auch ohne Vignette zu befahren.

Vignette richtig aufkleben
Nur eine innen an der Windschutzscheibe (außerhalb eines Tönungsstreifens) aufgeklebte, unbeschädigte und gültige Vignette erbringt den Nachweis der ordnungsgemäßen Mautentrichtung. Ist die Vignette nicht aufgeklebt, wird ein Bußgeld von bis zu 240 € erhoben.

Informationen zur Go-Box
Gebührenfreie Tel.-Nr. 0800 40011400 oder im Internet unter www.go-maut.at und www.asfinag.at.

DURCH SLOWENIEN

Für das kurze Autobahnstück durch Slowenien muss man für Wohnmobile unter 3,5 t (Kategorie 2A) eine Vignette lösen, selbst wenn die Fahrt nur wenige Stunden dauert. Die Jahresvignette für Fahrzeuge bis 3,5 t (mit Anhänger) kostet 110 €, für einen Monat 30 € und für sieben Tage 15 €. Selbst für einen Kurzurlaub von Samstag bis Samstag sind also entweder zwei 7-Tages-Vignetten oder eine Monatsvignette erforderlich. Fahrer von Fahrzeugen über 3,5 t bezahlen eine streckenabhängige Maut. Dazu müssen sie einen **„DarsGo unit"-Transponder** besitzen, der an der Innenseite der Windschutzscheibe befestigt wird und gegen eine Gebühr von 10 € an allen Servicestationen der Autobahngesellschaft DARS oder online erhältlich ist (www.darsgo.si). Zudem ist eine Registrierung erforderlich, die ebenfalls über eine Servicestation oder online erfolgen kann. Die Vignette ist an den Grenzübergängen erhältlich. Um Wartezeiten zu vermeiden, empfehlen Automobilklubs, sie vorher zu erwerben.
Achtung: Unbedingt den Kaufbeleg bzw. die Rechnung und das Trägerpapier der Vignetten mitführen, um den ordnungsgemäßen Erwerb der Vignette zu belegen. Sollte die Rechnung nicht vorgewiesen werden können, drohen Strafen. Mautpflichtig sind nicht nur die grün gekennzeichneten Autobahnen, sondern auch folgende blau gekennzeichnete Schnellstraßen (Strafen für Mautpreller 300–800 €!):

› H2 zwischen Pesnica und Maribor bzw. durch Maribor
› H3 Ljubljana-Umfahrungsstraße
› H4 zwischen Podnanos und Vrtojba
› H5 zwischen Škofije und Koper (Škocjan)

Eine interessante Option für alle, die direkt zu den Plitvicer Seen bzw. zu Zielen um Zadar und südlich davon wollen, ist die Route von Ljubljana via Novo Mesto, Karlovac und Slunj in Richtung Plitvice. Sie ist nicht schnell (keine Autobahn), aber meist gut zu fahren, reizvoll und zeigt ein anderes Kroatien.

Vorsicht Geldbußen
Der ADAC empfiehlt, die **Vignette für Slowenien** schon vor der Einreise zu kaufen (z. B. in den ADAC-Geschäftsstellen oder im Onlineshop), denn wer auf mautpflichtigen Strecken ohne gültige Plakette angetroffen wird, zahlt zwischen 300 und 800 € Geldbuße. Außerdem muss das **Verkaufsdatum** mit dem Datum der Lochung übereinstimmen (es darf nicht auf ein zukünftiges Datum gelocht werden). Die einzige Ausnahme sind hier die 7-Tages-Vignetten. Diese können beim Kauf auf ein gewünschtes Datum gelocht werden. Da es in letzter Zeit zu Rechnungskontrollen durch slowenische Beamte gekommen ist, empfiehlt der ÖAMTC den **Kaufbeleg** immer mit sich zu führen.
Mautfreie Ausweichstrecken (www.skippertipps.de/anreise/ausweichrouten.htm) sind meist kompliziert zu fahren und führen über teilweise winzige Nebensträßchen.
Alternative Strecken von Triest nach Istrien kann man auch über maps.adac.de oder über den ÖAMTC-Routenplaner (www.oeamtc.at/routenplaner) berechnen lassen.

Einige **Gebührenbeispiele** (in Kuna) für Wohnmobile (Kat. II bis 3,5 t und max. 190 cm Höhe bzw. Kat. III über 3,5 t bzw. über 190 cm Höhe oder mit 3 Achsen oder Anhänger) ab **Zagreb** (Lucko) bis:

	Kategorie II	Kategorie III
Rijeka (Kun)	127 kn	170 kn
Otočac	109 kn	154 kn
Maslenica	185 kn	267 kn
Zadar-West	193 kn	279 kn
Šibenik	242 kn	351 kn
Dugopolje (Split)	284 kn	416 kn
Blato na Cetini	305 kn	449 kn
Vrgorac	347 kn	510 kn
Karamatici (nahe Ploče)	359 kn	528 kn

Weitere Gebühren und Infos unter www.kroatische.de/kroatien/autobahngebuehren.html.
1 € entspricht etwa 7,55 kn (s. a. S. 27).
ENC-Box: Mit dem elektronischen Prepaid-Mautsystem und der ENC-Box spart man 21,74 % im Vergleich zu den normalen Preisen (www.enc-box.de).

Sonstige Mautgebühren für Wohnmobile (Kat. II bzw. III):
Brücke nach Krk	seit 15. Juni 2020 mautfrei
Ucka-Tunnel	48/93 kn
Mirna-Viadukt	26/48 kn
Tunnel Sveti Ilija (N.P. Biokovo)	30/45 kn

Bargeldlose Zahlung

Meist kann man Vignette und Tunnelmaut mit der Bank- oder Kreditkarte bezahlen.

DURCH KROATIEN

Das **Autobahnnetz** in Kroatien wird seit der Unabhängigkeit mit Hochdruck ausgebaut. Große Teile sind bereits fertig und in ausgezeichnetem Zustand mit modernen Raststätten und Treibstoffpreisen, die nicht höher sind als an anderen Tankstellen. Da die Küstenstraßen sehr kurvenreich und in der Saison oft stark überlastet ist, wird man vor allem bei einer direkten Anreise nach Dalmatien auf der Autobahn viel Zeit und Nerven sparen – und zudem sicherer reisen. Inzwischen reicht die Autobahnstrecke nach Süden bereits über Makarska hinaus, aber noch nicht ganz bis Dubrovnik. Zwischen Rijeka und Senj ist ein Umweg in Richtung Osten (Karlovac) erforderlich. Die Bezahlung funktioniert ähnlich, wie es auch in Frankreich gehandhabt wird: Bei der Auffahrt auf die Autobahn erhält man ein Ticket, beim Verlassen bezahlt man entsprechend der gefahrenen Strecke. Die Gebühren sind moderat.

DURCH ISTRIEN

Wer nicht möglichst rasch weiter nach Dalmatien fahren will, sondern seinen Urlaub in Istrien verbringen oder zunächst dorthin einen Abstecher machen möchte, hat ab Ljubljana verschiedene Möglichkeiten:

Wer zur **Westküste** will, folgt der Autobahn via Postojna bis Koper und dann der

Fernstraße Nr. 111 via Koper und Portorož bis zum Grenzübergang Sečovlje oder man fährt ab Koper über die Fernstraße Nr. 11 zum Grenzübergang Kaštel nahe Buje. Von beiden Grenzübergängen kann man dann entweder in Richtung Westen nach Savudrija fahren, um der Küstenstraße zu folgen, oder etwas im Landesinneren auf der Straße Nr. 21 (E 751) bzw. der Autobahn M 2 in Richtung Pula.

Ins **Landesinnere** Istriens nimmt man kurz vor dem Ende der Autobahn Postojna – Koper die Landstraße Nr. 208 über Hrastovlje, die hinter Sočerga nahe Buzet die Grenze überquert.

Achtung: Falls Sie ein Ziel im Inneren von Istrien (z. B. Motovun) in Ihr Navi eingeben, kann es sein, dass es Sie zunächst nach Osten und dann über kleine Sträßchen südwärts zu einem Grenzübergang lotst, der nur für Anwohner geöffnet ist. Dann müssen Sie zurückfahren und einen Umweg von insgesamt rund 50 km in Kauf nehmen! Überprüfen Sie den Vorschlag des Navi. Die Grenze südlich von Gracisce und Brezovica ist nicht passierbar!

Die **Ostküste** der Halbinsel, Rijeka und die Kvarner Bucht erreicht man ab Postojna am besten auf der Fernstraße Nr. 6, die via Iliriska Bistrica zum Grenzübergang Rupa führt und dann weiter als E 61 nach Opatija und Rijeka.

Achtung: In der Gegend um Rijeka ist zur Hauptreisezeit mit Staus zu rechnen. Es könnte sich lohnen, die Verkehrsmeldungen (s. S. 34) zu hören und die Gegend möglichst früh am Morgen zu passieren.

ANREISE PER SCHIFF

Fähre ab Italien

Vor allem um an die Küste Dalmatiens oder zur Insel Dugi Otok zu gelangen, bieten auch die Fähren von Italien aus eine bequeme Möglichkeit; beispielsweise mit Jadrolinija auf folgenden Routen: Ancona – Zadar (4 Std., Personenfähre), Ancona – Stari Grad – Split (11 Std., Nachtfahrt), Bari – Dubrovnik (10 Std., Nachtfahrt).

Nicht nur zum Inselhüpfen, sondern auch für die Anreise können Fähren nützlich sein

Praktische Reisetipps A-Z
Anreise

› **Jadrolinija-Hauptbüro in Rijeka,** Riva 16, HR–51000 Rijeka, Tel. +385 (0)51 666111, www.jadrolinija.hr (auch auf Deutsch)

Croatia Ferries bietet u. a. folgende Verbindungen: Ancona – Split – Zadar, Venedig – Pula, Mali Losinj – Rovinj – Poreč – Umag, Triest – Rovinj und Bari – Dubrovnik.
› **Croatia Ferries:** www.croatiaferries.com (alle Verbindungen nach und in Kroatien)

Kontaktdaten **weiterer Fährgesellschaften** finden Sie auf Seite 24.

AUSFLÜGE

Während der Reisesaison bieten zahlreiche Hotels, Reisebüros, Tourist-Informationen und Privatunternehmen ein breites Spektrum an Ausflügen an. Oft wird man schon beim ersten Stadtbummel darauf angesprochen und bekommt ein Infoblatt in die Hand gedrückt. Besonders beliebt sind Bootsausflüge zu entlegenen Buchten oder sehenswerten Orten mit großem Fischgrillen. Seit einigen Jahren gibt es auch zunehmend Glasboden-Boote, um die faszinierende Unterwasserwelt zu erleben. Von den Häfen verkehren Ausflugsboote zu den vorgelagerten Inseln und zu abgelegenen Stränden, die man nur vom Wasser her erreicht.

Aber auch Busexkursionen, Radtouren, Paddeltouren und Ausritte werden angeboten. In den Programmen findet man Besichtigungen aller größeren Sehenswürdigkeiten der Küste und Inseln sowie Ausflüge zu Nationalparks, Weingütern etc. Meist wird man von einem deutschsprachigen Führer begleitet. Vergewissern Sie sich vor der Buchung, welche Leistungen im Preis enthalten sind und was unterwegs extra zu bezahlen ist.

BARRIEREFREIES REISEN

Die meisten größeren Campingplätze haben zwar behindertengerechte Sanitäranlagen, aber vorsichtshalber sollte man sich immer **im Einzelfall vorher vergewissern,** ob die Gegebenheiten vor Ort passen.

Barrierefreie Badestelle

DIPLOMATISCHE VERTRETUNGEN

KROATISCHE VERTRETUNGEN

> **Deutschland:** Ahornstr. 4, 10787 Berlin, Tel. 030 21915514, http://de.mfa.hr/de, berlin@mvep.hr; Konsulate in Hamburg, Düsseldorf, Mainz, Dresden, Frankfurt, Stuttgart und München (www.auswaertiges-amt.de)
> **Österreich:** Heuberggasse 10, 1170 Wien, Tel. 01 4859524, http://at.mfa.hr, croemb.bec@mvep.hr; Konsulate in Graz und Telfs
> **Schweiz:** Thunstr. 45, 3005 Bern 16, Tel. 031 3520275, vrhbern@mvep.hr; Konsulat in Zürich, Bellerivestrasse 5

VERTRETUNGEN IN KROATIEN

Deutschland
> **Zagreb:** Njemačko Veleposlanstvo, ulica Grada Vukovara 64, Tel. 01 6300100; Notrufnummer 098 227136, www.zagreb.diplo.de

Österreich
> **Zagreb:** Radnicka Cesta 80/IX, Tel. 01 4881050, www.bmeia.gv.at/oeb-agram
> **Split:** Austrijski Konzulat, Klaiceva poljana 1, Tel. 021 322 535
> **Rijeka:** Stipana Istranina Konzula 2, Tel. 051 338554

Schweiz
> **Zagreb:** ulica Augusta Cesarca 10, 10000 Zagreb, P.O. Box 471, Tel. 01 4878800, www.eda.admin.ch/zagreb

EINKAUFEN

Generell bekommt man in Kroatien zumindest in größeren Supermärkten – inzwischen findet man die namhaften Discounter auch in Kroatien – praktisch alles, was man an Lebensmitteln und für den Wohnmobil-Haushalt benötigt.

Die Preise liegen (zumindest in Touristengebieten und während der Saison) durchschnittlich etwa auf dem Niveau deutscher Supermärkte – manche Artikel (insbesondere Importwaren) können auch deutlich teurer sein. In kleinen Läden etwas abseits der großen Touristenzentren kauft man oft günstiger ein als in den großen Supermärkten an der Küste.

Ich kaufe frisches Obst und Gemüse bevorzugt auf den örtlichen Märkten; Fleisch- und Wurstwaren entweder im Supermarkt oder der **Mesnica** (Metzgerei). Besonders gut ist meist Pršut, getrockneter (Istrien) oder geräucherter (Dalmatien) Schinken.

Fisch kauft man am besten auf dem Markt oder in der **Ribarnica** (Fischgeschäft, Fischhalle), wo zeitig am Morgen fangfrisch der ganze Reichtum der Adria angeboten wird: von verschiedensten Fischarten über Tintenfische, Langusten und Scampi bis zu allerlei Muscheln und sonstigen Schalentieren. Da das Wasser vor der kroatischen Küste über-

▷ *Wein, Olivenöl und andere Produkte kauft man am besten beim Erzeuger – wie hier bei der Farm Pino (s. S. 73)*

Auswahl hält sich meist in Grenzen. Wirklich billig ist der Käse nie und die Qualität kann sehr unterschiedlich sein. Selten falsch liegt man mit Paški Sir (Schafskäse von der Insel Pag), der aber auch mit Abstand am teuersten ist.

Enttäuschend war bisher meistens das Brot *(kruh)* – egal, ob man es im Supermarkt, im kleinen Laden oder in der **Bakeri** (Bäckerei) kauft. Gelegentlich sah es zwar von außen gut aus, schmeckte aber nach gar nichts. Eine passable Lösung können die Filialen bekannter deutscher Discounter mit Backstation sein, aber auch in kroatischen Supermärkten findet man zunehmend Brot, das unserem Geschmack entspricht, besonders Ciabatta. Recht preisgünstig und manchmal ganz gut sind süße Backwaren wie *Fritule, Kroštule, Štrudel* (Apfel- oder Quarkstrudel), *Kremšnite* (Blätterteiggebäck mit Creme- oder Puddingfüllung und manchmal Schokoladenguss) oder *Baklava* (aus der Türkei stammendes, sehr süßes Blätterteig-Gebäck mit Honig-/Walnussfüllung).

Wo immer sich die Möglichkeit bietet, sollte man **Produkte der Region** wie Wein, Obst, Gemüse, Olivenöl, Käse, Schinken oder Nüsse etc. direkt vom jeweiligen Erzeuger kaufen: von Ständen am Straßenrand, in Weinkellereien und auf dem Bauernhof. Aber auch hier sollte man ein bisschen auf den Preis schauen und nicht blind glauben, dass „direkt ab Erzeuger" immer auch „preisgünstig" bedeutet.

wiegend sehr sauber ist, sind auch Fisch und Meeresfrüchte hier qualitativ besonders hochwertig.

Käse bekommt man ebenfalls im Supermarkt: den „Industriekäse" im Regal, den einheimischen „Echten" an der Käsetheke. Die

Wo möglich wird in den einzelnen Routenbeschreibungen auf solche Bezugsquellen hingewiesen. Da der Verkauf ab Erzeuger bislang jedoch relativ wenig organisiert ist, sind es in den meisten Fällen Verkaufsstände an Straßen, Parkplätzen und bei Sehenswürdigkeiten, die solche Produkte anbieten.

Preise vergleichen

Beachten Sie, dass die Gemüsestände an den Straßen ihre Preise meist nicht auszeichnen, sondern „je nach Kunde" spontan festsetzen. Es ist daher ratsam, zu vergleichen und die üblichen Preise zu kennen.

↑ *Schafskäse bester Qualität bietet die Käserei Gligora in Kolan auf der Insel Pag (s. S. 148)*

SOUVENIRS

Neben sehr viel (und immer mehr!) Kitsch und Touristen-Tand findet man an Souvenirständen, auf Märkten und in Galerien gelegentlich auch einige landestypische Produkte. Oft haben die verschiedenen Regionen ihre eigenen Spezialitäten. Die Galerien der Küstenstädte orientieren sich meist sehr stark am Touristengeschmack der breiten Masse. Wer geschmackvollere Kunstgegenstände sucht, sollte einen Abstecher in istrische Bergdörfer, wie beispielsweise nach Grožnjan machen, das sich zu einer kleinen Künstlerkolonie entwickelt hat.

Typisch für Istrien sind handbemalte Bukletas – Keramikgefäße, aus denen auf der Halbinsel traditionellerweise der Wein getrunken wird. Rijeka ist bekannt für seinen bunt emaillierten Morčić (Mohrenkopf), das Symbol der Stadt, der nach alten Mustern gefertigt auf Goldketten, Ohrringen und Broschen zu finden ist. Schmuckarbeiten (oft mit traditionellen regionalen Mustern und Motiven) findet man überall entlang der Küste und in jedem größeren Ort gibt es meist eine ganze Reihe von Schmuckgeschäften, die an dem Schild „**Filigran**" zu erkennen sind.

Die Insel Pag ist nicht nur für den **Paški Sir** (würziger Schafskäse) bekannt, sondern auch für die berühmten **Pager Spitzen**, die nicht gehäkelt oder geklöppelt, sondern mit der Nähnadel gefertigt werden. In der Stadt Pag kann man alte Frauen sehen, die vor dem Haus sitzen und an kostbaren Spitzen arbeiten. **Vorsicht** mit Angeboten von Spitzendecken u. Ä. generell und insbesondere in den Küstenstädten Istriens. Sie werden dort zu absoluten Basarpreisen angeboten! Das heißt, wenn Sie den Anfangspreis um mehr als die Hälfte heruntergehandelt haben, werden Sie immer noch mehr als doppelt so viel dafür bezahlen, wie der Händler eigentlich wollte – und das wiederum ist sicher ein Vielfaches des reellen Preises!

Gewürz-, Duft- und Heilkräuter bieten vor allem die süddalmatischen Inseln (insbesondere Hvar). Lavendel, Salbei, Oregano und Rosmarin bekommt man dort entweder getrocknet in kleinen Beutelchen oder als Duft-Essenzen und -Öle in Flaschen angeboten.

Diese Inseln (vor allem Brač und Mljet) sind außerdem für ihren kostbaren **Blütenhonig** (oft Lavendelhonig) bekannt, den man auf den Märkten oder direkt vom Imker kaufen kann.

Beliebt sind weiterhin die bunten **Obst- und Kräuterschnäpse,** die während der Saison an Ständen entlang der gesamten Küste angeboten werden (besonders in Istrien), sowie der **Maraschino** (fruchtiger Sauerkirschlikör) aus der Gegend von Zadar. Die berühmten **Weine** kauft man am besten und preisgünstigsten direkt ab Erzeuger in Kellereien oder Konobas (rustikale Weinkeller mit einfachen regionalen Gerichten; s. S. 22).

Das hochwertige **Olivenöl** sollte man vorher probieren, um sich von seiner Qualität zu überzeugen.

Bei **Schafskäse** und **Schinken** lohnt es sich, die Preise auf den Märkten und an den Straßenständen zu vergleichen. Am besten ist es, wenn kroatische Freunde oder Bekannte einen beraten oder mit auf den Markt gehen!

Verzichten sollte man unbedingt auf Souvenirs wie exotische Muscheln, präparierte Fische, Korallen und anderes Meeresgetier, das meist nicht aus der Adria stammt, sondern aus anderen Meeren importiert wurde, wo durch exzessives Ausbeuten solcher „Souvenirs" der Bestand vieler Arten bedroht ist. Wenn man Muscheln als Souvenirs kaufen will, dann bei den vielen Kindern, die in fast jedem Küstenstädtchen ihre Funde auf leeren Obstkisten für ein paar Kuna anbieten – und die damit ganz sicher keine Arten bedrohen.

Einkaufstipp

Typisch istrische Produkte (Olivenöl, Wein, Schinken, Käse) in bester Qualität direkt vom Erzeuger und zudem mit bester Beratung und Information bekommt man auf der **Farm Pino** (s. S. 73).

EINREISEBESTIMMUNGEN

Für die Einreise nach Kroatien hat sich durch die EU-Mitgliedschaft nichts Wesentliches geändert, da Kroatien dadurch noch nicht zum Schengener Raum gehört. Deutsche, Österreicher und Schweizer brauchen kein Visum. Ein gültiger **Personalausweis oder Reisepass** genügt. Kinder müssen einen eigenen Kinderreisepass mit Lichtbild haben. Reisende aus der Schweiz und Besucher, die durch Bosnien-Herzegowina reisen wollen, brauchen einen Reisepass. Beachten Sie, dass man Bosnien-Herzegowina zwangsläufig durchqueren muss, um auf dem Landweg nach Süddalmatien zu gelangen. Früher wurde dort kaum kontrolliert, doch inzwischen ist dies eine EU-Außengrenze, die Posten wurden massiv ausgebaut und ohne Ausweis wird man zurückgewiesen.

Da sich die Einreisebedingungen kurzfristig ändern können, ist es ratsam, sich vor Abreise beim Auswärtigen Amt (www.auswaertiges-amt.de bzw. www.bmeia.gv.at oder www.eda.admin.ch) oder der jeweiligen Botschaft (s. S. 17) über die aktuell gültigen Bedingungen zu informieren.

Autofahrer müssen den **Kfz-Schein** und einen nationalen **Führerschein** bei sich haben. Ein internationaler Führerschein ist nicht erforderlich. Auch die **Grüne Versicherungskarte** ist für deutsche und österreichische Fahrzeuge nicht mehr vorgeschrieben, vereinfacht aber im Falle eines Unfalls die Schadensregulierung. In Bosnien-Herzegowina und für Autofahrer aus der Schweiz ist die Grüne Versicherungskarte noch Vorschrift.

Eine vorübergehende **Vollkaskoversicherung** könnte empfehlenswert sein, da die Deckungssumme der kroatischen Kfz-Haftpflichtversicherung recht niedrig ist. Ein **Kfz-Schutzbrief** ist ebenfalls empfehlenswert. Wer mit einem geliehenen Fahrzeug (z. B. Miet-Wohnmobil) einreist, benötigt eine beglaubigte Vollmacht des Fahrzeughalters (Vordrucke erhält man vom Vermieter oder vom Automobilklub).

Grüne Versicherungskarte

Nehmen Sie in jedem Fall eine Grüne Versicherungskarte mit! Obwohl sie nicht vorgeschrieben ist, kann es nach Auskunft meiner Kfz-Versicherung passieren, dass Sie sonst trotzdem von einem Polizisten zur Kasse gebeten werden. Mir wurde selbst in Frankreich schon die Grüne Versicherungskarte abverlangt, obwohl sie dort natürlich auch nicht vorgeschrieben ist.

ESSEN UND TRINKEN

Küste, Karst und Völkervielfalt haben Kroatien eine abwechslungsreiche Gastronomie beschert und ein breites Spektrum an Speiselokalen. Und doch hat die Küche des gesamten kroatischen Küstenlandes etwas gemeinsam: Sie ist einfach, ungekünstelt, ausgesprochen bekömmlich und gesund. Frische Zutaten werden schonend gegart und mit feinen Kräutern aus der Natur gewürzt. Vor allem aber kochen die Küstenbewohner leicht, mit wenig Fett – und wenn, dann wird nur bekömmliches Olivenöl verwendet, das zu den besten der Welt gehört.

KROATISCHE KÜCHE

Früher gab es überall nur die ewig gleichen Čevapčići, Razniči und Mixed Grill (gemischte Grillplatte). Diese einstigen **Markenzeichen der jugoslawischen Küche** stammen aus Serbien und waren von den kroatischen Speisekarten vorübergehend fast ganz verschwunden, da die Abgrenzung gegenüber allem Serbischen bis in den Kochtopf reichte. Inzwischen sind sie in den Restaurants der Touristenzentren aber längst wieder aufgetaucht und werden dann mit **Ajwar** serviert, einem rötlichen Mus aus Tomaten, Paprika, gehackten Zwiebeln und Auberginen, das sowohl mild als auch eher scharf sein kann.

Kulinarisch am ärmsten dran sind nach wie vor die Pauschaltouristen, die sich in den großen **Hotelrestaurants** ernähren müssen, wo sie meist pauschal „international" abgefüttert werden. Das beginnt schon mit dem Frühstück: ein dürftiges, fades Büfett, dazu ein oder zwei farbige Flüssigkeiten („Fruchtsäfte", die wie verdünnte Limonade schmecken) und ein dünner Kaffee. Ähnlich „international" geht es oft mittags und beim Abendessen her: fade Nudelsuppe und ein Mayonnaise-schwerer Gemüsesalat, Schnitzel (šnicl) – entweder Natur (naravni) oder paniert (bečik šnicl) –, Hacksteak, Hühnerkeule oder Grillfleisch mit Krautsalat, Gemüse und Pommes frites (pomfrit). Das war's dann! Ausnahmen bestätigen die Regel – werden aber erfreulicherweise immer häufiger!

Besser isst man meist in kleineren **Privat-Gaststätten** (s. Exkurs s. S. 22), wenngleich dies noch lange kein Güte-Siegel sein muss. Auch darunter gibt es schwarze Schafe, die nur die schnelle Touristen-Kuna machen wollen. Doch in den besseren Restaurants und Gaststätten der Küste werden Zahnbrasse, Seebarsch, Drachenkopf, Peterfisch, Sardinen und Goldbrasse, Hummer, Tintenfische, Muscheln, Austern und Scampi noch immer oder wieder frisch, nach traditionellen Rezepten mit feinen Kräutern zubereitet und mit Mangold (blitva) oder frischem Weißbrot serviert. Zu den **Spezialitäten** zählen leckere Fischsuppe (brodet), gefüllte Tintenfische (punjene lignje), Miesmuscheln (mušule) und schwarzes Tintenfisch-Risotto. Unter einer mit Holzkohle überhäuften Metallglocke (peka) wird Lammfleisch mit Kartoffeln und Gemüse schonend gedünstet.

Vor allem entlang der istrischen Küste sieht man vor vielen Lokalen auch große **Grillöfen** im Freien stehen, in denen über duftender Wacholderglut ganze Lämmer oder Spanferkel knusprig braun gebraten werden. Sonst sind Fleischgerichte nicht typisch für die Küste. Zu den wenigen Fleischspezialitäten Dalmatiens zählen Jagječka Čorba (Lammfleischsuppe), Vitalac (Innereien vom Lamm, in Darm gewickelt und am Spieß geröstet) und Pašticada (mariniertes Rindfleisch mit Speck und Knoblauch gespickt und in Weißwein gekocht).

Breiter ist die Fleischpalette mit verschiedensten Lamm-, Schaf-, Schweine- und Rindfleisch- oder Wildgerichten **im Landesinneren** Istriens und der Region Kvarner. Dort isst man etwas deftiger als an der Küste, z. B. köstliche Wildgerichte, Meneštra (ein Gemüseeintopf ähnlich der Minestrone), Ombolo (luftgetrocknetes Schweinefleisch, das mindestens drei Wochen lang mariniert wird), Sarma (eine Art köstlicher Krautwickel aus eingelegten Kohlblättern), Istarska supa

▷ *Köstlichkeiten kroatischer Küstenküche: Meeresfrüchte mit Mangold*

(istrische Suppe aus Rotwein, Olivenöl und geröstetem Brot), verschiedene Kartoffelgerichte und Pura (dicker Maisbrei) sowie als besondere Zutat die berühmten istrischen Trüffel, denen aphrodisische Wirkung nachgesagt wird.

Besonders im Norden, aber auch in vielen Küstenstädten Dalmatiens, haben die **Italiener** mit Pasta, Pizza und Risotto ihre Spuren hinterlassen. Das sind keineswegs Zugeständnisse an den Touristengaumen, sondern seit venezianischer Zeit feste Bestandteile der kroatischen Küstengastronomie. **Österreichische Einflüsse** sind auf der Dessertkarte zu finden: Palačinke (Pfannkuchen mit Marmelade, Schokolade oder Zucker und Zimt), Štrudel (Apfel- oder Quarkstrudel) und Kremšnite (Blätterteiggebäck mit Creme- oder Puddingfüllung).

Musaka (mehrere Schichten Hackfleisch, Kartoffeln und Tomatensauce mit Ei und Sauerrahm überbacken), aber auch das serbische Djuveč kommen ursprünglich aus **Griechenland**. Und die Türken haben vor allem in Süddalmatien ihre Gewürze und den Turska Kava (türkischen Kaffee) hinterlassen, der mit sehr fein gemahlenem Kaffeepulver und Zucker in kleinen Messingtöpfchen aufgekocht wird.

Zur typischen **Konoba-Küche** gehören Schinken (Pršut), Schafskäse (z. B. Paški Sir), Oliven und frisches Brot. Einfach und schmackhaft! Wirklich gute Restaurants servieren genau das als Vorspeise – aber nirgends schmeckt es herzhafter als in einer Konoba, denn hier stammt alles aus eigenem Anbau und ist selbstgemacht. Gelegentlich bekommt man dazu noch Frühlingszwiebeln

Wo man was isst

*Die verschiedenen Arten von Speiselokalen sind an der kroatischen Küste ähnlich vielfältig wie ihre Küchen und Speisekarten. Das **Restaurant (restoran)** als gehobenes Speiselokal (mit meist internationaler und manchmal noch immer recht fantasieloser Küche) trifft man vor allem in Gestalt von Hotelrestaurants. In touristischen Zentren gibt es jedoch zunehmend auch kleine, privat geführte Restaurants mit wirklich gehobener Küche aus frischen, lokalen Zutaten – darunter sehr gute **Riblji restorans (Fischrestaurants)**, die natürlich nicht nur Fisch, sondern die ganze Vielfalt an Meeresfrüchten servieren. Aber man findet auch eine ganze Menge Touristenrestaurants, in denen man mit Allerweltsgerichten den Geschmack der breiten Masse treffen will.*

*Landestypischer ist die **Gostiona** oder **Gostionica (Gaststätte, Wirtshaus)**, die gelegentlich auch als **Taverna** bezeichnet wird. In diesen kleineren und gemütlicheren Lokalen kochen Wirt oder Wirtin meistens selbst. Hier kann man regionale Spezialitäten kennen lernen, die aus frischen Zutaten nach alten Hausrezepten und mit Liebe zubereitet werden.*

*Ein echtes Erlebnis sind viele der kleinen **Konobas (Weinkeller)**: urige Gewölbekeller oder kleine, rustikale Lokale, die der Wirt oft mit viel Hingabe und Eigenleistung ausgestaltet hat. Serviert wird dort meist einfache, aber delikate Hausmannskost: Schinken, Käse, Oliven und Wein aus eigenem Anbau, frisches selbstgebackenes Brot und manchmal auch kleine Fischgerichte – je nachdem, was der Wirt am Morgen aus dem Meer gezogen hat. Doch Vorsicht: In Ferienzentren wird die Bezeichnung „Konoba" auch immer mehr zum Touristen-Nepp.*

*Bei den Einheimischen beliebt sind die zahlreichen **Kavanas (Cafés)**, da sie sich Restaurantessen kaum mehr leisten können, und das **Bife (Büfett)**, eine Art Bar oder Kneipe, in der sich die Fischer treffen. Ebenfalls sehr verbreitet sind Pizzerias, die aber meist nur das servieren, was ihr Name verspricht, und nicht gleich ein komplettes italienisches Restaurant erwarten lassen.*

*Und schließlich gibt es noch das **Samoposlužni restoran (Selbstbedienungsrestaurant)**, das man meist in Ferienanlagen findet, und die **Slastičarna**, eine Mischung aus Eisdiele, Konditorei und Espressobar.*

oder Salzsardinen, die roh in Öl, Essig, Lorbeer und Kräutern eingelegt mehrere Wochen reifen müssen. Richtig zubereitet sind sie eine Delikatesse und nicht billig. Aber wer Pech hat, kann auch Exemplare erwischen, die teuer sind und doch so roh und alt schmecken, wie sie tatsächlich sind.

In Dalmatien wird der Pršut **(Schinken)** gesalzen, geräuchert und getrocknet, während der istrische Pršut nur gesalzen und an der Luft getrocknet wird, worauf er ein volles Jahr lang reifen muss. Als bester – und teuerster – **Käse** Kroatiens gilt der Paški Sir (Schafskäse von der Insel Pag). Wer auf der Insel war, wird das verstehen: Die Schafe fressen dort kein Gras, sondern duftende Kräuter, die in der kargen Steinwüste gedeihen und von den Böen der Bora zusätzlich mit feinem Salznebel aus dem Meer überstäubt werden.

Die trocken in Kräuter eingelegten grünen oder schwarzen **Oliven,** die in den Konobas serviert werden, kommen stets aus eigenem Anbau. In Geschäften konnte ich solche Oliven trotz intensiver Suche nie entdecken. Und in Restaurants habe ich auf besondere Nachfrage meist nur eigenartige Dinge bekommen, die wie Oliven aussahen, aber das Aroma von destilliertem Wasser hatten.

SCHNAPS UND LIKÖR

Wo man gut isst, trinkt man hinterher auch gerne einen Schnaps. Fast jede *Konoba* und *Gostionica* hat ihren eigenen Hausschnaps, der dem Gast oft nach dem Essen angeboten wird. Die Bewohner der Küstenregion Istriens nennen ihn nach italienischem Brauch *Grappa,* im übrigen Land heißt er *Losovača* oder kurz *Losa*. Und mit aromatischen Kräutern versetzt wird daraus der beliebte *Travarica*. Den bekannten Pflaumenschnaps Sliwowitz *(šljivovica)* hat das gleiche Schicksal ereilt wie die *Čevapčići,* denn er ist ebenfalls serbischen Ursprungs. Eine gefragte Spezialität ist jedoch nach wie vor der *Maraschino,* ein köstlicher Kirschlikör, der in der Gegend von Zadar nach einem fast 500 Jahre alten Rezept der Dominikaner aus der dalmatinischen Maraska-Sauerkirsche gewonnen wird. Nicht ganz so bekannt, aber ebenso exzellent ist der *Feigenschnaps,* eine Spezialität der Insel Krk, der dort gerne als Aperitif gereicht wird. *Orahovac* ist ein Walnusslikör, den die Kroaten im südlichen Dalmatien vor allem für den eigenen Gebrauch herstellen. Sonst trinkt man in Dalmatien nach dem Essen auch einen *Myrta* (Myrtenlikör) und im ganzen Land den *Pelinkovac* (Wermut). *Istra-Bitter* nennt sich ein Kräuterlikör, der ähnlich wie Campari schmeckt und ein bisschen zu einem Modegetränk geworden ist. Und dann gibt es natürlich noch den Prošek, einen schweren Dessertwein, der seit römischer Zeit als *vinum sanctum* (heiliger Wein) geschätzt und gern genossen wird.

Na denn: *Živjeli* – zum Wohl!

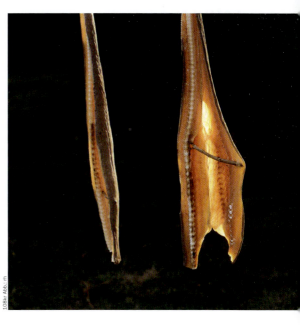

Nicht jedermanns Sache: Dörrfisch

FÄHREN

Zu allen größeren Inseln fahren kleine Autofähren (Trajekt), in der Saison oft stündlich. Während der Hauptreisezeit kann es dennoch zu kilometerlangen Warteschlangen kommen und bei schlechten Wetterverhältnissen (im Sommer sehr selten!) wird der Fährdienst manchmal vorübergehend ganz eingestellt. Reservierungen sind für diese Lokalfähren nicht möglich. Autofahrer sollten sich daher zeitig vor Abfahrt des Schiffes in die Warteschlange einreihen, um sicher auf dem nächsten Schiff noch eine Passage zu bekommen (bei einigen Routen kann das auch bedeuten: um am gleichen Tag noch eine Passage zu bekommen!).

Manche Routen werden nur während der Saison bedient, andere – die in manchen Straßenkarten noch eingezeichnet sind – wurden ganz eingestellt. Nähere Informationen, Preisauskünfte und Fahrpläne erhält man von den Fährgesellschaften.

Die größte ist nach wie vor Jadrolinija mit Hauptbüro in Rijeka und Hafenbüros in allen größeren Fährhäfen. Fast alle Insellinien werden von ihr betrieben; es gibt jedoch auch einige Strecken (beispielsweise zur Insel Rab), die von kleineren Gesellschaften bedient werden.

Informationen über die Inselverbindungen finden Sie in den Routenbeschreibungen.

› **Jadrolinija-Hauptbüro in Rijeka,** Riva 16, HR-51000 Rijeka, Tel. +385 (0)51 666111, www.jadrolinija.hr (auch auf Deutsch). Buchungsbüros in den einzelnen Ländern siehe Kapitel „Anreise, Fähre"; Infos zu Hafenbüros in den einzelnen Städten finden Sie in den Routenbeschreibungen.

› Einen guten Überblick über Fähren nach Kroatien und innerhalb des Landes bietet die Website von **Croatia Ferries** (nur auf Englisch): www.croatiaferries.com.

Weitere Fährgesellschaften:

› **G&V Line,** www.gv-line.hr (Dubrovnik–Mljet–Korčula–Lastovo; Personentransport per Katamaran)

Kleines Fähren-Know-how

Bei der Zufahrt zur Anlegestelle der Fähre (Trajekt) werden Sie im Sommer irgendwann das Ende einer langen (manchmal sogar sehr langen!) Autoschlange erreichen. Stellen Sie Ihr Fahrzeug an ihrem Ende ab und wandern Sie an den Fahrzeugen entlang, bis Sie den Ticketschalter erreichen (meist nur ein kleiner Kiosk). Sollte er geschlossen sein (im Sommer selten), wird er rechtzeitig vor Ablegen der Fähre aufmachen. Sie müssen dort angeben, wie lang ihr Fahrzeug ist (bis 5 m, 5–7 m, über 7 m; Kfz-Schein bereithalten) und wie viele Personen mitfahren. Beachten Sie, dass man in kleinen Fährhäfen nicht immer mit Kreditkarte bezahlen kann! Halten Sie genügend kroatisches Bargeld bereit, denn einen Geldautomaten werden Sie nicht immer finden. Sobald Sie Ihr Ticket haben, können Sie es sich wieder im Wohnmobil bequem machen und warten, bis sich die Schlange in Bewegung setzt. Bei sehr viel Andrang ist es nicht sicher, dass Sie gleich auf die nächste Fähre kommen werden, und auf manchen der seltener befahrenen Routen (z. B. von Stari Grad auf Hvar nach Split) sollte man im Sommer sogar schon etliche Stunden vor Abfahrt in der Schlange stehen, um noch am selben Tag aufs Schiff zu kommen!

› **LINIJSKA NACIONALNA PLOVIDBA,** www.croatiaferries.com (u. a. Rab, Krk, Žirje, Kaprije, Šolta, Korčula)

› **Rapska plovidba,** www.rapska-plovidba.hr (Autofähren vom Festland zur Insel Rab und zwischen Rab und der Insel Pag)

› **Venezia Lines,** www.venezialines.com (Venedig – verschiedene kroatische Häfen)

▷ *Trachtenschönheit auf der Insel Mljet*

FESTE UND FEIERTAGE

GESETZLICHE FEIERTAGE

- **1. Januar:** Neujahr
- **6. Januar:** Heilige Drei Könige
- **März/April:** Ostersonntag/Ostermontag
- **1. Mai:** Tag der Arbeit
- **Mai/Juni:** (60 Tage nach Ostern): Fronleichnam
- **22. Juni:** Tag des antifaschistischen Kampfes
- **25. Juni:** Staatsfeiertag
- **5. August:** Tag des Sieges und der heimatlichen Dankbarkeit
- **8. Oktober:** Unabhängigkeitstag
- **1. November:** Allerheiligen
- **25./26. Dezember:** Weihnachten

REGIONALE FESTE

Außerdem gibt es zahlreiche regionale und lokale Feste – meist farbenfrohe Veranstaltungen mit Trachten, Folklore und regionalen Spezialitäten –, die hervorragende Gelegenheit bieten, die Kroaten, ihre Mentalität und Lebensweise besser kennen zu lernen.

Eine Auswahl der wichtigsten regelmäßig stattfindenden Feste und Veranstaltungen:

Januar
- **Lastovo** (6.1.): Inselkarneval mit Umzügen bis Fastnachtsdienstag

Februar
- **Dubrovnik** (3.2.): Prozession zu Ehren des Stadtheiligen St. Blasius *(Sv. Vlaho)*

April
- **Blato, Korčula:** 28.4. *Kumpanija*, farbenfrohes Ritterspiel mit 700-jähriger Tradition und umfangreichem Folkloreprogramm

Mai
- **Nin:** Bootsprozession zur Madonnenstatue auf der Insel Zečevo mit anschließendem Dorffest
- **Rab:** Mittelalterfest in der ganzen Stadt mit einem Auftritt der Armbrustschützen

Juli
- **Korčula:** *Moreška*, farbenprächtiges Ritterspiel mit akrobatischen Schwerttänzen
- **Veli Iž, Insel Iž:** *Iška Kralj*, Krönung des Inselkönigs, die seit antiker Zeit existiert und stets am letzten Juli- und ersten Augustwochenende mit buntem Festprogramm und Vorführung traditioneller Handwerke begangen wird

August
- **Sinj** (1. Wochenende): *Sinjiska Alka*, dreitägiges Reiterfest mit Ringstechen, prachtvollen Trachten und Uniformen sowie umfangreichem Rahmenprogramm (Information: Tel. 021 862352)
- **Sali, Dugi Otok:** *Saljske užanske*, traditionsreiches Fischerfest, das mit Folklore, Tanz und lustigem Eselrennen am ersten Sonntag gefeiert wird
- **Vir** (28.8.): Prozession mit großem Dorffest zu Ehren von Sv. Ivan

› **Jelsa, Hvar:** stimmungsvolles Weinfest in der malerischen Kulisse des Inselstädtchens mit Kunst- und Folkloreprogramm am letzten Wochenende
› **Betina, Murter:** großes Muschelfest mit Folklore, Tanz, Musik, viel gutem Essen (nicht nur Muscheln) und Wein
› **Korčula** (2.8.): *Perdun*, Prozession mit bunt geschmückten Booten zur Klosterinsel Badija, auf der anschließend ein Volksfest unter freiem Himmel stattfindet

FOTOGRAFIEREN

Einfaches Zubehör wie Batterien ist in fast allen Städten und Touristenzentren erhältlich. Die Preise dafür sind jedoch deutlich höher als in Deutschland. Besonderes Zubehör wie Akkus, Speicherkarten, Filter etc. sind nur in größeren Städten erhältlich.

In Klöstern, Kirchen und Museen ist das Fotografieren mit Blitzlicht häufig verboten und manchmal darf man dort auch überhaupt nicht fotografieren. Militärische Anlagen dürfen grundsätzlich nicht abgelichtet werden.

Da die Lichtkontraste zwischen weißem Fels, dunklen Pinienwäldern und reflektierendem Wasser um die Mittagszeit sehr hart sind, empfiehlt es sich, am Morgen und am Abend zu fotografieren.

Auch wenn die Kroaten außergewöhnlich offen und gastfreundlich sind, ist beim Fotografieren von Menschen Taktgefühl stets ein guter Begleiter. Am besten immer vorher um Erlaubnis fragen. Ein „Nein" wird man nur selten zur Antwort bekommen.

Der Narodni Trg in Split mit farbenfroher Dekoration für das Fest des Stadtheiligen Domnius

GASVERSORGUNG

Wer mit zwei vollen 11-kg-Gasflaschen startet, der kommt damit im Normalfall problemlos durch seinen Urlaub – selbst wenn dieser 4–5 Wochen dauert. Sollte das Gas dennoch einmal zur Neige gehen, können Flaschen, deren Prüfung nicht älter als fünf Jahre ist, in den Niederlassungen von INA und zum Teil in Privatbetrieben befüllt werden.

Wohnmobile mit **Nachfüllflasche** oder fest eingebautem **Gastank** können an vielen größeren Tankstellen (vor allem in größeren Städten und an den Autobahnen) auffüllen. Hierzu ist ein Adapter (Dish Adapter) erforderlich, den man im Internet für etwa 12,50 € bekommt. Der Preis liegt bei ungefähr 0,55 € pro Liter.

Eine Liste von Autogas-Tankstellen für Kroatien und viele andere europäische Länder findet man im Internet unter: www.gas-tankstellen.de. Speziell für Kroatien kann man auch unter www.mylpg.eu/de/tankstellen/kroatien/liste und auf www.ina.hr sowie www.hak.hr nachsehen.

Eine gute Auswahl an Tankflaschen und Systemen, fachkundige Beratung und Informationen zu Tankstellen findet man unter www.gasfachfrau.de.

GELD

Kroatien ist zwar seit 2013 Mitglied der Europäischen Union, doch bis der **Euro** in Kroatien eingeführt wird, kann es noch mehrere Jahre dauern.

Landeswährung ist die **Kroatische Kuna**, abgekürzt kn und unterteilt in Lipa (1 kn = 100 Lipa). Es gibt Münzen zu 1, 2, 5, 10, 20 und 50 Lipa sowie zu 1, 2 und 5 Kuna und Banknoten zu 10, 20, 50, 100, 200, 500 und 1000 Kuna. Der Wechselkurs ist staatlich festgelegt und relativ stabil. Die aktuellen Umrechnungskurse können z. B. über den Currency Converter bei www.oanda.com abgerufen werden.

Geld wechseln kann man an allen Grenzübergängen, bei Banken, Postämtern, Fremdenverkehrsämtern, Touristenbüros, an vielen Rezeptionen von Hotels und Campingplätzen sowie in manchen Geschäften. Die Bearbeitungsgebühren schwanken zwischen 0 und 5 %, sodass ein Vergleich sich lohnt. Fremdwährungen dürfen in unbegrenzter Höhe **ein- und ausgeführt** werden. Für Kuna gilt ein Ein- und Ausfuhr-Höchstbetrag von 15.000 kn. Probleme gibt es leider, wenn man nicht aufgebrauchte kroatische Währung zurücktauschen will: Wechselstuben sind dazu gewöhnlich nicht bereit und ver-

Die kroatische Kuna wurde noch nicht durch den Euro ersetzt

weisen auf die Banken, aber auch dort klappt es nur, wenn man einen Umtauschbeleg vorweisen kann, der dokumentiert, dass der Betrag bei einer Filiale der betreffenden Bank getauscht wurde.

Bankautomaten (auch mit deutscher Sprachführung) findet man fast überall, sodass man auch mit seiner **Debit-(Giro-)Karte** überall Geld abheben kann. Ansonsten sollte man sich bei seiner Bank über die bei einer Abhebung anfallenden Gebühren informieren. **Kreditkarten** werden inzwischen meistens akzeptiert. Am weitesten verbreitet sind Eurocard/Mastercard, Visa, Diners und American Express.

Die **Banken** haben keine einheitlichen **Öffnungszeiten.** In größeren Städten sind sie gewöhnlich montags bis freitags von 8 bis 19 Uhr (außerhalb der Saison manchmal nur von 8 bis 14 Uhr) und samstags von 8 bis 13 Uhr geöffnet, in kleineren Städten meist von 8 bis 12 Uhr und von 15 bis 19 Uhr, samstags bis 12 Uhr.

Achtung: Halten Sie unterwegs Euro- und Kuna-Scheine gut getrennt. Sie wären nicht der Erste, der versehentlich mit Euro bezahlt statt mit Kuna – also den mehr als 7-fachen Preis!

Umrechnungskurs am Geldautomaten

Beim Abheben von Bargeld in Landeswährung wird manchmal angeboten, dass die Abrechnung mit dem eigenen Konto in Euro erfolgen kann. Das Verfahren ist als Dynamic Currency Conversion (DCC) bekannt. Wählt man diese Option, die ja sicherer erscheint, wird aber ein ungünstiger Wechselkurs zugrundegelegt, der erhebliche Kosten verursachen kann. Deshalb sollte man Abhebungen immer in der Landeswährung vom eigenen Konto abbuchen lassen. Dann legt die eigene Bank den offiziellen Devisenkurs zugrunde.

Wechselkurse

(Stand: Anfang 2021)

1 kn	0,13 €
1 €	7,54 kn
1 kn	0,14 CHF
1 CHF	7,01 kn

GESUNDHEIT

Der über die Jahrzehnte vertraute „Auslandskrankenschein" (Vordruck E 111) wurde inzwischen durch die **Europäische Krankenversichertenkarte** (European Health Insurance Card = EHIC) abgelöst. Sie gilt innerhalb der gesamten EU sowie in der Schweiz und den Ländern des ehemaligen Jugoslawien.

Der große Vorteil gegenüber dem alten Auslandskrankenschein: Mit der „Auslandskarte" kann man direkt zu einem Arzt oder Krankenhaus gehen, die dem staatlichen Gesundheitsdienst angeschlossen sind. Da jedoch die Leistungen nach den gesetzlichen Vorschriften im Ausland abgerechnet werden, muss man meist zunächst die Kosten der Behandlung selbst tragen und sollte alle Belege unbedingt aufheben, weil man diese hinterher bei der Krankenkasse einreichen muss.

Es besteht Anspruch auf alle erforderlichen medizinischen Sachleistungen. Häufig wird jedoch von der Krankenkasse nur ein Teil der Kosten anerkannt und erstattet, da die Kassen allerlei Selbstbeteiligungen und Pauschalen abziehen. Um das Risiko auszuschließen, empfiehlt sich der Abschluss einer zusätzlichen **Auslandskrankenversicherung,** die im Notfall auch den teuren Rücktransport in die Heimat einschließt.

Die medizinische Versorgung in Kroatien entspricht dem allgemeinen europäischen Standard. Jeder größere Ort hat ein Krankenhaus **(Bolnica),** eine Klinik oder zumindest eine Krankenstation **(Dom zdravlja)** und während der Reisesaison werden in vielen Ferienorten zusätzlich meist besondere Ambulanzen für die ausländischen Besucher eingerichtet. Sprachprobleme dürfte es kaum geben, da in den Feriengebieten fast jeder etwas Deutsch spricht. Apotheken **(Ljekarna)** gibt es nahezu in jedem größeren Ort. Sie haben meist von 7 bis 19 Uhr geöffnet. Die Kosten für ärztlich verordnete Medikamente erstatten die Krankenkassen gegen Vorlage der Quittung (natürlich mit den auch im Inland gültigen Einschränkungen durch die Gesundheitsreform).

HAUSTIERE

Wer sein Haustier mit in den Urlaub nehmen möchte, muss beachten, dass dabei auch die Regelungen der Transitländer einzuhalten sind. Je nach Reiseroute können dies also Österreich, Slowenien und Italien sein. Alle Angabe ohne Gewähr!

Um die aktuellsten Bestimmungen zu erfahren, rufen Sie die Botschaft des Landes an (s. S. 17)!

Kroatien
- **Tollwutimpfung:** mind. 15 Tage, max. 6 Monate alt
- **Gesundheitszeugnis:** von einem amtlich befugten Tierarzt
- **EU-Heimtierausweis** mit Mikrochip notwendig
- **Anmerkung:** Welpen unter 15 Wochen dürfen nicht einreisen! Herkunfts- und Gesundheitszeugnis sind erforderlich. Eine tierärztliche Untersuchung kann gegen ein Entgelt an der Grenze vorgenommen werden.
- Hunde sogenannter **Listenhunde-Rassen** müssen in Kroatien einen **Maulkorb** tragen, z. B. Amerikanischer Staffordshire Terrier, Bernhardiner, Bullterrier, Deutscher/Belgischer Schäferhund, Dobermann, Doggen, Großer Japanischer Spitz, Mastino, Rottweiler, Pitbull Terrier sowie Kreuzungen, bei denen diese Hunderassen beteiligt sind.
- Unabhängig davon kann es hilfreich sein, einen Maulkorb mit sich zu führen, da auf **Fähren** zumindest offiziell **Maulkorbpflicht** besteht (meist aber nur offiziell).
- Es dürfen **maximal fünf Hunde** mitgenommen werden.
- **Aktuelle Infos:** www.kroati.de/kroatien-infos/einreise-haustier.html

Österreich
- **Tollwutimpfung:** mind. 30 Tage, max. 12 Monate alt
- **Gesundheitszeugnis:** nein
- **EU-Heimtierausweis** mit Mikrochip bzw. Tätowierung notwendig

Slowenien
- **Tollwutimpfung:** mind. 21 Tage, max. 6 Monate alt
- **EU-Heimtierausweis** mit Mikrochip notwendig

Italien
- **Tollwutimpfung:** mind. 20 Tage, max. 11 Monate alt
- **Gesundheitszeugnis:** nicht älter als 30 Tage
- **EU-Heimtierausweis** mit Mikrochip bzw. Tätowierung notwendig

Bosnien-Herzegowina
- **Tollwutimpfung:** mind. 15 Tage, max. 6 Monate alt
- **EU-Heimtierausweis** mit Mikrochip bzw. Tätowierung notwendig
- **Anmerkung:** Internationaler Impfpass nötig. Eine tierärztliche Untersuchung kann gegen Entgeld auch am Grenzübergang vorgenommen werden.

Allgemeine Informationen
- www.garantiert-reisen.de/category/haustiere-mitteleuropa

Allgemein hat man mit seinem Hund in Kroatien selten Probleme. Fast alle Campingplätze nehmen Gäste mit Hunden auf, viele haben besondere Einrichtungen für Hunde und es gibt auch zahlreiche Hundestrände: www.kroati.de/kroatien-infos/hundestraende.html

INFORMATIONEN

FREMDENVERKEHRSÄMTER

Für umfassende Informationen vor und während der Reise bietet Kroatien eine Fülle verschiedener Informationsstellen recht unterschiedlicher Ausstattung und Leistungsfähigkeit.

Neben der staatlichen **Fremdenverkehrszentrale** gibt es die **Fremdenverkehrsämter** der Regionen (**TZŽ** = Turistična Zajednica Županije), einzelner Inseln **(TZO)** und für jede einzelne Stadt (**TZG** oder **TZO**). Verwirrend wird es für den Besucher dadurch, dass es in jeder Stadt zudem eine große Anzahl privater Touristikbüros gibt, die zwar alle mit dem international gebräuchlichen Symbol „i" Kunden anlocken, aber keine Informationsbüros sind, sondern kommerzielle Reiseunternehmen, die Unterkünfte, Ausflüge, Mietwagen etc. vermitteln. Für zusätzliche Verwirrung sorgen Reiseführer, die in ihren Stadtplänen sämtliche angeblichen Informationsstellen verzeichnen, nur das tatsächliche Fremdenverkehrsamt manchmal nicht.

Allgemeines **Informationsmaterial** wie kostenlose Campingplatz- und Hotelverzeichnisse, Straßenkarten, Nautik-Informationen etc. besorgt man sich vor der Abreise bei den Fremdenverkehrsstellen im Heimatland. Für Informationen über einzelne Regionen kann man sich vor Reisebeginn an die jeweiligen Fremdenverkehrsämter der Region wenden. Zusätzlich sind im Routenteil dieses Buches die Adressen vieler örtlicher Fremdenverkehrsämter angegeben, bei denen man meist umfassende und informative Unterlagen bekommen kann.

Manche örtlichen Fremdenverkehrsämter sind sehr engagiert und kompetent, andere hingegen nicht viel mehr als eine Zimmervermittlung mit ein paar bunten Prospekten – und mit jeder Frage überfordert, die über Hotelbuchung oder Fahrpläne hinausgeht.

Informationsstellen im Heimatland

Kroatische Zentrale für Tourismus

› Stephanstraße 13, 60313 Frankfurt, Tel. 069 2385350, https://croatia.hr/de-DE
› Hesseloherstraße 9, 80802 München, Tel. 089 223344
› Liechtensteinstraße 22 a, 1/1/7, 1090 Wien, Tel. 01 5853884, https://croatia.hr/de-DE

Informationsstellen in Kroatien

Kroatische Zentrale für Tourismus

› Iblerov trg 10/IV, 10000 Zagreb, Tel. +385 (0)1 4699183, http://de.croatia.hr, www.htz.hr, Infos für Touristen: Tel. 0800 200200 (kostenlos)

Regionale Tourismusämter

› **Istrien: TZŽ Istria,** Pionirska 1, 52440 Poreč-Parenzo, Tel. 052 452797, www.istra.hr
› **Kvarner: TZŽ Primorje-Gorje,** N. Tesle 2, 51410 Opatija, Tel. 051 272988, www.kvarner.hr

› **Region Karlovac-Pag:** Haulikova 14, 47000 Karlovac, Tel. 047 615320, www.visitkarlovaccounty.hr
› **Region Ličko-Senjska:** Budačka 12, Gospić, Tel. 053 574687, http://visit-lika.com
› **Region Šibenik: TZŽ Šibensko-Kninska,** Fra Nicole Ružića bb, 22000 Šibenik, Tel. 022 219072, www.dalmatiasibenik.hr
› **Norddalmatien: TZŽ Zadarske,** Jurja Barakovića 5, 23000 Zadar, Tel. 023 315316, www.zadar.hr
› **Mitteldalmatien: TZŽ Splitsko-Dalmatinske,** Prilaz braće Kaliterna 10/I, 1001 Split, Tel. 021 490032, www.dalmatia.hr
› **Süddalmatien: TZŽ Dubrovačko-Neretvanske,** Šipčine 2, 20000 Dubrovnik, Tel. 020 324999, www.visitdubrovnik.hr

Die Fremdenverkehrsämter einzelner Städte, Inseln, etc. finden Sie bei der jeweiligen Ortsbeschreibung innerhalb der Routen.

Kroatische Engel

Die einheitliche Telefonnummer für alle touristischen Informationen, die ganz Kroatien betreffen, lautet: 062 999999. Bei Anrufen aus dem Ausland wählen Sie: +385 62 999999. Die Informationen können vom 25. März bis 15. Oktober u. a. in deutscher, englischer und italienischer Sprache abgerufen werden.

REISEVERANSTALTER

Kroatienprogramme hat inzwischen fast jeder namhafte Reiseveranstalter im Katalog. Hier gilt es, die Angebote und Preise zu vergleichen.

INTERNET

› **www.croatia.hr** (offizielle Website der kroatischen Tourismuszentrale)
› **www.croatia-online.de** (informative deutsche Website über Kroatien)
› **www.istra.hr** (sehr umfassende Website des Fremdenverkehrsamtes Istrien)
› **www.kvarner.hr** (Fremdenverkehrsamt der Region Kvarner)

KARTEN

STRASSENKARTE

Eine sehr gute Straßenkarte und Basis für den Routenatlas in diesem Buch ist die Kroatien-Karte des **world mapping project™** (Verlag REISE KNOW-HOW), die reiß- und wasserfest sowie beschreibbar ist, da sie aus einem synthetischen Material hergestellt wird, dessen Produktion weniger Energie erfordert als Normalpapier.

Angesichts ihres Maßstabs von 1 : 300.000 (immerhin deckt sie die gesamte Küste ab und zusätzlich das Binnenland im Maßstab 1 : 700.000) ist die Karte noch erstaunlich detailliert und enthält zahlreiche Sehenswürdigkeiten sowie ein komplettes Ortsregister. Hervorragend ist die Einzelkarte Istrien 1 : 70.000, die mit Grad- und UTM-Gitter sogar GPS-tauglich ist.

Für je 8,90 bzw. 9,95 € sind die Karten im Buchhandel oder im Verlagsshop unter www.reise-know-how.de erhältlich.

- › **www.traumhaftes-kroatien.de** (touristische Website für das ganze Land mit übersichtlich gegliederten Infos und direkten Buchungsmöglichkeiten)
- › **www.dalmatia.net** (umfassende, kommerzielle Website für Unterkünfte in ganz Dalmatien, auf Englisch)
- › **www.visitdubrovnik.hr** (Fremdenverkehrsamt der Region Dubrovnik, Süddalmatien)
- › **www.hak.hr** (Website des kroatischen Automobilklubs)
- › **www.camping.hr** (Website des kroatischen Campingplatz-Verbands mit Infos über alle Campingplätze)
- › **www.kroatien-idriva.de** (Spezialreiseveranstalter für Kroatien mit zahlreichen Unterkünften aller Art und einem breiten Angebot an Kreuzfahrten)
- › **www.carina.hr** (Zollbestimmungen)

Eine gute Straßenkarte ist auch zusätzlich zum Navi sehr zu empfehlen

Von Lesern wird außerdem der **Atlas** des Verlages **Freytag & Berndt** im Maßstab 1 : 150.000 empfohlen.

PANNE UND UNFALL

Kleinere Pannen hat man als Reisemobilist ja meist selbst im Griff, größeren kann man durch gute Wartung und einen gründlichen Check vor der Reise und einen umsichtigen Fahrstil vorbeugen. Hat man dennoch mal ein Problem, hilft oft gerne ein anderer Wohnmobilist mit Rat und Tat – im Idealfall natürlich einer, der dasselbe Fabrikat fährt. Oft kann man sich dann auch mit kleineren Ersatzteilen wie Sicherungen, Glühbirnen etc. gegenseitig aushelfen. Ist das Fahrzeug noch fahrtüchtig, so sollte man im internationalen Kundendienstverzeichnis nachsehen, wo sich die nächste Vertragswerkstatt befindet. Aber auch nicht markengebundene Autowerkstätten können oft helfen. Ist das Fahrzeug nicht mehr fahrtüchtig, hilft allerdings nur noch der Pannendienst.

Spätestens dann ist ein **Auslandsschutzbrief** (z. B. ADAC, ÖAMTC oder ACS) sehr hilfreich. Der ADAC-Service ist wirklich gut. Einfach anrufen – und die freundliche Dame (die natürlich deutsch spricht) kümmert sich um alles: Pannenhelfer, Abschleppdienst, Werkstatt, Hotelzimmer, Taxi bzw. was sonst erforderlich ist.

Bei einem **Unfall** sollte man sich unbedingt eine polizeiliche Unfallbestätigung ausstellen lassen, da es sonst mit dem beschädigten Fahrzeug bei der Ausreise Probleme geben könnte (u. U. wird man so lange aufgehalten, bis der Unfallhergang geklärt und die Schuldfrage geregelt ist). Sehr hilfreich für die Abwicklung mit der Versicherung ist ein **„Europäischer Unfallbericht"** – das mehrsprachige Formular ist bei den Automobilklubs erhältlich.

Um zu seinem Recht zu kommen, ist in jedem Fall eine **Rechtsschutzversicherung** sehr zu empfehlen, sonst können Sie zwar vielleicht Ihr Recht erstreiten – aber die Kosten dafür werden u. U. höher sein als der vom Gegner erstattete Schaden! Noch besser ist eine **Vollkaskoversicherung,** die Ihnen Ihren Schaden erstattet – und sich dann darum kümmern kann, was vom Unfallgegner zurückzufordern ist. Für Auslandsreisen kann sich u. U. auch eine Kurzzeit-Vollkaskoversicherung lohnen.

Notrufnummern
› **Einheitsnummer für alle Notfälle:** 112

Pannen-Notrufnummern
› deutschsprachiger **ADAC- und ÖAMTC-Notruf** in Zagreb, Tel. 01 34406666
› **ACS-Notruf Schweiz:** Tel. +41 (0)44 6288299
› **ÖAMTC-Schutzbrief Nothilfe:** Tel. +43 (0)1 2512000
› **AvD-Notruf** (aus dem Ausland): +49 (0)69 6606600
› **ADAC-Notrufzentrale München,** Tel. +49 (0)89 222222 (rund um die Uhr besetzt, Hilfe bei Panne, Unfall, Diebstahl, Verlust von Papieren, Kreditkarten u. Ä.)
› **ADAC-Ambulanzdienst München,** Tel. +49 (0)89 767676 (rund um die Uhr besetzt, medizinische Hilfe wie Krankenrücktransport, Medikamentenversand, Vermittlung deutschsprachiger Ärzte u. Ä.)
› **Pannenhilfe** des kroatischen Automobilklubs (HAK), Tel. 987 (beachten Sie, dass andere Pannenhelfer oft erheblich teurer sind!)

PARKEN

Siehe „Parkplätze" unter „Übernachten" (s. S. 45).

▷ *Strand mit Südsee-Flair auf dem Camping Village Šimuni* **48**, *Pag (s. S. 149)*

POST

Postämter sind in jedem größeren Ort zu finden und an einem blau-gelben Schild mit der Aufschrift **„HP"** zu erkennen. **Briefmarken** (kroatisch: *Poštanska Marka*) bekommt man außer am Postschalter auch an Kiosken und in Tabakgeschäften.

Das **Porto** für eine Postkarte oder einen Standardbrief (bis 50 g) nach Deutschland, Österreich und in die Schweiz kostet 8,60 kn (ca. 1,12 €). Briefe und Postkarten nach Deutschland sollen ihr Ziel in 3 bis 4 Tagen erreichen; nach meinen Erfahrungen muss man jedoch eher 5 bis 7 Tage veranschlagen. Sendungen nach Kroatien müssen vor der fünfstelligen Postleitzahl mit der Abkürzung „HR" (für Hrvatska = Kroatien) gekennzeichnet werden (z. B. HR-21000 Split).

Postämter in Touristenorten haben während der Saison in der Regel montags bis samstags von 7 bis 19 Uhr geöffnet, manchmal sogar länger; sonntags oft bis 12 Uhr, zum Teil aber auch wie an Werktagen. In der Nebensaison und in kleineren Orten wird an Werktagen über Mittag geschlossen oder nur bis 14 Uhr gearbeitet und sonntags gar nicht oder nur vormittags geöffnet.

Weitere Informationen erhält man unter www.posta.hr (auch auf Engl.).

REISEZEIT UND KLIMA

Die Sommer an der kroatischen Küste und auf den Inseln sind genau so, wie der Reisende sie von einem Urlaubsland erwartet: Diese Gebiete haben ein ausgeprägt mediterranes Klima mit viel Sonne, Wärme und kaum Niederschlag. Da das Wetter jedoch schon immer unberechenbar war und durch den Klimawandel nicht eben stabiler geworden ist, kann es selbst auf dem Sonnenbalkon gelegentlich recht verregnete Phasen geben.

Die meisten **Niederschläge** fallen im Herbst, aber auch in der Vorsaison kann das Wetter in manchen Jahren etwas unbeständig sein. Im Sommer hingegen geben manche Hotels und Ferienanlagen sogar eine Sonnengarantie mit Kostenerstattung oder kostenlosem Aufenthalt, falls es zwei Tage nacheinander regnen sollte.

Die Badesaison mit durchschnittlichen **Wassertemperaturen** von 20 °C beginnt im Juni und dauert bis Ende September mit Wassertemperaturen bis zu 25 °C.

Die ausgleichende Wirkung des Meeres sorgt auch in den heißesten Monaten (vor allem Juli und August) für erträgliche **Temperaturen** und dafür, dass es nachts nicht weit unter 18–20 °C abkühlt. Am Tag kann das Quecksilber im Schatten auf 30 °C steigen.

Winde

Das Wetter an der kroatischen Küste wird stark durch die verschiedenen Winde geprägt, die für sehr plötzliche Wetterumschwünge sorgen können. Am meisten gefürchtet ist die Bora, die meist im Winter weht, aber das ganze Jahr über urplötzlich auftreten kann, wenn trocken-kalte Festlandluft über die Bergkämme schwappt. Ohne lange Vorwarnung kann sie mit eisigen Sturmböen von bis zu 180 km/h von den Bergen herunterfegen. Für Segler und Surfer gilt dann höchste Gefahrenstufe. Aber auch Reisemobile auf der Küstenstraße müssen äußerst vorsichtig sein. Die Bora ist besonders in der nördlichen Adria berüchtigt und sorgt für kurzzeitige Temperaturstürze.

Schönes Wetter bringt der Maestral, der im Sommer vom Meer zum Land weht und für angenehme Kühlung sorgt. Er ist ein recht konstanter Wind, der etwa gegen 9 Uhr beginnt, kurz nach Mittag am stärksten wird und sich bei Sonnenuntergang wieder legt. Der Jugo ist ein milder, feuchter Wind, der vor allem im Frühjahr und Herbst aus südöstlicher Richtung weht und für gewöhnlich Wolken und Regen bringt.

Ideale **Reisezeit** sind die Monate Mai und Juni, wenn alles noch grün ist und der Ginster und zahlreiche Wildblumen blühen, sowie der September, wenn die Sommerhitze abklingt, die Massen verschwunden sind und die Adria noch angenehme Badetemperaturen hat. Die Hauptsaison mit den höchsten Preisen und dem größten Besucherandrang dauert von Anfang Juli bis Ende August. Auch die Winter an der Küste und auf den Inseln sind erstaunlich mild – solange die Bora nicht weht. Von Ende Oktober bis April sind viele Campingplätze, Restaurants etc. geschlossen, aber einige Unterkünfte haben auch ganzjährig geöffnet und in dieser Zeit kann man auch mit mehr Toleranz rechnen, wenn man mit seinem Wohnmobil nachts auf einem Parkplatz steht. Fast alle im Sommer gebührenpflichtigen (und oft sehr teuren!) Parkplätze sind dann kostenfrei.

In den Bergen – nur wenige Kilometer von der Küste entfernt – herrscht ein völlig anderes Klima, das demjenigen deutscher Mittelgebirge gleicht. Über tausend Meter Höhe kann monatelang Schnee liegen und selbst auf tausend Meter Höhe treiben die Buchen erst Ende April frisches Laub. Andererseits kann es dort im Sommer bei intensiver Sonnenstrahlung sehr heiß werden.

RUNDFUNK

Einige Programme des Kroatischen Rundfunks strahlen fremdsprachige Sendungen für Touristen in Kroatien aus. Im ersten Programm des Kroatischen Rundfunks gibt es täglich fünf- bis zehnminütige Sendungen in englischer Sprache.

Nach den regelmäßigen Nachrichten in Kroatisch sendet das zweite Programm des Kroatischen Rundfunks täglich den **Verkehrsbericht des Kroatischen Automobilklubs (HAK)** in englischer, deutscher und italienischer Sprache. Jede volle Stunde werden außerdem im Zweiten Programm des Kroatischen Rundfunks Nachrichten und Informationen über die Verkehrslage und den Straßenzustand u. a. direkt aus den Studios von Bayern 3 und Ö3 übernommen und gesendet (um 9 Uhr bzw. 10 Uhr).

SICHERHEIT

Kroatien dürfte derzeit wohl eins der sichersten Reiseländer am Mittelmeer sein – wenn nicht sogar in ganz Europa. Traditionell hat die Gastfreundschaft hier einen sehr hohen Stellenwert. Dazu kommt die enorme Bedeutung, die der Tourismus für das Küstenland hat. Man unternimmt daher alles nur Denkbare, um sich keine Sympathien zu verscherzen. Die Ordnungsbehörden sind sehr aufmerksam und hilfsbereit und auch in der Bevölkerung scheint sich jeder Einzelne sehr wohl bewusst zu sein, wie wichtig der gute Ruf für alle ist.

Doch wo die Touristen zahlreich werden, lassen auch die Langfinger nicht auf sich warten – und inzwischen nehmen leider auch in kroatischen Urlaubsgebieten die Diebstähle und Autoeinbrüche zu. Wertgegenstände und Geld gehören generell nicht ins Auto und wer sein Fahrzeug gar unverschlossen abstellt, könnte doch einmal Pech haben.

Falls Ihnen Ausweise, Fahrzeugpapiere, Kreditkarten oder andere wichtige Unterlagen abhanden gekommen sein sollten, so benötigen Sie ein polizeiliches Protokoll, um sich bei Ihrer zuständigen Botschaft Ersatzpapiere ausstellen zu lassen. Sehr vereinfachend und damit Zeit sparend ist es, wenn man bereits vor der Reise von allen wichtigen Unterlagen Fotokopien anfertigt, die man dann bei den Behörden vorlegen kann. Abhanden gekommene Debit-/Giro- oder Kreditkarten, Handys, Krankenkassenausweise o. Ä. unbedingt sofort sperren lassen!

Sperrnotruf

Sperrnotruf für deutsche Staatsbürger: Tel. +49 116116 oder aus dem Ausland auch Tel. +49 3040504050. Sperren von Medien wie Debit-/Giro-, Kredit- oder SIM-Karten, digitalen Signaturen, Krankenkassenkarten, Mitarbeiter-Ausweisen, Kundenkarten, Online-Berechtigungen etc. **Aber Achtung:** Mit der telefonischen Sperrung sind die Karten zwar für die Bezahlung/Geldabhebung mit der PIN gesperrt, nicht jedoch für das Lastschriftverfahren mit Unterschrift. Man sollte daher auf jeden Fall den Verlust zusätzlich bei der Polizei zur Anzeige bringen, um gegebenenfalls auftretende Ansprüche zurückweisen zu können.

Vorsicht Landminen!

Im Unabhängigkeitskrieg wurden weite Bereiche entlang der Frontlinie vermint – und diese Landminen wurden zu einem großen Teil bis heute weder geborgen noch entschärft. Die Minenfelder befinden sich alle im Hinterland. Besucher der Küste sind nicht davon betroffen – und selbst im Hinterland beschränkt sich das

Kroatien dürfte derzeit eines der sichersten Reiseländer am Mittelmeer sein

Risiko auf Touren abseits markierter Wege. Die Gefahrenzonen sind durch Schilder markiert. Einen Überblick über potenzielle Minenfelder finden Sie auf https://misportal.hcr.hr.

SPORTLICHE URLAUBSAKTIVITÄTEN

In einer Küstenregion mit so vielen Buchten und Stränden, Inseln, Riffen, glasklarem Wasser und endlosem Sonnenschein kommt natürlich der Wassersport an allererster Stelle: Baden, Surfen, Segeln, Tauchen und Angeln werden ganz groß geschrieben.

GOLF

Lange Zeit gab es an der Küste nur einen einzigen Golfplatz: auf der Insel Brijuni, der einst dem Regierungschef und seinen Staatsgästen vorbehalten war.

› **Golfplatz Brijuni,** Brijunska 10, 52212 Fažana, Tel. 052 525883, www.np-brijuni.hr/de/planen-sie-einen-besuch/sport/golf (auch auf Deutsch)

Inzwischen gibt es einen zweiten Platz bei Alberi/Savudrija. Der 18-Loch-Championship-Platz ist Teil des Kempinski Hotel Adriatic.

› **Golf Club Adriatic,** Alberi 300A, 52465 Savudrija, Tel. 052 707100, www.golf-adriatic.com (auch auf Deutsch)

KLETTERN

Das kroatische Eldorado der Kletterer – insbesondere der Freikletterer – ist die Velika-Paklenica-Schlucht, die auch internationalen Ruhm erlangt hat. Nur 2 km von Küste und Badestränden entfernt, bietet diese Schlucht gleich am Eingang die höchsten Wände mit zahlreichen Routen verschiedenster Schwierigkeitsgrade und Möglichkeiten zum Bouldern. Die besten Möglichkeiten für versierte Kletterer bieten die Anića-kuk-Wände, die man vom Parkplatz aus in etwa 25–30 Minuten erreicht.

› **Information:** Paklenica-Nationalpark (s. S. 115)
› **Kroatischer Kletterverband,** HPS, Kozarčeva 22, 1000 Zagreb, Tel. 01 4823624, Tel. 01 4824142, www.hps.hr (nur auf Kroatisch, einige Infos wie z. B. über den Velebit-Trail auch auf Englisch)
› **Bergsteigerverband der Region Rijeka,** Korzo 40/I, 51000 Rijeka, Tel. 051 331212, 446226

RADFAHREN

Sollten Sie mit dem Gedanken spielen, die Adria-Magistrale auf zwei Rädern zu erleben – vergessen Sie es lieber schnell wieder. Katastrophaler Verkehr im Sommer, die Böen der Bora im Winterhalbjahr und donnernde Lastwagen zu jeder Zeit machen die Fahrt zum Horrortrip. Weit schönere Möglichkeiten bieten die großen Inseln und das Landesinnere Istriens.

Markierte Routen für Radfahrer gibt es vor allem auf der Halbinsel Istrien. Besonders schön ist die Route „Parenzana" auf der Trasse einer alten Schmalspurbahn (www.parenzana.net/de). Sehr hilfreich sind der „Mountainbike-Atlas Istrien" sowie die Broschüren und Faltblätter „Istra Bike" (für Nord- und Zentral-Istrien) und „Bike Poreč". Sie enthalten sieben verschiedene Routenvorschläge mit meist sehr guten Karten, Höhenprofilen, Tourenbeschreibungen und einer Fülle von Informationen zu Sehenswürdigkeiten, Unterkünften, Restaurants etc. Erhältlich sind sie vom Fremdenverkehrsamt der Region Istrien sowie bei örtlichen Touristinformationen.

› **Kroatischer Fahrradverband,** Trg Krešimira Ćosića 11, 1000 Zagreb, Tel. 01 3012347, www.hbs.hr (auf Kroatisch)

▷ *Mit über 6000 km Küstenlinie ist die kroatische Adria ein ideales Revier für Wassersportler*

REITEN

Möglichkeiten für den Reitsport findet man vor allem an der Westküste Istriens, aber auch an der Küste von Dalmatien und in den Bergen gibt es einige faszinierende Möglichkeiten. Wer die wilde Gebirgslandschaft Dalmatiens auf dem Rücken eines Pferdes erkunden will, der kann nur wenige Kilometer von der Küste entfernt einen Ausritt durch den **Nationalpark Paklenica** machen, wo in den 1960er-Jahren Karl Mays „Old Surehand" verfilmt wurde.

› **Information:** Nationalpark-Verwaltung, Dr. F. Tuđmana 14a, 23244 Starigrad-Paklenica, Tel. 023 369155, 369202, www.paklenica.hr

Durch eine ebenso wilde und noch einsamere Landschaft, die ebenfalls einer Westernkulisse gleicht, führen die Ausritte im **Biokovo-Gebirge** nahe Makarska. Von einer rustikalen Berghütte mit Restaurant auf halber Strecke des Sträßchens zwischen Makarska und dem Sveti Jure führen diese Ritte über das menschenleere Hochplateau zu Füßen des höchsten Gipfels im Küstengebirge.

› **Information:** Marijan Prgomet, Biokovo staza, 21300 Makarska, Tel. 021 613902, Mobil 098 9245051, www.vratabiokova.com (auf Kroatisch)

SEGELN UND SPORTSCHIFFFAHRT

Mit über 6000 km Küstenlinie und rund tausend teils unbewohnten Inseln und Riffen ist die kroatische Adria ein ideales Revier für Segler und Motorbootfahrer – wohl das abwechslungsreichste und faszinierendste Revier in Europa überhaupt. Viele der Inseln, Buchten und Strände sind nur vom Wasser aus mit dem eigenen Boot erreichbar. Mehrere hundert Häfen und über 46 modern ausgestattete **Marinas** (22 davon betreibt der ACI) erschließen dieses Paradies. Alle Marinas sind in der „Croatian Marinas Association" (HUM) organisiert. Umfassende Infos enthält die kostenlose Broschüre „Marinas".

Besonders beliebt sind die Kvarner Inseln und die Kornaten (Nationalpark) mit ihren zahllosen ursprünglichen Felseninseln und geschützten Buchten zum Ankern. **Charterboote** und organisierte **Segeltörns** werden in zahlreichen Häfen angeboten und in fast allen Touristenzentren der Küste hat man auch die Möglichkeit, den Segelschein oder Bootsführerschein zu erwerben.

Wer es billiger haben will, kann für etwa 60–100 € pro Tag fast überall ein kleines **4- bis 8-PS-Motorboot** mieten, um seine eigene Traumbucht anzusteuern. Genügend Trinkwasser und Lebensmittel mitnehmen – vor allem für längere Törns in den Kornaten, wo es kaum Versorgungsmöglichkeiten gibt. Vorsicht: Auch für Segler und Motorbootfahrer kann die Bora zur Gefahr werden!

Infos über Marinas, Bestimmungen, Einfuhr von Booten etc. bekommt man vom **ACI Club** und vom **Kroatischen Seglerverband** HJS.

› **ACI Club d.d.,** ACI Headquarters, Rudolfa Strohala 2, 51000 Rijeka, Tel. 051 271288, www.aci-marinas.com (auch auf Deutsch)
› **Kroatischer Seglerverband HJS,** Trg Franje Tuđmana 3, 21000 Split, Tel. 021 345788, www.hjs.hr (auf Kroatisch)

SPORTANGELN

Für das Angeln im Meer ist sowohl vom Ufer als auch vom Boot aus eine Lizenz erforderlich, die man von der Gemeinde oder vom Hafenamt erhält. Eine Lizenz für das Angeln in den fischreichen Binnengewässern erteilt meist das nächste Touristbüro, manchmal ist sie auch im Hotel oder am Campingplatz erhältlich. Von den Fremdenverkehrsämtern bekommt man die kostenlose Broschüre „Sportfischerei".

› **Kroatischer Verband für Sportfischerei (Adria):** ulica M. Gupca 2A, 51000 Rijeka, Tel. 051 212196, www.hssrm.hr (auf Kroatisch mit automatischer Übersetzung)
› **Kroatischer Verband für Sportfischerei (Binnengewässer):** Trg Krešimira Ćosića 11, 1000 Zagreb, Tel. 01 391333

TAUCHEN

Dank ihres ausgesprochen klaren Wassers, der vielen Inseln und des reichhaltigen Meereslebens an der felsigen Küste ist die kroatische Adria das klassische Taucherparadies Europas. Hinzu kommen zahlreiche Schiffswracks und einige versunkene Städte aus römischer und griechischer Zeit. Zu den beliebtesten Tauchrevieren gehören die Kornaten und Dugi Otok. Auch wer nur einen Badeurlaub plant, sollte Taucherbrille, Flossen und Schnorchel mitnehmen, denn fast überall ist eine faszinierende Unterwasserwelt zu entdecken – und das Schnorcheltauchen erfordert keine Genehmigung.

Das Gerätetauchen ist gestattet, muss aber angemeldet werden (bei der Polizei, beim Hafenamt oder im Touristbüro). Gebühr: 100 Kuna, sofern man seine Tauchgänge über eine ortsansässige Basis organisiert (sonst kostet es horrende 2400 kn!). Urlauber, die ohne Genehmigung tauchen gehen, müssen mit hohen Bußgeldern von bis zu 560 € rechnen. Unterwasserjagd mit Harpunen ist überall verboten. In sehr vielen Touristenorten gibt es Tauchschulen (meist von Deutschen geleitet), die einwöchige Kurse anbieten und oft auch Tauchexkursionen per Boot zu den interessantesten Revieren organisieren, die man sonst nie entdecken würde. Manche Anbieter haben außerdem die exklusive Lizenz zu Tauchgängen an alten Wracks, bei denen das Tauchen sonst verboten ist. Vom Fremdenverkehrsamt erhält man die kostenlose Broschüre „Tauchen", die sämtliche Bestimmungen und eine Liste der Füllstationen enthält.

› **Kroatischer Taucherverband HRS,** Dalmatinska 12, 1000 Zagreb, Tel. 01 4848765, www.diving-hrs.hr (auf Kroatisch)

TENNIS

Tennis ist besonders in Istrien (mit rund 450 Plätzen!), aber auch entlang der übrigen Küste sehr verbreitet. Alle besseren Hotels und auch einige große Campingplätze haben eigene Tennisplätze und in fast allen Touristenorten werden im Sommer Tenniskurse angeboten.

So gut sind die Wanderwege nicht immer ausgeschildert

WANDERN

Wenngleich die kroatische Küste vor allem für den Wassersport bekannt ist, so ist sie doch zugleich auch ein Paradies für Wanderer. Für Spaziergänge und bequeme Nachmittagstouren gibt es eine Auswahl von gut angelegten Küstenwegen, die malerische Buchten und Badestellen erschließen (z. B. Optija-Lovran an der Küste Istriens oder von Mali nach Veli Lošinj auf der Insel Lošinj).

Doch nur wenige Kilometer von den Badestränden entfernt gibt es auch wahrhaft faszinierende Bergpfade, die bis weit über 1000 m hinaufsteigen und beeindruckende Karstlandschaften erschließen (beispielsweise im Velebit Naturpark und im Biokovo Gebirge) sowie Pfade durch die abwechslungsreichen Landschaften der verschiedenen Nationalparks mit Urwäldern, in denen noch Bären und Luchse leben (Risnjak), mit wilden Karstschluchten (Paklenica) und mit den fantastischen Wasserlandschaften von Plitvice und Krka. Und selbst auf den Inseln findet man einige sehr lohnende Wanderwege (Hinweise darauf in den jeweiligen Routenbeschreibungen).

Gute Informationen in englischer Sprache über den **Velebit Trail** findet man auf der Website des Klettervereins: www.hps.hr.

WINDSURFEN

Die gesamte kroatische Adriaküste ist ein Paradies für Windsurfer, insbesondere die Kvarner Inseln sowie die Insel Brač und die Halbinsel Pelješac genießen in Surferkreisen einen guten Ruf. Besonders kräftigen Wind, der durch den Düseneffekt verstärkt wird, bieten beispielsweise das Goldene Horn bei Bol (Brač) und der Kanal zwischen Pelješac und Korčula.

Das wichtigste Zentrum der Windsurfer ist wohl **Viganj**, nahe Orebić auf der Halbinsel Pelješac. Die meisten Hotels und Campingplätze verleihen Surfbretter und bei vielen gibt es auch Surfschulen. Geschützte Buchten bieten Anfängern gute Möglichkeiten, erste Erfahrungen zu sammeln. Sehr gefährlich kann das Surfen bei plötzlich hereinbrechender Bora werden, die mit gewaltigen Böen auf das Meer hinausweht, im Sommer aber selten ist. Besonders als weniger erfahrener Surfer sollte man sich daher stets in Strandnähe halten.

STRASSENVERHÄLTNISSE

Die kroatische Küste ist eine weitgehend gebirgige Region und die meisten Straßen sind daher sehr kurvenreich und überwiegend ohne Seitenstreifen. Umsichtiges Fahren ist deshalb überall anzuraten. Seit der Unabhängigkeit ist das Straßennetz in den touristischen Regionen mit großem Aufwand instand gesetzt und ausgebaut worden. Viele Abschnitte sind bereits fertig gestellt und nagelneu, andere in Arbeit oder noch im alten Zustand. Es muss deshalb überall, auch auf der Adria-Magistrale, mit abrupt **wechselndem Belag** gerechnet werden. Vor allem für An- und Rückreise empfiehlt sich die neu gebaute Autobahn.

Fahren Sie auf den kurvenreichen Strecken äußerst vorsichtig und defensiv, denn trotz häufiger Polizeikontrollen fahren und überholen viele Autofahrer nach wie vor auf wahrhaft selbstmörderische Weise!

Grundsätzlich sind die gesamte Küste und die Inseln problemlos auch mit größeren Wohnmobilen zu bereisen. **Ortsdurchfahrten** sind oft eng und durch parkende Fahrzeuge zusätzlich eingeengt.

Vermeiden sollte der Wohnmobilist in Dörfern und Städten die Nebenstraßen, die oft sehr eng sind und bei Gegenverkehr keine Ausweichmöglichkeit bieten. Manche Ortsdurchfahrten oder sonstige Straßen sind für Wohnmobile gesperrt. Halten Sie sich an diese Verbote, denn sie haben meist einen guten Grund!

Kleine **Nebenstrecken** sind oft einspurig und durch Steinmauern begrenzt – meist gibt es jedoch Ausweichmöglichkeiten. Möglichst weit vorausschauend fahren und bei Gegenverkehr (oder auch wenn einer an Ihrer hinteren Stoßstange „klebt"!) die nächstmögliche Spurverbreiterung oder Bucht anfahren.

Schafe, Ziegen, Esel und ähnliche Verkehrsteilnehmer haben generell Vorfahrt. Besonders auf Nebenstraßen muss man immer mit schlecht oder gar nicht beleuchteten Kleintraktoren, Pferdegespannen und Eselreitern rechnen.

Neben überwiegend gut ausgebauten Straßen findet man hie und da auch noch abenteuerliche Schotterwege wie hier auf der Insel Brač

Tunnel

Tunnel auf Fernstrecken wie der Küstenstraße sind so dimensioniert, dass man sich auch als Wohnmobilist keine Gedanken zu machen braucht. Aber auf Nebenstrecken und auf kleineren Inselstraßen ist Vorsicht geboten! Gehen Sie kein Risiko ein. Nicht immer sind Höhe und Breite klar und deutlich angegeben – und es kann vorkommen, dass die Höhe ab Tunnelmitte ganz plötzlich geringer wird! Höhen- und Breitenangabe sind manchmal in einem Schild zusammengefasst! Auf Hvar ist es mir passiert, dass ich ein solches – zudem recht abgeblättertes – Schild nicht richtig verstanden habe und mit meinem 2,70 m hohen Fahrzeug in einen Tunnel gefahren bin, der zunächst recht eng, aber passierbar war – dann aber auf der Mitte abrupt nur noch 2,20 m lichte Höhe hatte!

Die größte Gefahr für Wohnmobile und Caravans – neben „Kamikaze-Fahrern"! – ist die **Bora**. Wenn der extrem böige Sturmwind aus den Bergen herabfegt, besteht besonders auf der Adria-Magistrale trotz Windverbauungen akute Gefahr. Nicht selten werden große Fahrzeuge und selbst Pkws schlicht von der Straße geweht. Deshalb bei starker Bora anhalten! Besonders betroffen ist der Küstenabschnitt zwischen Senj und Karlobag. Manche besonders gefährdete Strecken wie die Brücken nach Krk und Pag werden bei Bora sogar völlig gesperrt. Achtung: **Sommerliche Regenfälle** nach langer Trockenheit können den Staub auf der Straßendecke in eine extrem schmierige Rutschbahn verwandeln! Selbst als Fußgänger hatte ich schon den Eindruck, als wäre die Asphaltdecke mit Schmierseife behandelt worden!

Nützliche Telefonnummern

> **Kroatischer Autoklub (HAK),**
> Tel. 01 4640800, www.hak.hr
> **Verkehrsservice und Wettervorhersage:**
> Tel. 060 520520
> **Verkehrsinformation:** Tel. 01 4640800
> **Verkehrsmeldungen** s. u. „Rundfunk" (S. 34)

Vorsicht Schotter!

Beachten Sie, dass „Makadam" in Kroatien nicht das bedeutet, was man bei uns erwarten würde, sondern Schotterpiste!

App-Tipp

Die kostenlose App **Verkehrsinfo in Kroatien – HAK** für stets aktuelle Verkehrsinfos finden Sie unter www.hak.hr/smartphone/hak bzw. in den gängigen App-Stores.

STROM

Die **Netzspannung** in Kroatien beträgt 230 Volt bei einer Spannung von 50 Hz, d. h. Sie können Ihre Geräte dort benutzen. **Steckdosen** entsprechen den zweipoligen, die auch in Deutschland, Österreich und der Schweiz gebräuchlich sind, sodass man keinen Adapter benötigt. Auf Campingplätzen entsprechen Steckdosen meist der Euronorm (blaue, dreipolige Anschlüsse); z. T. sind es noch die alten zweipoligen Dosen. Adapter und reichlich Verlängerungskabel sind daher zu empfehlen.

TANKEN

Alle Kraftstoffsorten werden ausreichend und in EU-Qualität angeboten. Die Treibstoffpreise sind kaum günstiger als bei uns; die Preisdifferenzen von Tankstelle zu Tankstelle innerhalb des Landes sind minimal – egal, ob Großstadt, Landstraße oder Autobahn.

Das Tankstellennetz ist gut ausgebaut, aber auf manchen Inseln gibt es nur eine einzige Tankstelle. Meist sind die Tankstellen von 7 bis 20 Uhr geöffnet (im Sommer oft bis 22 Uhr). In großen Städten und an Hauptrouten findet man auch Servicestationen, die rund um die Uhr offen bleiben. Beim Tanken von Diesel sollte man auf die Bezeichnung

„Eurodiesel" achten, da der angebotene „Diesel" nur für Lkw geeignet ist. Diesel kostete im Herbst/Winter 2020 umgerechnet etwa 1,24 € (in Slowenien 1,21 €, in Österreich 1,09 €).

Preisvergleiche findet man im Internet beispielsweise unter www.benzinpreis.de und auf der Website des ADAC.

TELEFON

Die **Vorwahl** gilt nicht wie bei uns für eine einzelne Stadt bzw. den Stadtkreis, sondern für eine ganze Region. So wählt man beispielsweise die 052 für Istrien, die 051 für die Region Kvarner oder die 023 für die Region Zadar. Bei Telefonaten innerhalb einer solchen Region entfällt diese Vorwahl. Bei Anrufen aus dem Ausland entfällt beim Wählen die erste Null und wird durch die internationale Vorwahl (s. rechts) ersetzt.

Man kann in Kroatien auch mit dem **Handy** fast überall problemlos telefonieren (Lücken im Funknetz gibt es vor allem auf abgelegenen Inselteilen). Mit dem Wegfall der Roaminggebühren im EU-Ausland am 15.06.2017 gelten für die Handynutzung in Kroatien die gleichen Flatrates oder Nutzungsgebühren wie im Inland. Beachten Sie jedoch, dass es auch Verträge ohne diese Roaming-Option gibt! Vergewissern Sie sich daher vor Reiseantritt. Falls Sie davon nicht profitieren können, dann vergessen Sie nicht, dass Sie auch bezahlen, wenn Sie vom Ausland aus angerufen werden (der Anrufer bezahlt lediglich die Inlandsgebühr, den Anteil für die Auslandsverbindung tragen Sie selbst) – und vergessen Sie auch nicht, die Rufumleitung auf die Mailbox auszuschalten, sonst bezahlen Sie gleich doppelt: für die Weiterleitung nach Kroatien und dann auch wieder zurück ins Heimatland!

Bei Ankunft in einem anderen Land erhalten Sie meist eine Willkommens-SMS mit Infos zu den Kosten beziehungsweise den Roamingtarifen. Sicherheitshalber können Sie sich vor Reiseantritt bei Ihrem Anbieter über Ihren Tarif informieren und prüfen, ob er dem EU-Tarif entspricht.

Gebührenfrei telefonieren können Sie über das Internet (z. B. mit WhatsApp Call) – von kostenlosen WLAN-Hotspots aus oder im 3G- bzw. 4G-Netz, wenn Sie eine Daten-Flatrate mit ausreichend großem Volumen haben. Kostenloses **WLAN** gibt es auf den meisten Campingplätzen und bei vielen anderen Anbietern wie Hotels, Marinas, Restaurants, Cafés etc.

Telefonauskunft in Kroatien
› **allgemeine Auskunft:** 981
› **Inlandsauskunft:** 988 (innerhalb des Ortsnetzes)
› **Inlandsauskunft:** 989 (landesweit)
› **Auslandsauskunft:** 902

Internationale Vorwahlen
› **nach Kroatien:** 00385
› **nach Deutschland:** 0049
› **nach Österreich:** 0043
› **in die Schweiz:** 0041

Mobiles Internet
› **Prepaid-Datenkarten** für Surfstick, Handy oder Smartphone ohne SIM- und Netlock gibt es z. B. auf www.prepaid-global.de. Mit dem Wegfall der Roaminggebühren sollten Sie aber bis zu 2 GB auch ohne Zusatzkosten surfen können (schauen Sie im Vertrag nach oder fragen Sie Ihren Provider). Außerdem bieten inzwischen fast alle Campingplätze kostenloses WLAN.

TRINKGELD

In Restaurants ist ein Bedienungszuschlag generell nicht im Preis inbegriffen. Für guten Service bedankt man sich üblicherweise mit etwa 10 % des Rechnungsbetrags.

Quittung nicht vergessen!
Bei jedem Verzehr, und sei es nur eine Tasse Kaffee, muss eine Quittung ausgestellt werden. Geschieht dies nicht, machen sich sowohl Wirt als auch Gast strafbar!

ÜBERNACHTEN

Da wären wir bei einem heiklen Thema, an dem sich die Geister scheiden. Wo bleibe ich die Nacht? Für viele Reisemobilisten ist das die Frage und oft genug das Problem schlechthin. Man hat ja stets sein Hotelzimmer mit Bad, WC und allem Notwendigen dabei und ist dafür ausgerüstet, auf jedem schön gelegenen Wanderparkplatz „Landhotel im Grünen" zu spielen. Manche Wohnmobil-Reisende haben das „Freistehen" gar zum Prinzip erhoben und betrachten es fast als Schande, offizielle und damit meist auch kostenpflichtige Stellmöglichkeiten zu nutzen. In Kroatien ist die Situation leider nach wie vor problematisch. Bis vor 20 Jahren war Freistehen zwar offiziell nicht zulässig, wurde aber allgemein akzeptiert. Heute hingegen hat man in Kroatien kaum eine andere Wahl als den Campingplatz. Freistehen ist verboten und wirkliche Wohnmobil-Stellplätze, wie sie in anderen Ländern gang und gäbe sind, fehlen in Kroatien bis heute komplett. Bei meinen letzten Reisen habe ich nur eine Handvoll Plätze entdeckt, die diese Bezeichnung auch nur halbwegs verdienen. Das liegt an der Gesetzgebung und daran, dass die Campingplatzbetreiber eine starke Lobby haben und lieber mauern statt aktiv zu werden. Zwar wurden 2014 Wohnmobilplätze (Camper Stop) durch das Gesetz prinzipiell erlaubt, doch die Camping-Lobby konnte eine Klausel durchsetzen, die nicht mehr als zehn Wohnmobile pro Anlage zulässt – womit ein wirklicher Fortschritt unterbunden war.

FREISTEHEN

Wildes Campen ist in Kroatien schon lange **generell verboten** – Freistehen mit dem Wohnmobil hingegen war bis vor 20 Jahren durchaus üblich und wurde allgemein toleriert. Das ist also lange vorbei! Einerseits ist dies bei dem drastisch gewachsenen Wohnmobil-Aufkommen während der Sommermonate durchaus verständlich – aber anderer-

Einen ganzen Strand für sich allein – das findet man nur außerhalb der Saison

seits schafft es im Moment ernste Probleme, da offizielle Wohnmobil-Stellplätze noch fast völlig fehlen.

Das Freistehen wird zwar bislang nicht sehr konsequent verfolgt und geahndet, da die Rechtslage etwas kompliziert ist, aber wen es trifft, den trifft es hart und teuer. Viel wahrscheinlicher ist jedoch, dass man – kaum dass man es sich gemütlich eingerichtet hat – von Anwohnern mehr oder weniger freundlich oder deutlich auf das Verbot des Freistehens hingewiesen wird. Ignoriert man diese Warnungen, so muss man damit rechnen, nachts geweckt und des Platzes verwiesen zu werden – von der Polizei und möglicherweise mit hohen Strafen. Andererseits habe ich von Wohnmobilisten gehört, die – außerhalb der Saison! – oft und problemlos frei übernachtet haben.

Und noch etwas darf man keinesfalls vergessen: die **Waldbrandgefahr!** In den heißen und trockenen Wald- und Buschland-Gebieten der Küste besteht nicht nur das Risiko, dass fahrlässige Wildcamper einen verheerenden Brand auslösen, sondern auch, dass man im „frei stehenden" Wohnmobil durch einen Wald- oder Buschbrand ernsthaft gefährdet wird!

WOHNMOBIL-STELLPLÄTZE

Die derzeitige Situation der Wohnmobil-Stellplätze in Kroatien lässt sich kurz zusammenfassen: Es gibt kaum eine Handvoll, die diese Bezeichnung halbwegs verdienen, aber auch sie sind im Grunde Mini-Campingplätze.

Einige wenige Campingplätze haben nahe dem Eingang einen **Quickstop** eingerichtet, an dem man gegen eine ermäßigte Gebühr mit Stromanschluss stehen und die Ver-/Entsorgungsstation mitnutzen kann. Bei den

▽ *Terrasse mit Meerblick auf dem Campingplatz Čikat* ㊱ *auf der Insel Lošinj (s. S. 130)*

meisten hingegen muss man auch für eine Nacht aufwendig einchecken. Und wer gern wenigstens jeden zweiten Tag eine Etappe weiter fahren will und den Andrang während der Hauptsaison kennt, wird sich diese Prozedur nur zu gern ersparen wollen. Außerdem gibt es nur sehr wenige Campingplätze, die ganzjährig geöffnet sind, sodass man zwischen Oktober und April oft keine andere Wahl hat, als frei zu stehen. Zum Glück steigt die Zahl der ganzjährig geöffneten Campingplätze zwar langsam, aber stetig.

PARKPLÄTZE

Ich habe mich bemüht, entlang den beschriebenen Routen Parkplätze ausfindig zu machen, die sich für Stadtbesichtigungen, Badenachmittage oder als Picknickplätze eignen, diese zu beschreiben und die Anfahrt zu ihnen zu erklären (meist mit Angabe von GPS-Koordinaten). Viele von ihnen könnten durchaus auch als Übernachtungsplätze dienen. Da Freistehen jedoch offiziell verboten ist, habe ich die Plätze bewusst nicht als Stell- oder Übernachtungsplätze ausgewiesen. Ob Sie den einen oder anderen davon – in oder außerhalb der Saison – dann doch zum Übernachten nutzen, ist Ihre Entscheidung.

Da ich mir bewusst bin, dass im Sommer nicht einzelne, sondern zahlreiche Wohnmobile an der kroatischen Küste unterwegs sind, die zudem überwiegend nicht in die Kategorie „Bulli" oder Expeditionsmobil fallen, habe ich auch bewusst darauf verzichtet, Plätze zu empfehlen, die nur über abenteuerliche Schotterpisten und Steilstrecken zu erreichen sind. Sollten Sie mit einem geeigneten Fahrzeug unterwegs sein und solche Plätze entdecken, dann freuen Sie sich und erzählen Sie es keinem (oder allenfalls Ihren besten Freunden), denn es hat keinen Sinn, Hunderte von Familiencampern dorthin zu schicken.

In vielen Städten an der Küste und besonders in Touristenzentren und nahe Badeständen sind Parkmöglichkeiten knapp.

So ist es kein Wunder, dass im Sommer alle geeigneten Flächen in gebührenpflichtige Parkplätze verwandelt werden, um am Tourismus zu verdienen. Selbst für einen schlichten Parkplatz ohne alles bezahlt der Wohnmobilist mancherorts schon über 15 Euro pro Tag. Städte wie Poreč und Rovinj verlangen sogar rund 4 Euro pro Stunde!

Kostenlos parken
Außerhalb der Saison sind viele der im Sommer gebührenpflichtigen (und sehr teuren!) Parkplätze kostenlos.

Autocamp
Die Bezeichnung „Autocamp" oder „Autokamp" stammt noch aus vergangenen Zeiten und hat heute praktisch keine besondere Bedeutung mehr. Jeder Platz kann sich so nennen; die Bezeichnung sagt nichts über Art oder Ausstattung.

Parkplätze für Wohnmobile können in manchen Städten recht teuer sein

CAMPING

Von den knapp 300 Campingplätzen Kroatiens befinden sich annähernd 90 % an der Adriaküste und auf den Inseln. Besonders Istrien ist seit Jahrzehnten eine traditionelle Camping-Destination mit Dutzenden von hervorragend ausgestatteten Campingplätzen. Aber auch die Region Kvarner (insbesondere ihre Inseln) ist sehr gut versorgt. Manche der Plätze sind riesige Camping-Städte, aber es gibt auch kleinere Plätze mit intimerer Atmosphäre und auch einige der großen haben es verstanden, die Anlage so zu gestalten, dass man sich nicht wie in einer Camper-Großstadt fühlt. Etwas spärlicher ist das Angebot an der Küste zwischen Senj und Split und auf den dalmatinischen Inseln. Dort gibt es nur wenige große und gut ausgestattete Plätze, dafür aber manchmal eine große Zahl sehr einfacher und kleiner Privatcampingplätze, die in kaum einem Verzeichnis zu finden sind. Manche davon sind nichts anderes als eine Wiese im Garten des Inhabers, aber es gibt auch sehr schön gelegene und liebevoll ausgestattete Privatplätze.

Die großen Campingplätze an der Küste haben meist einen eigenen **Strand** (manchmal eine komplette Bucht oder Halbinsel) und eine gute bis sehr gute **Ausstattung:** Schatten spendenden Pinienwald (oder zumindest Olivenbäume), Restaurants, Cafés, Bars, Supermärkte, moderne Sanitäranlagen (viele davon ganz neu errichtet oder eben erst modernisiert), Kühlboxen, die man mieten kann, Grillstellen und vielfältige Sporteinrichtungen. Auch Boote und Wassersportgeräte kann man meist mieten, manchen Plätzen sind Surf-, Segel- oder Tauchschulen angeschlossen und viele sind mit kleinen Bungalow-Siedlungen kombiniert. Überwiegend an der istrischen Küste und auf den Kvarner Inseln findet man eine große Zahl von **FKK-Plätzen** (Naturist Camping); andere Camps bieten getrennte Zonen für Gäste mit und ohne Badebekleidung.

Die meisten der Campingplätze sind von Anfang Mai bis Ende September **geöffnet,** einige von Anfang April bis Ende Oktober und nur sehr wenige ganzjährig. Während der Hauptsaison wird es auf vielen Plätzen sehr eng. Zumindest für längere Aufenthalte ist dann eine frühzeitige **Reservierung** dringend zu empfehlen. Zwar wurde mir überall versichert, dass auch Durchreisende ohne Reservierung jederzeit einen Übernachtungsplatz finden, aber nach meinen Erfahrungen ist diese Zusage mit Vorsicht zu genießen. Zudem werden für Kurzaufenthalte teils erhebliche Zuschläge verlangt. Inzwischen sind zum

◩ *Die meisten kroatischen Campingplätze sind sehr modern und komfortabel ausgestattet*

▷ *Originell und fantasievoll gestaltet: Camping Village Šimuni* 48 *auf der Insel Pag (s. S. 149)*

Glück fast alle Plätze zumindest teilweise **parzelliert.** So reizvoll unparzellierte Flächen außerhalb der Saison sein mögen, wenn man sich nicht in ein festgelegtes Karree zwängen muss, so problematisch kann dies im Sommer werden. Wiederholt ist es mir passiert, dass man mir an der Rezeption versicherte, es gäbe noch Platz und ich könne mich stellen, wohin ich will – und dann schob ich mich endlos durch das Gedränge von Zelten, Wohnwagen und Wohnmobilen wie beim Spießrutenlauf: Kaum näherte ich mich einer vermeintlichen Lücke, da wurde ich von allen „Anwohnern" höchst argwöhnisch beäugt, und wagte ich gar, darauf anzuhalten, so kam schon einer aus dem Wohnwagen gehüpft und zeterte, das sei sein Platz – oder der Parkplatz des Nachbarn. Ich habe gesehen, wie Wohnwagenbesitzer ihre Pkws geschickt so platzierten, dass sie damit einen großen Vorgarten gegen „Eindringlinge" absperrten. Und ich habe sogar erlebt, dass selbst Camper, die einen Platz reserviert hatten und nach der langen Anreise erschöpft und müde ankamen, genau mit den gleichen Problemen zu kämpfen hatten. Trotz Reservierung! Das kommt zum Glück kaum noch vor, doch wenn Sie einen **Stellplatz reservieren,** so vergewissern Sie sich, dass Ihnen dann auch eine Parzelle frei gehalten wird.

Reisemobile sind praktisch auf allen Plätzen willkommen und inzwischen haben auch die meisten Campingplätze gut eingerichtete **Ver- und Entsorgungsstationen.** Eine Entleerungsmöglichkeit für WC-Kassetten von Chemietoiletten findet man auf fast allen größeren Plätzen, Frischwasser gibt es bei besseren Plätzen direkt an der Parzelle, nur selten muss man noch Kanister tragen, und auch die Abwasser-Entsorgung entspricht meist dem üblichen Standard; zumindest von den größeren Plätzen haben schon viele eine adäquate Plattform.

Einen sehr guten Überblick über die Campingplätze entlang der kroatischen Küste und auf den Inseln vermittelt die jährlich neu herausgegebene **Broschüre „Camping".** Sie enthält eine Fülle von Detailinformationen und ist bei der Kroatischen Zentrale für Tourismus erhältlich. Sehr zu empfehlen ist auch die Broschüre „Top Camping", die besonders gute Plätze beschreibt und nach verschiedenen Kriterien bewertet. Sie wird herausgegeben von **Top Camping Croatia** (Pionirska 1, 52440 Poreč, Tel. 00385 52433761, 00385 5243346, www.topcamping.hr) unter Leitung des sehr kompetenten und engagierten ehemaligen Präsidenten des Campingplatzverbandes KUH (s. S. 50).

Als besonders günstig kann man einen Campingurlaub in Kroatien leider nicht mehr bezeichnen. Die **Preise** haben sich weitgehend dem durchschnittlichen „Mittelmeer-Niveau" angepasst; d. h., sie liegen noch etwas unter den italienischen Preisen – aber teilweise schon über dem Preis für Privatunterkünfte oder für ein günstiges Hotelzimmer. Auf kleinen, einfach ausgestatteten Plätzen können sie günstiger sein. Für eine Wohnmobil-Übernachtung (2 Personen, Strom, Kurtaxe) bezahlt man in der Hauptsaison durchschnittlich schon etwa 40 bis 50 Euro – und auf den besseren Plätzen teils über 80 Euro. Für Camping- und Automobilklub-Mitglieder oder bei längeren Aufenthalten gibt es auf

☐ *Schatten ist auf kroatischen Campingplätzen wichtig – und fast immer zu finden, wie hier auf dem Camping Park Soline* 54

Klassifizierung der Campingplätze

In Kroatien ist die Sterne-Vergabe Aufgabe des Tourismusministeriums. Der Kriterienkatalog ist recht komplex und umfasst rund 80 Seiten. Die Klassifizierung ist für größere Plätze obligatorisch. Einfache und kleine Plätze werden nicht klassifiziert. Bewertet wird nicht nur das Vorhandensein von Einrichtungen, sondern auch deren Qualität und Zustand. Es werden zwei bis fünf Sterne vergeben – Plätze mit nur einem Stern gibt es nicht.

Beachten Sie, dass diese Kategorien in der Regel etwas über Komfort und Preis aussagen (je mehr Sterne, desto luxuriöser und teurer) – aber oft wenig über Lage, Atmosphäre, Umgebung, Landschaft etc. Für Reisemobilisten kann daher ein einfacher und billiger, aber ruhig, schattig und schön gelegener 2-Sterne-Platz besser sein als ein teurer 5-Sterne-Luxusplatz, dessen Super-Sanitäranlagen Sie gar nicht brauchen und dessen Animationsprogramm Sie vielleicht gar nicht wollen. Außerdem ist zu beachten, dass Mini-Campingplätze, die diesem System nicht unterliegen, im Vergleich zu den großen Plätzen oft mehr Sterne haben, als man erwarten würde.

Bewertet werden die Campingplätze nach fünf Faktoren: Sanitäranlagen, Stellplätze, Versorgungsservice, Freizeit und Strände. Die Faktoren sind nicht alle gleich gewichtet; so ergeben zum Beispiel Toiletten und Parzellen zusammen 60 Prozent der Gesamtpunktzahl.

Zwei Sterne ★★ (Komfort)

Dieses Basisniveau erfüllt die Kriterien guter Sanitäranlagen und zweckmäßiger Ausstattung. Die praktischen Campingplätze für Naturliebhaber bieten zufriedenstellende Qualität in allen Bereichen, Toiletten und Stellplätze erhalten in der Regel gute Bewertungen. Die Strände können zum Teil außerhalb des Campingplatzes liegen; ein Schwimmbad ist oft, aber nicht immer vorhanden. Der Platz bietet alle Dienstleistungen für Sport und Freizeit. Die Zufahrtswege sind beleuchtet. Möglichkeiten für Abfalltrennung sind vorhanden.

Drei Sterne ★★★ (Superior)

Das mittlere Qualitätsniveau umfasst alle Leistungen der 2-Sterne-Plätze, aber zusätzlich ein etwas höheres Niveau an Ausstattung und Qualität. Auch Umfang und Niveau des Unterhaltungsangebots und der Veranstaltungen sind größer bzw. höher. Geschäfte und Freizeiteinrichtungen befinden sich in unmittelbarer Nähe der Stellplätze. Die Parzellen sind meist mit Hecken oder Grünanlagen abgegrenzt und deutlich markiert.

Vier Sterne ★★★★ (Exklusiv)

Dieses hohe Qualitätsniveau bietet zusätzliche exklusive Angebote, die großzügiger sind als die der beiden vorherigen Kategorien. Das können Freizeitangebote sein, die andere nicht haben – beispielsweise Golfplätze, spezielle Minidörfer für Kinder, erweiterte Poolangebote, Weinläden, Themenshopping, Beauty-Center, Massageräume, Aromatherapie etc. oder ein besonderes gastronomisches Angebot mit traditionellen lokalen Gerichten und Öko-Produkten. Aber auch die Lage des Platzes wird hier bewertet, die sich durch ihre besondere Landschaft oder einen Panoramablick auszeichnet.

Fünf Sterne ★★★★★ (Glamping)

Diese Kategorie erfüllt alle Kriterien der exklusiven Ebene und verfügt darüber hinaus über besondere Luxuseinrichtungen, die glamourös und einzigartig gestaltet und ausgestattet sind. Die Angebote in den Sanitäranlagen, an der Rezeption, in Restaurants und Strandeinrichtungen, beim Sortiment in Geschäften und beim Freizeitprogramm bieten oder überbieten die Qualität eines 5-Sterne-Hotels. Zur hochwertigen Einrichtung des Campingplatzes zählen auch Lage, Strand, Sanitäreinrichtungen, architektonischer Stil, Freizeiteinrichtungen, Service und Freizeitangebote mit einem Schwerpunkt auf Öko-Management, Naturschutz und nachhaltigem Tourismus.

größeren Plätzen meist 5–10 % Rabatt und auch außerhalb der Hauptsaison kann man mit günstigeren Preisen rechnen.

Kuna oder Euro?
Immer mehr Campingplätze geben ihre Preise in Euro an. Bezahlt wird jedoch stets in Kuna. Die Euro-Preise dienen nur der unverbindlichen Orientierung, da aber inzwischen viele Preisangaben nur noch in Euro erhältlich sind, werden bei den Platzbeschreibungen in diesem Buch nur die Euro-Preise aufgeführt.

Für die Recherchen zu diesem Buch habe ich rund 100 Campingplätze besichtigt und innerhalb der **Routenbeschreibungen** mit allen wichtigen Informationen aufgelistet – neben Name, Adresse, Telefon und Website sowie einer allgemeinen Platzbeschreibung habe ich mich dabei vor allem auf die Zugänglichkeit und die Ausstattung für Wohnmobile (Wasser, Abwasser, Chemie-WC und Strom) konzentriert. In dieser Hinsicht haben die meisten Plätze Istriens schon seit Langem gut bis sehr gut abgeschnitten – doch inzwischen findet man auch zunehmend Plätze mit einer ausreichenden Ver-/Entsorgungsstation. Stromanschlüsse bieten alle Plätze.

Angaben zu den Campingpreisen in diesem Buch: Die **Preisangaben in den Platzbeschreibungen** beziehen sich auf die Kosten für eine Nacht im Wohnmobil mit zwei Personen während der Hauptsaison, inkl. Stellplatz, Stromanschluss, Kurtaxe und (soweit angegeben) der Anmeldegebühr. Auf einigen wenigen Plätzen Istriens wird für Aufenthalte von weniger als 3 Nächten ein Zuschlag erhoben, der in den Preisen für eine Nacht ebenfalls berücksichtigt wurde.

Kroatischer Campingplatzverband KUH
› POB 143, 52440 Poreč, Tel. 052 451324, www.camping.hr (auch auf Deutsch)

Top Camping Croatia
› Pionirska 1, 52440 Poreč, Tel. 052 433761, www.topcamping.hr (auch auf Deutsch; die besten Plätze und ein engagierter Service)

OFFENES FEUER

Die Wälder und Macchia-Hänge Kroatiens sind im Sommer von der Sonne durchglüht, knochentrocken und höchst feuergefährdet! Offenes Feuer jeglicher Art(!) ist in dieser Zeit strengstens verboten. Trotzdem kommt es immer wieder zu schweren Waldbränden, die nicht nur die Natur, die Felder und ganze Ortsteile gefährden, sondern auch Reisemobilisten, die irgendwo frei im Walde übernachten. Auslöser kann schon eine Zigarettenkippe sein oder das Glas einer achtlos weggeworfenen Flasche. Deshalb: Niemals offene Lagerfeuer anzünden – und auch mit Kerzenromantik, Gaslaternen, Zigaretten und dergleichen höchste Vorsicht walten lassen! Grillen und ähnliche Aktivitäten sind ausschließlich an speziell dafür angelegten Feuerstellen erlaubt.

UMSATZSTEUER

Die Preise für Waren in Kroatien enthalten 25 % Umsatzsteuer, außerdem gibt es ermäßigte Sätze von 13 % und 5 %. Ausländische Besucher können sich diese Steuer ab einem Mindestbetrag von 400 Kuna pro Kaufquittung zurückerstatten lassen, wenn sie die Waren ausführen (außer bei Tabakwaren, Alkohol und Erdölprodukten). Hierzu muss man sich nach den Bestimmungen des Europe Taxfree Shopping (ETS) den Kauf mit einem ETS-Formular (Tax Cheque) quittieren lassen. Diese Formulare werden bei der Ausreise am Zoll abgestempelt und man kann sich die Umsatzsteuer direkt an der Grenze erstatten lassen – nach Abzug einer ETS-Provision.

▷ Fast alle kroatischen Campingplätze haben heute eine mehr oder weniger moderne Ver-/Entsorgungs-Plattform

VERKEHRSREGELN

In Kroatien gelten generell die gleichen Verkehrsregeln wie in der Mehrzahl der europäischen Länder und die Verkehrsschilder entsprechen dem internationalen Standard. Geschwindigkeitsbegrenzungen: in Ortschaften 50 km/h, auf Landstraßen 80 km/h, Schnellstraßen 110 km/h, Autobahn 130 km/h. Es herrscht **Gurtpflicht** und **Telefonierverbot** – außer mit Freisprecheinrichtung. Haltende Schulbusse mit eingeschaltetem Warnblinker dürfen nicht passiert werden.

Die **Promillegrenze** liegt in Kroatien (und in Slowenien!) bei 0,5 (wenngleich in einigen Publikationen 0,0 Promille angegeben werden). Achtung: Alkohol- und Geschwindigkeitskontrollen (auch mit Laserpistolen) sind häufig!

Warndreieck, Abschleppseil, Warnweste und ein Satz Glühlampen gehören zur **Pflichtausrüstung.** Im Winter (vom letzten Sonntag im Oktober bis zum letzten Sonntag im März) muss auch am Tag das **Abblendlicht** eingeschaltet sein. Jeder Unfall muss der Polizei gemeldet werden. Sie fertigt ein Schadensprotokoll an, das man bei der Ausreise vorlegen muss, um Schwierigkeiten zu vermeiden.

Autobahnen, das Mirna-Viadukt, der Tunnel Sveti Ilija und der Učka-Tunnel sind gebührenpflichtig.

Literaturtipp
Hinweise auf Ausstattung, Zubehör und Tricks, um u. a. das Wasserfassen und Entsorgen zu erleichtern, finden Sie in meinem Buch „Wohnmobil-Handbuch", erschienen im Reise Know-How Verlag.

VER- UND ENTSORGUNG

Seit der Unabhängigkeit Kroatiens ist sehr viel gebaut und modernisiert worden. Heute, so wurde mir versichert, sind die Campingplätze an eine **Kläranlage** angeschlossen (tatsächlich gibt es jedoch noch immer eine ganze Reihe von Plätzen, deren Abwasserrohre im Meer enden!). Eine Entleerungsmöglichkeit für **WC-Kassetten** von Chemietoiletten findet man auf fast allen Plätzen und es wird betont, dass der Inhalt nicht mehr auf direktem Wege in die Adria gelangt – aber vielleicht auf direktem Wege in die Kläranlage, der eine Überdosis an Chemie sicher auch nicht gut

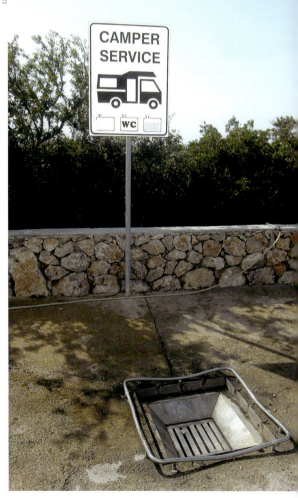

Niemals und auf keinen Fall!

Auch wenn man es leider noch immer erlebt, dass verantwortungslose Wohnmobilbesitzer ihr stinkendes Schmutzwasser einfach dort ablassen, wo sie stehen („ist ja bloß Wasser"), oder dass sie gar den Inhalt ihrer Toilette kurzerhand in die Büsche kippen: Das ist schlicht eine Sauerei und dazu verboten! Und nicht zuletzt sind es diese wenigen „schwarzen Schafe" (bzw. Schweine!), die dadurch die ganze „Zunft" in Verruf bringen – und denen wir dann Verbote, Absperrungen und Anfeindungen zu verdanken haben. Grundregel eines jeden Wohnmobilreisenden muss die strikte Einhaltung einer sachgerechten Ver- und Entsorgung sein. Und falls Sie einen anderen Reisemobilisten bei dergleichen Ferkeleien beobachten sollten, so nehmen Sie sich ein Herz und sprechen ihn darauf an. Es ist in unser aller Interesse! Inzwischen ist das Angebot an Ver-/Entsorgungsstationen in Kroatien (wenngleich noch ausbaufähig) in den meisten Gegenden so gut, dass man mithilfe der hier zusammengestellten Informationen und bei etwas Vorausplanung und Umsicht stets eine Möglichkeit für ordnungsgemäße Entsorgung finden müsste. Die Ausrede „Notfall" gilt nicht mehr.

tut. Versuchen Sie daher nach Möglichkeit auf harte Chemie zu verzichten. Es gibt inzwischen auch umweltschonendere Mittel, um die Geruchsentwicklung zu hemmen, und die Möglichkeit, durch ein Entlüftungsventil ganz auf Chemie zu verzichten.

Um **Frischwasser** aufzufüllen, ist man besonders bei kleineren Campingplätzen auf den eigenen Schlauch angewiesen – nur selten muss man noch Kanister tragen. Auch die Abwasser-Entsorgung entspricht meist dem gewohnten Standard. Nur ganz selten muss man immer noch einen schweren Kanaldeckel öffnen. In den letzten Jahren haben viele Plätze neue Entsorgungsplattformen geschaffen. Vorbildlich hinsichtlich der Ver- und Entsorgung sind die meisten Campingplätze Istriens. Hier hat inzwischen fast jeder Platz eine Beton-Plattform mit Ablaufgitter und Wasseranschluss, die dem allgemeinen Standard entspricht.

Außerhalb Istriens sind ordnungsgemäße Entsorgungsstationen noch nicht überall anzutreffen. Aber die Situation bessert sich rasch – und inzwischen bieten auch nahezu alle größeren Plätze Dalmatiens eine gute bis sehr gute Ausstattung. Ver-/Entsorgungsstationen außerhalb von Campingplätzen (wie man sie in anderen Ländern findet) gibt es in Kroatien praktisch nicht.

ZOLL

Hier hat sich durch die EU-Mitgliedschaft am meisten geändert. Da EU-Mitglieder auch zur europäischen Zollunion gehören, fallen viele Einschränkungen weg. So dürfen Reisende Lebensmittel für den Eigenbedarf über die Grenze nehmen, ohne Zoll zu zahlen. Dazu gehören u. a. 110 Liter Bier, 10 Liter Spirituosen und 800 Zigaretten. Der Wert der einzuführenden Waren darf aber pro Person 1000 Kuna (ca. 120 Euro) nicht überschreiten.

Weitere Infos:
- **Deutschland:** www.zoll.de oder Tel. 069 469976-00
- **Österreich:** www.bmf.gv.at oder Tel. 04242 33233
- **Schweiz:** www.zoll.admin.ch oder Tel. 061 2871111

ROUTE 1
ISTRIEN: CAMPINGKÜSTE AM KREUZPUNKT DER KULTUREN

Route 1: Istrien

Strecke:
Grenze – **Savudrija** (13 km, s. S. 56) – **Umag** (6 km, s. S. 58) – **Novigrad** (15 km, s. S. 59) – **Tar** (6 km, s. S. 62) – **Poreč** (9 km, s. S. 64) – **Vrsar** (9 km, s. S. 67) – **Rovinj** (27 km, s. S. 82) – **Vodnjan** (26 km, s. S. 85) – **Pula** (10 km, s. S. 87) – **Labin** (35 km, s. S. 93) – **Opatija** (37 km)
Streckenlänge: 193 km

Abstecher:
(je einfach)
Pula – **Fažana** (6 km, s. S. 90)
Pula – **Premantura** (12 km, s. S. 92)
Pula – **Medulin** (9 km, s. S. 91)

Rundfahrt durch das Binnenland:
Poreč (s. S. 64) – **Pazin** (30 km, s. S. 72) – **Roč** (28 km, s. S. 73) – **Buzet** (7 km, s. S. 75) – **Motovun** (17 km, s. S. 76) – **Grožnjan** (10 km, s. S. 79) – **Buje** (8 km, s. S. 80)
Streckenlänge: 100 km

◁ *Kapitelstartseite: An Istriens Küste reichen die Campingplätze meist direkt bis ans Wasser, hier Camping Arena Medulin* ㉓

▷ *Die Südspitze Istriens mit dem Kap Kamenjak ist ein Naturschutzgebiet (s. S. 92)*

ROUTENÜBERSICHT

Istrien ist ein Paradies für Camper, Badeurlauber und FKK-Anhänger, bietet aber auch ein faszinierendes Hinterland mit alten Bergstädten und Karstphänomenen. Vor allem an der Westküste reihen sich Campingplätze und Hotelstrände fast nahtlos aneinander. Gleich vor der Haustür Österreichs und Italiens und nur einen Katzensprung von Süddeutschland entfernt, haben hier Campingurlaub und Tourismus seit Jahrzehnten Tradition. Das merkt man nicht zuletzt an der guten Ausstattung der Campingplätze und der touristischen Infrastruktur. Aber Istrien ist mehr als nur Badeküste. Das „Herz Europas", wie die Bewohner ihre Halbinsel nennen, hat auch kulturell viel zu bieten. Hier treffen die Lebensstile Mitteleuropas und der mediterranen Welt zusammen und romanische, germanische und slawische Einflüsse vermischen sich. Römer, Byzantiner, Venezianer, Slawen und die Donaumonarchie haben dem Land ihren Stempel aufgedrückt. Zweitausend Jahre Geschichte zum Anfassen – wie in einem großen Freilichtmuseum: malerische Altstädte mit winkeligen Gassen und venezianischen Prachtbauten, mittelalterliche Festungen und frühchristliche Kirchen. Die buchtenreiche Halbinsel mit vielfältigen Freizeitangeboten bildet den idealen Einstieg für Kroatien – kann aber auch für sich allein einen ganzen Urlaub ausfüllen.

DIE RIVIERA VON UMAG

Wer die Küste Istriens erkunden will, der tut das am besten außerhalb der Saison, wenn man das schmale Küstensträßchen gemütlich und stressfrei befahren kann, denn im Sommer ist es oft überlastet und verstopft. Kurz nach dem Grenzübergang bei Sečovlje oder Kaštel biegt man nach rechts von der großen Straße ab und tuckert gemütlich durch Buschland, Pinienhaine und lehmige Felder nach Westen. Ferienland! Mediterrane Kräuterdüfte und das Zirpen der Zikaden erfüllen die Luft – und bald schon sieht man vor den kleinen Restaurants entlang der Straße riesige Freiluft-Grills, an denen sich am Spieß ein Hammel oder ein Spanferkel dreht.

Etwa 10 km nach der Abzweigung erreicht man das Dörfchen **Savudrija** (Salvore), und wer von der langen Anreise müde ist, findet dort gleich einen wunderschönen Campingplatz, auf dem mancher schon den ganzen Urlaub hindurch „hängen geblieben" ist. Im Ort rechts den Schildern folgen – über ein schmales Sträßchen, das man zunächst eher für eine Hauszufahrt halten mag.

Information
› **TZG Savudrija,** Istarska 2, Bašanija, 52475 Savudrija, Tel. 052 759659, www.coloursofistria.com

Parken
🅿 **1 Pineta,** GPS 45.48711, 13.49182. Gleich hinter der Einfahrt zum Campingplatz Savudrija ❷ gibt es direkt am Meer (bei den „schwebenden Booten") einen Parkplatz, auf dem auch Wohnmobile stehen dürfen. Preise: 8–20 Uhr 80 kn; 1.6.–31.8. 14–20 Uhr 40 kn.

❷ Camping Savudrija ★★★★

GPS 45.486652, 13.492309

Reizvoll am Nordkap von Istrien gelegener und sympathischer Platz mit Pinienwald, offenem Wiesengelände und sehr schönem Felsstrand; der neuere Teil des Platzes befindet sich direkt beim Leuchtturm; er öffnet etwas später als der Hauptplatz; WLAN kostenlos. **Lage/Anfahrt:** in Savudrija rechts (Nordwest); schmale Asphaltstraße; **Wasser:** Schlauch; z. T. am Stellplatz; **Abwasser:** Ver-/Entsorgungsstation im Zentrum des alten Platzes und **Chemie-WC:** 4 Stationen (davon eine auf dem neueren Platz); **Strom:** ja; **Preise:** 39–44 €; **Geöffnet:** Ende April–Ende Sept.; **Kontakt:** Istarska 19, 52475 Savudrija, Tel. 052 709550, www.istracamping.com/de/campingplatze/savudrija

Bereits einige Kilometer vor Savudrija geht es rechts hinunter zum **FKK-Campingplatz Kanegra** ❸.

◁ *Der Leuchtturm von Savudrija*

❸ Camping Kanegra ★★★★

GPS 45.485491, 13.565365

FKK-Platz in ruhiger und sehr reizvoller Lage in einem renaturierten Steinbruch direkt am Meer. **Lage/Anfahrt:** auf der Straße Nr. 75 nach Westen und bei Valica nach Norden abbiegen; **Wasser:** bei Superior und Premium direkt am Stellplatz; **Abwasser:** ja; **Chemie-WC:** 2 Stationen in den Sanitärgebäuden; **Preise:** Womo mit 2 Pers. u. Strom 39–44 €; **Geöffnet:** 23.4.–3.10.; **Kontakt:** Kanegra 2, 52470 Umag, Tel. 052 709000, www.istracamping.com/de/campingplatze/kanegra (auf Deutsch)

Die schwebenden Boote von Savudrija

Am Kap von Savudrija, direkt beim Campingplatz und entlang der Straße nach Umag sieht man gelegentlich Fischerboote, die an langen Holzstangen wie zum Trocknen über dem Wasser aufgehängt sind. Die Erklärung: Am exponierten Nordkap Istriens sind Naturhäfen rar, und anstatt aufwendig einen Hafen zu bauen, sind die Fischer auf diese praktische Idee gekommen. Zwei Stangen werden schräg über das Wasser geneigt einzementiert, an jedes Ende kommt ein Flaschenzug, und so kann man die Boote an Bug und Heck befestigt einige Meter über den Meeresspiegel hieven, um sie bei Sturm vor den Wellen zu schützen. Und diese „schwebenden Häfen" sind nicht nur praktisch, sondern zugleich so fotogen, dass sie inzwischen als Postkartenmotive entdeckt wurden.

In Savudrija schwenkt die Straße nach Süden und folgt der Küste durch die Fischerdörfchen **Zambratija** und **Katoro** (Reittouristik) in Richtung Umag. Falls Sie ungeduldig auf eine stille Badebucht oder einen Strandparkplatz warten, muss ich Sie gleich enttäuschen: Dafür stehen die Chancen entlang der ganzen istrischen Küste schlecht, da hier praktisch jeder zugängliche Strand zu irgendeiner Ferienanlage gehört. Eine davon ist die Anlage Stella Maris, die man nach einem kleinen Pinienwald kurz vor Umag passiert: rechts der Straße Strand, Hotel und Bungalows, links der **Campingplatz Stella Maris** ❹.

❹ **Camping Stella Maris** ★★★★

GPS 45.453783, 13.521755

Schöner ebener, überwiegend sonniger Platz mit sehr guter Ausstattung, der 2018 renoviert wurde und einen größeren Pool bekommen hat. Viele Aktivitäten und Unterhaltungsangebote, aber durch Open-Air-Disco zeitweise etwas laut; durch eine Unterführung gelangt man zum Kiesstrand mit Meerwasser-Pool auf der anderen Straßenseite. **Lage/Anfahrt:** am Ende des Pinienwaldes gegenüber dem Hotel links; **Wasser:** Schlauch; z. T. Anschlüsse direkt am Stellplatz; **Abwasser:** Ver-/Entsorgungsplattform im Zentrum des Platzes; **Chemie-WC:** 5 Stationen; **Strom:** ja; **Preise:** 36,80 € (Hauptsaison 40–58 €); **Geöffnet:** Mai–Sept.; **Kontakt:** Stella Maris 9A, 52470 Umag, Tel. 052 710900, www.istracamping.com.

UMAG (UMAGO)
(6 km von Savudrija)

Kurz darauf erreicht man die Kleinstadt Umag (rund 5000 Einwohner), ein Ferienzentrum, dem der Küstenabschnitt seinen Namen verdankt. Der Ort ist nicht nur für den Tennissport (ATP Turnier Croatia Open) bekannt, sondern bietet auch sonst vielfältige Sport- und Freizeitmöglichkeiten – u. a. eine ACI Marina, Wassersport, Reitsport und Rundflüge.

Die auf einer Halbinsel gelegene kleine Altstadt mit ihren zahlreichen Restaurants und Straßencafés lädt zu einem kurzen Bummel durch die Gassen und auf der Uferpromenade ein, hat aber keine nennenswerten Sehenswürdigkeiten zu bieten.

◁ *Uhrturm des Rathauses von Umag*

Information

› **TZG Umag,** Trgovačka ulica 6, 52470 Umag, Tel. 052 741363, www.istra.hr/umag, www.coloursofistria.com

Parken

P 2 Umag, Tennis Klub, GPS 45.44547, 13.52141. Großer Parkplatz an der Savudrijska ulica beim Tennis Klub am Ortseingang rechts (8–20 Uhr 80 kn; von hier führt eine kleine Straße zum nahen Stadtstrand).

P 3 Umag, Riva, GPS 45.434954, 13.523194. Parkplatz an der Nova Obala (nahe Zentrum und Uferpromenade).

P 4 Umag, Spina, GPS 45.40246, 13.53644. Etwas südlich an der Abzweigung nach Spina asphaltierter Parkplatz ohne Verbotstafel an einem kleinen Strand.

Südlich von Umag folgen entlang der Küstenstraße zwei weitere sehr gut ausgestattete Campingplätze: **Finida** ❺ (ca. 5 km von Umag) und **Park Umag** ❻ (ca. 8 km von Umag). Doch neben den Campingplätzen, touristischen Anlagen und Ferienstimmung hat die 15 km lange Strecke von Umag nach Novigrad nicht viel mehr zu bieten.

Parken

P 5 Karigador, GPS 45.35845, 13.55612. Großer, schattenloser Strandparkplatz bei Karigador, nördlich von Novigrad, teils steinig, teils Gras; mit Imbiss und Beachvolleyball.

❺ Camping Finida ★★★★

GPS 45.392479, 13.54199

Ein schöner, gut ausgestatteter und überwiegend schattiger Platz im Pinienwald mit Felsstrand, Slipanlage, Restaurant, Geschäft und Sportangeboten. **Lage/Anfahrt:** direkt an der Küstenstraße rechts; **Wasser:** Schlauch; z. T. gibt es auch Anschlüsse direkt am Stellplatz; **Abwasser:** tadellose Ver- und Entsorgungsplattform; **Chemie-WC:** ja; **Strom:** ja; **Preise:** Hauptsaison 39–44 €; **Geöffnet:** Mai–Sept.; **Kontakt:** Križine 55a, 52470 Umag, Tel. 052 713950, www.istracamping.com/de/campingplatze/finida

❻ Camping Park Umag ★★★★

GPS 45.36729, 13.54722

Einer der größten und besten Campingplätze Kroatiens, der seit 2020 auch über einen großen Poolkomplex verfügt. Eigentlich handelt es sich hier eher um eine komplette Camper-Stadt, die aber sehr weiträumig angelegt und daher trotz ihrer Größe sehr ruhig und entspannt ist. Es gibt viel Wiesenfläche, aber auch Wald und Gartenanlagen, einen langen, rollstuhlgerechten Fels-/Kiesstrand, eine Sonnenplattform, einen Swimmingpool, WLAN kostenlos, Sat-TV-Anschluss und alles, was man sonst noch von einem Campingplatz erwarten kann. Ein großer **Parkplatz** für spät ankommende Camper mit Strom- und Wasseranschluss befindet sich vor der Rezeption. **Lage/Anfahrt:** direkt an der Küstenstraße rechts; **Wasser:** Schlauch; z. T. auch Anschlüsse direkt am Stellplatz; **Abwasser:** tadellose Ver-/Entsorgungsplattform draußen vor dem Eingang nur für Camper; **Chemie-WC:** ja (9 Stationen!); **Strom:** ja; **Preise:** 40–76 €; **Geöffnet:** Ende April–Ende September; **Kontakt:** Ladin gaj 132a (Karigador), 52470 Umag, Tel. 052 713740, www.istracamping.com/de/campingplatze/park-umag

NOVIGRAD (CITTANOVA)
(15 km von Umag)

Novigrad mit seinem markanten Kampanile und gut erhaltenen Teilen der Stadtmauer liegt etwas abseits der Küstenstraße auf einer Halbinsel zwischen offenem Meer und der **Bucht von Tar** (Tarski zaljev), in welche die Mirna mündet. Nur halb so groß wie Umag, aber doppelt so hübsch, bildet das Städtchen in gewisser Weise den Kontrast zur Nachbarin. Es ist weniger ein Zentrum des Sports als vielmehr der Badegäste und Strandurlauber – mit kristallklarem Wasser und für Kleinkinder angelegten Becken. Entlang der fast rings um die Altstadt führenden Promenade bieten sich viele Bademöglichkeiten sowohl im offenen Meer als auch in der geschützten Bucht. Lohnend ist außerdem

Novigrad

■ **Essen und Trinken**
1 Sidro
2 Giovanni

● Aminess Sirena Camping

P Parken
6 bei den Supermärkten
7 Zentrum

Die Riviera von Umag

ein kurzer Bummel durch die Altstadtgassen – oder eine Mittagspause in einem der guten Restaurants der Stadt.

Information
› **TZG Novigrad,** Mandrač 29a, 52466 Novigrad, Tel. 052 757075, www.coloursofistria.com

Gastronomie
› **Giovanni,** St. Rosello 30a (ca. 1 km östlich via Straße 75), Tel. 052 757122. Sehr gutes Restaurant mit freundlichem Service und beste Adresse für Meeresfrüchte-Risotto und Nudeln mit Hummer; zum Nachtisch sind die Gibanica (Quarkkuchen) zu empfehlen.
› **Sidro,** Mandrač 5 (direkt am Bootshafen), Tel. 052 757601, http://sidro-ancora.com. Exzellente Küche und eine gute Weinkarte, besonders zu empfehlen sind Spaghetti mit Hummer oder mit Meeresfrüchten; gute Auswahl an Fischen und Fleisch vom Grill.

Parken
🅿 **6 Novigrad – bei den Supermärkten,** GPS 45.31957, 13.5678. Am Busbahnhof links, bei den Supermärkten, ca. 400 m vor der Altstadt
🅿 **7 Novigrad Zentrum,** GPS 45.31713, 13.56269. Zwischen Jachthafen und Lunapark.

❼ Camping Aminess Park Maravea ★★★★

GPS 45.34306, 13.54833
Sehr gut ausgestatteter Platz, ca. 4 km nördlich von Novigrad entfernt im Eichenwald; Fels-/Kiesstrand mit Meerwasserbecken. Im Sommer Strand-Disco. Kleiner Straßenzug verkehrt nach Novigrad. **Lage/Anfahrt:** kurz nach Karigador und Dajla rechts abbiegen; **Wasser:** meist am Platz, sonst Schlauch; **Abwasser:** teils am Platz, sonst Ver-/Entsorgungsplattform; **Chemie-WC:** ja (4 Stationen in den Toiletten); **Strom:** ja; **Preise:** Hauptsaison 51–88 €; **Geöffnet:** Mitte April–1. Okt; **Kontakt:** Mareda bb, 52466 Novigrad, Tel. 052 858690, www.aminess-campsites.com/de/aminess-maravea-camping-resort; **Tipp:** Meerwasserbecken; Sparkarte außerhalb der Saison; gutes Restaurant mit Meerblick.

❽ Aminess Sirena Camping ★★★★

GPS 45.315651, 13.57567
Sehr gut ausgestatteter Platz, nur einen Spaziergang von Novigrad entfernt; teils sonnige Wiesenfläche, teils Pinienwald; langer, rollstuhlgerechter Fels-/Kiesstrand mit großer Sonnenplattform; gut dimensionierte Stellplätze (130 m²) mit Strom, Wasser, Abwasser; WLAN inklusive. Im Sommer auch nachts durch das nahegelegene Hotel recht laut. Der Parkplatz vor der Rezeption ist zeitweise sehr voll. **Lage/Anfahrt:** am östlichen Stadtrand von Novigrad rechts; **Wasser:** Schlauch; **Abwasser:** gute Ver-/Entsorgungsplattform; **Chemie-WC:** ja (3 Stationen in den Toiletten); **Strom:** ja; **Preise:** 62–90 €; **Geöffnet:** April–Okt.; **Kontakt:** Terre 6, 52466 Novigrad, www.aminess-campsites.com/de/campingplatz-aminess-sirena, Tel. 052 858690; **Tipps:** Aktivitäten, Pool und Einrichtungen im Hotel Maestral können z. T. genutzt werden; 10 % Rabatt für die Wellness-Angebote, Sparkarte außerhalb der Saison

◁ *Am idyllischen Hafen von Novigrad*

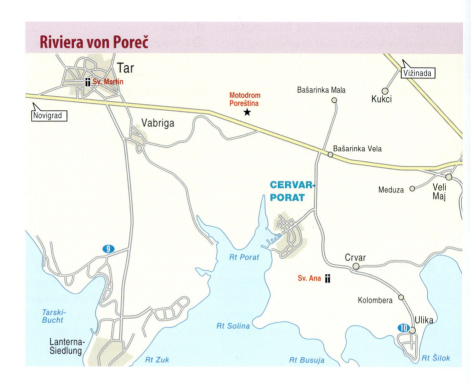

DIE RIVIERA VON POREČ

Bei Novigrad passiert man die Abzweigung der Fernstraße 301 nach Buje und schwenkt nach rechts zur Tar-Bucht hinunter. Zunächst passiert man ein Zementwerk, das alles in weißen Staub hüllt, dann überquert man auf einer Brücke die flache Bucht, in welche die Mirna mündet. Sie ist einer der wenigen ganzjährigen Flüsse Istriens und das brackige Wasser der Bucht ist ganz offensichtlich für Wasservögel interessanter als für Badegäste.

Parken
> 8 **Mirna-Mündung**, GPS 45.31574, 13.60569. Große, unbefestigte, recht ebene Parkflächen zu beiden Seiten der Straße, kostenlos, kaum Schatten, kein Badestrand; auf der Meerseite schönerer, aber bei Regen evtl. weicher Grund!

Nach der Bucht geht es durch ein Kiefernwäldchen wieder aufwärts nach **Tar** (6 km von Umag), das auf einem etwa 100 m hohen Plateau liegt und für den Weinbau sowie für sein gutes Olivenöl bekannt ist. Rechts zweigt ein kleines Stichsträßchen zur **Lanterna-Halbinsel** ab (ca. 3 km), auf der der große und sehr schöne Campingplatz **Lanterna** 9 liegt. Einige Kilometer weiter zweigt rechts ein gutes Asphaltsträßchen ab, das via Červar zu dem einsam auf einer Landspitze gelegenen **FKK-Campingplatz Ulika** 10 führt.

Gastronomie
> Sehr zu empfehlen ist das Restaurant „**Adria**" auf dem Campingplatz Lanterna 9, wo man auf einer herrlichen Terrasse speist, während die Sonne malerisch im Meer versinkt. Die „**Trattoria La Pentola**" bietet mediterrane Küche und hausgemachte Pasta.

9 Lanterna

GPS 45.297029, 13.594368
Sehr schöner und sympathischer Platz in einem reizvollen Waldgelände an einem sanften Hang, so natürlich

gegliedert, dass man kaum glaubt, wie riesig der Platz tatsächlich ist; 3 km Strand; hervorragende Ausstattung, Meerwasser-Swimmingpool, schöner Kiesstrand, Supermarkt u. v. a.; besonders zu empfehlen ist das **Restaurant „Adria"** mit Terrasse, hervorragenden Gerichten und Live-Musik. Sehr gefragt sind die „Glamping"-Angebote (große, komfortabel ausgestattete Safarizelte mit viel Flair); **Lage/Anfahrt:** hinter Tar rechts den Schildern folgen; **Wasser:** Schlauch; z. T. direkt am Stellplatz; **Abwasser:** tadellose Ver-/Entsorgungsstation vor der Rezeption; **Chemie-WC:** ja (14 Stationen in den Sanitäranlagen); **Strom:** ja; **Preise:** 53–130 €; je nach Stellplatz; **Geöffnet:** Mai–Sept.; **Kontakt:** Lanterna 1, 52465 Tar, Tel. 052 465010, www.camping-adriatic.com

⑩ Camping Ulika ★★★★

GPS 45.257092, 13.58381

Flacher FKK-Platz mit teils altem Eichenbestand, teils Wiesenfläche mit jungen Bäumen; langer Fels-/Kiesstrand, Pool, WLAN, viele Sportangebote. **Lage/Anfahrt:** zwischen Tar und Poreč rechts den Schildern folgen; **Wasser:** meist am Stellplatz, sonst Schlauchanschluss; **Abwasser:** teils am Stellplatz, sonst Station im Zentrum des Platzes; **Chemie-WC:** ja; **Strom:** ja; **Preise:** 41–57 €; **Geöffnet:** Ende April–Anfang Okt.; **Kontakt:** Rade Končara 12, 52440 Poreč, Tel. 052 436325, www.istracamping.com/de/campingplatze/ulika

⑪ Camping Bijela Uvala ★★★★

GPS 45.191528, 13.59667

Lange hatte ich ihn übersehen – jetzt zählt er zu meinen Lieblingsplätzen: Der still und in reizvoller Natur gelegene Platz „Weiße Bucht" hat viele, teils hohe Bäume und ist schattig, hell und luftig zugleich. Er ist vorbildlich angelegt und natürlich gegliedert und sein langer, teils behindertengerechter Fels-/Kiesstrand mit klarem Wasser und vorgelagerten Inselchen sucht seinesgleichen. Neben zwei großen Pools und Tennisplätzen hat er ein ausgezeichnetes Restaurant mit Meerblick und viele Sportangebote. WLAN kostenlos. **Lage/Anfahrt:** ca. 4,5 km südlich des zentralen Kreisverkehrs von Poreč

Essen und Trinken
1 Restaurant Istra

Parken
10 Vrtovi

rechts ab den Schildern folgen; **Wasser:** Schlauchanschluss (an vielen Parzellen); **Abwasser:** gute Station im Zentrum des Platzes; **Chemie-WC:** ja; **Strom:** ja; **Preise:** 61–78 €; **Geöffnet:** Ende April–Ende Sept.; **Kontakt:** ulica Bijela uvala 1, 52452 Funtana, Tel. 052 410551, www.istracamping.com/de/campingplatze/bijela-uvala

POREČ
(15 km von Novigrad, 9 km von Tar)

Mit Poreč hat man eines der Schmuckstücke der istrischen Küstenstädte erreicht. Ein bedeutendes Zentrum des Badetourismus – vielleicht das bedeutendste Kroatiens überhaupt – zugleich aber auch ein kulturelles Reiseziel. Die auf einer Landzunge gelegene Altstadt mit ihren verwinkelten Gassen ist den Fußgängern vorbehalten. In mehr als zwei Jahrtausenden hat sie ihren Grundriss kaum verändert und noch immer tragen ihre beiden Hauptachsen ihre römischen Namen:

Cardo Maximus (Große Achse) und Decumanus (Ost-West-Achse). Römische Legionäre, slawische und ostgotische Krieger sind schon durch diese Gasse gezogen, ebenso wie illyrische Bauern, venezianische Seeleute, byzantinische Händler, altkroatische Priester und österreichische Verwaltungsbeamte. Unzählige Füße, Sandalen und Stiefel haben die hellgrauen Kalkplatten so blank poliert, dass sich das Licht darauf spiegelt. Heute reihen sich hier Souvenirgeschäfte, Galerien, Boutiquen, Restaurants und Eisdielen nahtlos aneinander. Aber darüber, daneben und dazwischen entdeckt man überall Schmuck-

▷ *Schmucke Fassaden und blank poliertes Kalksteinpflaster in der Altstadt von Poreč*

▷ *Andachtsvolle Ruhe herrscht in der Euphrasius-Basilika*

Die Riviera von Poreč

Route 1: Istrien

Olivenöl und Trüffel

Kroatien ist berühmt für sein Olivenöl – und eines der besten Öle liefern die Bäume der Tar-Ebene sowie die Haine an den Sonnenhängen um Fažana und Barbariga. Für ihre Trüffel berühmt ist die Region um die Bergorte Buje, Motovun und Buzet.

Diese Produkte und andere Erzeugnisse der Region findet man in folgenden Spezialgeschäften:

› **Vinarija Podrum,** Željeznička cesta 15, 52215 Vodnjan, Tel. 052 511334 (Wein und Olivenöl)
› **Zigante tartufi,** Portoroška 15, Plovanija, 52460 Buje, Tel. 052 777 409/410, www.zigantetartufi.com.

Neben den frischen schwarzen und weißen Trüffeln bekommt man bei Zigante tartufi konservierte Produkte aus Trüffeln, natürliches Olivenöl mit Trüffelgeschmack, Schafskäse mit Trüffeln und Steinpilze. Geschäfte u. a. in:

› **Buje:** J. B. Tita 12, 52460 Buje, Tel. 052 772125
› **Grožnjan:** U. Gorjan 5, 52429 Grožnjan, Tel. 052 776099
› **Livade:** Livade 7, 52427 Livade, Tel. 052 664030
› **Buzet:** Trg Fontana, 52420 Buzet, Tel. 052 663340
› **Motovun:** Gradiziol 8, 52424 Motovun, Tel. 052 681668

Hervorragende Trüffelgerichte und Spezialitäten der Region bekommt man im **Restaurant „Zigante Tartufi"**, Livade-Levade 7, 52427 Livade-Levade, Tel. 052 664302, www.zigantetartufi.com (auch auf Englisch).

---

stücke venezianischer Baukunst: spitzbogige Fenster, schnörkelige Säulen und kleine Balkone, Stuckverzierungen und prachtvolle Fassaden.

Aber nicht nur auf dem Straßenbelag hat die Geschichte ihre Spuren hinterlassen: Im **Poreštine-Museum** kann man handfestere Relikte aus vergangenen Zeiten bewundern und zu den architektonischen Hauptattraktionen der ganzen Küste zählt die **Euphrasius-Basilika,** die Bischof Euphrasius im 6. Jh. errichten ließ. Sie ist ein Prachtstück frühbyzantinischer Kirchenarchitektur mit ausgezeichnet erhaltenen Mosaiken, deren Gold- und Perlmuttplättchen geheimnisvoll aus dem Dämmer der Gewölbe hervorleuchten und der Basilika eine weihevolle Atmosphäre verleihen. Profanere Gemüter schätzen aber auch den weiten Ausblick vom Turm und die angenehme Kühle der heiligen Hallen, wenn draußen die Mittagshitze ihren Tribut fordert. Neben der Basilika steht der Palast der Porečer Bischöfe und hinter ihr (am Portal vorbei, dann rechts) findet man die Fundamente der **Maurus-Kapelle** aus dem 4. Jh. mit den ältesten Bodenmosaiken, die neben ornamentalen Ausschmückungen das frühchristliche Symbol des Fisches zeigen.

Sehenswertes

› **Museum Poreštine** (Städtisches Museum), Decumanus 9, Tel. 052 431585, Mo–Fr 9–12 und 15–18 Uhr (bis auf Weiteres wegen Renovierung geschlossen)
› **Euphrasius-Basilika,** Tel. 052 451784, www.myporec.com/de/porec-entdecken/euphrasiana/25, Juli/Aug. tägl. 7–21, sonst bis 18 Uhr, an Sonn- und Feiertagen geschlossen

Information

› **TZG Poreč,** Zagrebačka 9, 52440 Poreč, Tel. 052 451293, www.myporec.com
› **Tourismusgemeinschaft der Region Istrien,** www.istra.hr

Gastronomie

› **Restaurant Istra,** B. Milanovića 30, Tel. 052 434636, www.restaurant-istra.com. Hauseigene Spezialitäten sind Hummer mit Nudeln, Tintenfisch und Fisch aus der Backglocke. Beachten Sie, dass der Fisch teils nach Gewicht berechnet wird.

Die Riviera von Poreč

Baden
› An der Spitze der Landzunge (Obala Laginje) oder nördlich an den Hotelstränden (falls man dort einen Parkplatz findet!)

Parken
🅿 **9 Poreč Groblje,** GPS 45.22008, 13.60594. Großer Parkplatz an der Hauptkreuzung, ca. 1 km vom Zentrum. Derzeit in der Saison die einzige gute Möglichkeit, ein Wohnmobil zu parken, die anderen Parkplätze sind für Pkw reserviert. Die Preise sind happig: 24 kn pro angefangener Stunde, 120 kn pro Tag (endet um 24 Uhr; wer über Nacht steht, bezahlt 240 kn!). Die Gebühr kann (wie auch in anderen Städten) mit der App Paydo bezahlt werden (www.paydo.hr). Keine Ver-/Entsorgungseinrichtungen. Um vom Parkplatz in die Stadt zu gehen, zuerst die landeinwärts führende Nebenstraße überqueren und dann an der Kreuzung die Hauptstraße (an der Ampel sonst problematisch).

🅿 **10 Vrtovi,** GPS 45.22583, 13.60415. Weiterer Parkplatz an einem Kreisverkehr nördlich an der Vukovarska ulica (8 kn/Std.). Alle anderen Plätze sind für Womos verboten/ungeeignet.

Abstecher
› Poreč ist ein geeigneter Ausgangspunkt für Rundfahrten durch das Landesinnere der Halbinsel (s. S. 71).

ABSTECHER ZUR TROPFSTEINHÖHLE BAREDINE
(ab/bis Poreč ca. 10 km hin und zurück)

Zweigt man nördlich von Poreč landeinwärts in Richtung Vižinada ab, so wird man bald Schilder sehen, die den Weg zu der etwa einen Kilometer von der Hauptstraße entfernt, bei Gedići gelegenen Höhle (jama) weisen. Die Tropfsteinhöhle mit einem unterirdischen See, in dem der **Grottenolm** haust, kann im Rahmen einer 40-minütigen Führung besichtigt werden. Im Sommer ist allerdings mit Massenandrang und entsprechender Abfertigung zu rechnen. Daneben befindet sich das **Agrarmuseum „Traktor Story"**, das in einer Ausstellung mit etwa 50 Traktoren und Maschinen über die Entwicklung des Getreidedreschens berichtet, sowie die **Galerie Konobon** und eine **Vinothek** (www.traktorstory.com/de).

Außerdem gibt es eine Ausstellung über Höhlen und eine Einrichtung, in der man sich im **Höhlenklettern** üben kann (Speleolit, www.speleolit.com). Des Weiteren wurde zwischen Olivenbäumen und Weingärten ein **Kinderspielplatz** mit Hoftieren, ein **botanischer Lehrpfad** mit einheimischen Pflanzen und ein **Picknickbereich** eingerichtet.

› **Jama Baredine,** Tar – Gedići 55, Nova Vas 52446, Poreč, Tel. 095 4214210, www.baredine.com (auch auf Deutsch), im Sommer tägl. 10–18 Uhr, sonst kürzer; Nov.–März geschlossen

VRSAR
(9 km von Poreč)

Südlich von Poreč passiert man die Ferien- und Hotelanlagen von **Zelena und Plava Laguna,** ehe man nach ca. 6 km durch das Dörfchen **Funtana** fährt, das für seine Gaststätten und Restaurants bekannt ist: knapp 600 Einwohner – und 50 Gaststätten! Auf einer Halbinsel unmittelbar westlich der Ortschaft wurde das Istra Premium Camping Resort Funtana **12** geschaffen, ein ganz neuer 5-Sterne-Luxus-Campingplatz mit allem nur erdenklichen Komfort.

Kurz danach erreicht man **Vrsar,** den südlichsten Ort der Riviera von Poreč. Dieses Küstenstädtchen ist eine Sommerfrische par excellence. Das haben schon vor Jahrhunderten die Bischöfe von Poreč begriffen, die hier ihren Sommersitz errichteten. Und Giacomo Casanova, der Vrsar mehrfach besuchte, ließ sich hier sicher nicht nur von der schönen Lage verzaubern. Umgeben von einem Gürtel grüner Inseln erhebt sich die alte Fischersiedlung terrassenförmig auf einem Felsen über dem Meer, flankiert von traumhaften Felsenstränden. Vom Hügel mit den Ruinen

Vrsar

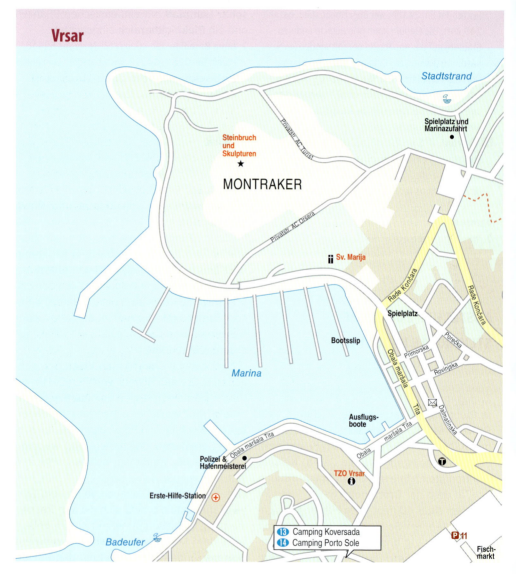

der einstigen Bischofsresidenz und dem schneeweißen Glockenturm genießt man den schönsten Ausblick. Im tiefblauen Meer vor der Küste liegen 18 Inselchen, überzogen vom satten Grün der Macchia und gesäumt von weißen Stränden. Ein Miniatur-Archipel für jeden Urlaubs-Robinson. In den Pinienwäldern an der Küste verbergen sich zahlreiche Feriensiedlungen, Hotels und Campingplätze.

In unberührter Natur liegt hier auch eines der größten FKK-Zentren Europas: der 120 ha große, weitgehend autarke **Campingplatz Koversada** ⓭. Hervorgegangen ist er aus einem Zeltcamp auf der **Insel Koversada,** das seit 1961 zu den Pionieren des Nackttourismus zählt. Auf der **Halbinsel Montraker,** zu Füßen der Stadt, findet man nicht nur herrliche Bademöglichkeiten, Liegewiesen und einen schön in die Natur eingefügten **Campingplatz,** sondern auch einen sehenswerten Skulpturenpark (s. S. 71).

Information
› **TZO Vrsar,** Obala m Tita 23, 52450 Vrsar, Tel. 052 441746, www.infovrsar.com (auch auf Englisch)

Aktivitäten
› Einen besonders schönen Eindruck von der stark gegliederten Westküste Istriens bieten die **Panoramaflüge,** die den ganzen Sommer über vom Sportflughafen Medulin angeboten werden. Der Flughafen befindet sich an der Straße, die von Vrsar landeinwärts in Richtung Rovinj führt. Information zu den Rundflügen erhält man von Delic Air unter Tel. 098 223577, 098 420577; 15 Min. kosten 250 kn, 30 Min. 450 kn pro Person; mindestens 2, maximal 3 Personen.

Parken
🅿 **11 Vrsar Fischmarkt,** GPS 45.14713, 13.60478. Einen Parkplatz, auf dem ich mein Wohnmobil meistens problemlos abstellen konnte, findet man an der Zufahrt zur Altstadt links. Im kostenpflichtigen Bereich beim Fischmarkt bezahlt man für ein Womo 10 kn/Std. bzw. 50 kn/Tag (eine Stunde frei). Die Durchfahrtsverbotsschilder an der Zufahrt in die Stadt muss man unbedingt respektieren – hier kommt man nämlich mit größeren Fahrzeugen wirklich nicht weit!

◁ *Der einstige Bischofssitz Vrsar ist eine Sommerfrische par excellence*

Die Riviera von Poreč

⑫ Istra Premium Camping Resort, Funtana ★★★★★

GPS 45.1748, 13.5976

Ein neuer, erst 2019 fertiggestellter 5-Sterne-Platz, der eine ganze Halbinsel unmittelbar westlich von Funtana umfasst. Er bietet moderne Komfort-Ausstattung, einen umfangreichen Aquapark, ein breites Sport- und Unterhaltungsangebot und einen schönen Kiesstrand mit zwei vorgelagerten Inselchen. Außerdem hat er einige besonders große Stellplätze (120 m²) und einen eigenen Bereich für Camper mit Haustieren. **Lage/Anfahrt:** 500 m westlich des Zentrums von Funtana; beschildert; **Wasser:** Schlauchanschluss, z. T. direkt am Stellplatz; **Abwasser:** moderne Plattform an der Ausfahrt; **Chemie-WC:** Stationen in den Sanitäranlagen; **Strom:** ja, an den meisten Stellplätzen; **Preise:** ca. 80 €; **Geöffnet:** ganzjährig; **Kontakt:** Grgeti 35, 52452 Funtana, Tel. 052 465000, www.valamar.com/de/camping-porec/istra-camping-resort (auf Deutsch)

⑬ Camping Koversada ★★★

GPS 45.13781, 13.60854

Der bereits 1961 gegründete Klassiker unter den FKK-Plätzen ist die Keimzelle des FKK-Tourismus in Kroatien. Sehr weitläufiger Platz auf einer Halbinsel am Lim Fjord mit Wiesen, Laub- u. Pinienwald, Fels- u. Kiesstrand; vielfältige Einrichtungen; kostenloses WLAN (nicht auf allen Parzellen); auf Wunsch vieler Gäste wurde der Platz bislang behutsam und unter Berücksichtigung seiner Natur renoviert; die Insel Koversada ist über eine Brücke zu erreichen und den Zeltcampern vorbehalten. **Lage/Anfahrt:** nach Vrsar rechts den Schildern folgen; **Wasser:** Schlauchanschluss; **Abwasser:** gute Ver-/Entsorgungsstation nahe der Einfahrt rechts; **Chemie-WC:** 11 Stationen in den Sanitäranlagen; **Strom:** ja; **Preise:** 42–57 €; **Geöffnet:** Mitte April–Ende Okt.; **Kontakt:** Koversada 1, 52450 Vrsar, Tel. 052 800200, www.maistracamping.com; **Tipp:** Das Restaurant Batana auf der Insel (mit kleiner Ausstellung zur Geschichte des FKK-Platzes) ist hinsichtlich Lage, Küche und Service exzellent und auch für Nicht-Campinggäste zu empfehlen.

⑭ Camping Porto Sole ★★★

GPS 45.14172, 13.60201

Ein schöner, ruhiger Platz in der Natur zu Fuß nur 5 Minuten vom Zentrum von Vrsar entfernt, mit teils schattigen, teils sonnigen Parzellen (allerdings für größere Mobile etwas knapp bemessen und zum Teil recht uneben) und eigenem Felsstrand; Restaurant, Supermarkt, Tauchschule, Sportcenter und viele Freizeitangebote. **Tipp:** Die schönsten Plätze liegen in dem Teil, dessen Zufahrt nach der Schranke und vor der Rezeption rechts abgeht. **Lage/Anfahrt:** nach Vrsar rechts den Schildern folgen; **Wasser:** Schlauchanschluss; **Abwasser:** gute Ver-/Entsorgungsstation nahe der Einfahrt links; **Chemie-WC:** vier Chemie-WC-Stationen in den Sanitäranlagen; **Strom:** ja; **Preise:** 48–73 €; **Geöffnet:** Anfang März–Ende Oktober; **Kontakt:** Petalon 1, 52450 Vrsar, Tel. 052 800200, www.maistracamping.com/campsite-porto-sole-vrsar; **Tipp:** Von Oktober bis April bietet der Platz Stellplätze mit Strom und Wasser für 23 €.

Die Riviera von Poreč

Bildhauerstadt Vrsar: Montraker und Skulpturenpark Dušan Džamonja

Da der Stein aus Vrsar besonders hochwertig und widerstandsfähig ist, kommen seit vielen Jahrhunderten europäische Bildhauer und Baumeister hierher, und schon zur Römerzeit wurde er in weitem Umkreis exportiert. Viele Kirchen und Paläste in Norditalien sind aus dem Stein von Vrsar erbaut. Im alten, längst aufgegebenen und reizvoll renaturierten Steinbruch Montraker bieten junge Künstler aus aller Welt seit 1991 jedes Jahr in der letzten Septemberwoche Einblick in die Kunst der Steinbearbeitung. Und wer seinen Urlaub dort verbringt, der kann dabei zusehen, wie aus dem Steinblock nach und nach ein Kunstwerk entsteht.

An der Hauptstraße Poreč-Vrsar liegt nördlich von Vrsar (bei GPS 45.16056, 13.61113) dicht am Meer der 10 Hektar große Skulpturenpark Dušan Džamonja. In einer malerischen Wiesen- und Hügellandschaft sind dort zahlreiche Skulpturen dieses namhaften Bildhauers zu sehen, dessen Werke in den bedeutendsten Galerien von New York, London und Paris ausgestellt werden. Skulpturenpark: 9–11 und 17–20 Uhr (montags geschlossen). Information: Tel. 052 441187

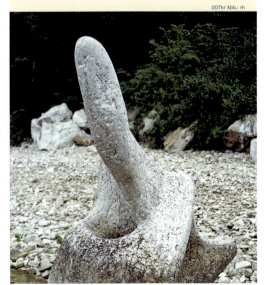

⑮ Camp Terre, Selina bei Sveti Lovreč

GPS 45.158144, 13.767238

Sehr sympathischer kleiner Wohnmobil-Stellplatz/Campingplatz auf einem Bauernhof mit Verkauf eigener Weine und Bio-Produkte. **Lage/Anfahrt:** von Poreč auf der Straße 302 in Richtung Baderna und in Žbandaj rechts halten in Richtung Sveti Lovreč; Zufahrt beschildert; **Preise:** Womo mit 2 Pers. inkl. Strom 20 € für 1. Nacht, weitere Nächte 17 €, Tagesaufenthalt mit Ver-/Entsorgung 6,50 €; **Geöffnet:** ganzjährig; **Sicherheit:** videoüberwacht; **Kontakt:** Selina 79, 52448 Sveti Lovreč, Tel. 091 4310090, www.camp-terre.hr (auch auf Deutsch); **Tipp:** Camp Terre bietet außerdem eine Auswahl an Bio-Produkten wie einheimische Weine, istrisches Olivenöl, Mandeln, Mandelkekse etc.

RUNDFAHRT DURCH DAS BINNENLAND ISTRIENS

Bei aller Schönheit der Küste Istriens sollte man die malerischen Bergstädtchen im Landesinneren nicht vergessen. Nur wenige Kilometer vom Badelärm entfernt kann man auf kleinen Sträßchen durch stille Landschaften kurven und traditionelle Bergdörfer entdecken, die den Zauber vergangener Jahrhunderte bewahrt haben.

Gleich gegenüber von Poreč führt eine gute Asphaltstraße mitten hinein ins Herz der Halbinsel, in eine ganz andere Welt. Der bunte Touristentrubel bleibt zurück. Karge Weiden und Weinberge säumen die Straße, graue Steinmauern, Schafe, Ziegen und Rinder mit lyraförmig geschwungenen Hörnern. Kleine Steinhäuschen, rund wie Bienenkörbe, leuchten aus dem Grün der Rebflächen. Auf den Feldern arbeiten die Bauern wie seit Jahrhunderten mit Hacke und Eselgespannen. Das ist das ländliche, zeitlose Istrien, fernab jeder Hektik. „Und die Zeit blieb stehen, die Uhrzeiger hielten an. Ein Augenblick und eine Ewigkeit. Im Schatten der Jahrhunderte wartet Frieden ...", habe ich irgendwo in einer alten Reisebeschreibung gelesen. Und genauso kann man das vergessene Binnenland auch heute noch erleben. Vorausgesetzt, man reist außerhalb der Saison, denn im Sommer locken einige der „stillen Bergstädtchen" die Ausflügler in Scharen an.

PAZIN
(Poreč – Pazin 30 km)

Karger Karstboden und rote Lehmerde prägen die Landschaft: eine Hügelwelt so löcherig wie Schweizer Käse. Regenwasser hat das Kalkgestein ausgehöhlt und eine Kraterlandschaft aus Dolinen (Einbruchskrater) und Poljen (Einbruchsbecken) geschaffen (s. Exkurs „Karstphänomene", S. 76). Buschwald und Blumenwiesen bedecken die Hänge und die fruchtbare rote Erde sammelt sich nur am Grund der Mulden. Ganze Flüsse verschwinden hier urplötzlich in unterirdischen Klüften – im wahrsten Wortsinn „vom Erdboden verschluckt" –, um irgendwo anders ebenso überraschend wieder ans Tageslicht zu brechen (oder auch nicht: dann münden sie unter dem Meeresspiegel in die Adria). So beispielsweise bei **Pazin,** der alten Verwaltungsstadt im Herzen der Halbinsel, die man via den Straßen Nr. 302 und 48 rund 30 km landeinwärts von Poreč erreicht: Dort strömt die Fojba in einer über 100 m tiefen Schlucht auf eine hohe Felswand zu, wo sie in einem finsteren Schlund verschwindet, um erst 30 km weiter im Limski-Fjord wieder emporzustrudeln. Hoch auf diesem unterspülten Felsen erhebt sich das alte Kastell, eine der am besten erhaltenen Burganlagen Istriens, in der heute das **ethnografische Museum** untergebracht ist.

Bereits etwa 4 km vor Pazin lohnt sich ein kurzer Abstecher über die kleine Brücke und ein schmales Sträßchen steil hinauf nach **Beram.** In der Hauptsaison und mit großen Fahrzeugen ist das nicht zu empfehlen, denn der winzige Kirchplatz ist kaum groß genug, um zu wenden. Besser man parkt unten bei der Brücke und geht zu Fuß. Zum Dorf sind es nur wenige hundert Meter. Die Fresken, für die der Ort berühmt ist, befinden sich allerdings noch einmal gut einen Kilometer außerhalb in der kleinen Waldkapelle **Sv. Marija na Škriljinah.** Doch die bunte Bilderpracht des Kircheninneren lohnt den Spaziergang. Am berühmtesten unter den etwa 1474 von Vincent aus Kastav geschaffenen Fresken ist der Totentanz über dem Haupteingang. Dieses Kunstwerk hat das Kirchlein weltweit bekannt gemacht. Ein langer Menschenreigen tanzt da von der Wiege bis zum geöffneten Grab: Bürger und Bauer, Kaufmann und Kardinal, Kaiser und Königin. Jeder hat seinen Tod zur Seite, der ihn das ganze Leben hindurch begleitet. Keiner kann ihm entrinnen. Er macht sie alle gleich. (Beachten: Die „Hüterin des Schlüssels" wohnt im Haus links neben der Dorfkirche, wird Sie aber nur begleiten, wenn Sie eine Mitfahrgelegenheit bieten.)

Von Pazin Richtung Osten kann man einen Abstecher zum Bergdorf **Gračišće** unternehmen (ungefähr 8 km einfach), das wie eine vergessene Ruinenstadt auf seinem Felsen döst. Aus zerfallenden Mauern sprießen Blumen. Nur einige Satellitenschüsseln verraten, dass das Dörfchen noch nicht ganz ausgestorben ist. Es gilt als romantischstes der istrischen Bergdörfer und ein Projekt zur Restaurierung läuft bereits.

Sehenswertes
❯ **Ethnografisches Museum Istriens,** Istarskog razvoda 1, 52000 Pazin, Tel. 052 622 220, www.emi.hr (auch auf Deutsch), geöffnet: Di–Do 10–15, Fr 11–16, Sa/So 10–18 Uhr, 25/18 kn

Information
❯ **TZG Pazin,** Velog Jože 1, 52000 Pazin, Tel. 052 622460, www.central-istria.com/de

Parken und Picknick
🅿 **12 Beram, Kapelle,** GPS 45.25593, 13.90632. Falls man mit einem kompakten Mobil so weit gelangt, findet man vor der Kapelle einen hübschen Waldparkplatz für ein Picknick.

Einkaufen

▶ Farm Pino, Katun 1, 52445 Baderna, Tel. 098 254296, www.farmpino.hr (auch auf Deutsch), GPS 45.22014, 13.72889. Im ruhigen Weiler Katun, westlich von Baderna, befand sich einer der ersten wirklichen Wohnmobil-Stellplätze Kroatiens. Eingerichtet hat diesen empfehlenswerten Platz Aleksandar Tidic, ein sympathischer Mann, der seit einiger Zeit im Agrotourismus tätig ist. Leider ist der Platz auf unbestimmte Zeit geschlossen. Aber Aleksandar Tidic verkauft auch ausgezeichnetes Olivenöl, Schinken, Käse und Weine aus eigener Produktion bzw. der von Nachbarn. Er bietet sehr empfehlenswerte Wein- und Ölproben an sowie interessante Präsentationen über die Erzeugung von Olivenöl sowie die Zusammensetzung von „extra vergine" Öl. Von Poreč via 302 nach Osten und ca. 1 km vor Baderna ganz links (nicht halblinks!) den Schildern in Richtung Katun folgen.

ROČ UND HUM
(Pazin – Roč ca. 28 km, Roč – Hum ca. 5 km einfach)

Wer nur eine „kleine Runde" machen möchte, fährt von Pazin auf der Straße Nr. 48 wieder zurück in Richtung Poreč und biegt 5 Kilometer weiter rechts ab auf eine Nebenstraße nach Motovun (s. S. 76). Will man auch Roč, Hum und Buzet besuchen, so muss man noch tiefer ins Innere der Halbinsel fahren: zunächst auf der Straße Nr. 3 etwa 20 Kilometer durch das Fojba-Tal, dann links etwa 7 Kilometer der Nr. 201 folgen, bis man die Abzweigung zu dem malerisch vor der imposanten Kulisse der **Ćićarija-Berge** gelegenen Örtchen **Roč** erreicht. Das kaum mehr als 150 Einwohner zählende und wenig vom Tourismus berührte Dörfchen bietet ein sehr gut erhaltenes mittelalterliches Dorfbild und ist ein Zentrum der glagolitischen Schrift und Kultur (s. S. 78).

Von Roč führt die „Aleja glagoljaša" **(Glagoliter Allee),** eine schmale, von 11 Denkmälern kroatischer Kultur gesäumte Straße, etwa 5 km durch einsame Natur nach **Hum,** das mit nur etwa 30 Einwohnern den Titel „kleinste Stadt der Welt" trägt. Ob man das nun als Touristenwerbung ansieht oder nicht – ein Rundgang durch die krummen Pflastergassen versetzt einen um Jahrhunderte zurück und lohnt sich allemal.

Das abgelegene und altertümliche Dörfchen Roč

Route 1: Istrien
Rundfahrt durch das Binnenland Istriens

Die „sixtinischen Kapellen" Istriens

Gewiss, die Sixtinische Kapelle steht noch immer im Vatikan, aber Istrien hat eine ganze Reihe von Kirchen und Kapellen zu bieten, deren Freskenpracht mit jener der sixtinischen konkurriert. Die meisten der Malereien schmücken unbedeutende Dorfkapellen im stillen Hinterland und wurden bisher kaum beachtet. Entstanden sind sie in der zweiten Hälfte des 15. Jahrhunderts, um der leseunkundigen Landbevölkerung die biblischen Szenen zu illustrieren. Als in späteren Jahrhunderten prachtvoll geschmückte Altäre in den Mittelpunkt des Interesses rückten und nichts anderes von ihnen ablenken sollte, wurden die reichhaltigen Wandmalereien einfach zugepinselt oder mit Putz überzogen und vergessen. Zugleich wurden sie dadurch aber auch vor dem Wind und der salzhaltigen Meeresluft geschützt, die an der Küste viele dieser Kunstwerke zerstört haben. Jahrhundertelang hatte man keine Ahnung von diesen Schätzen, bis man bei Reparaturen zunächst per Zufall darauf stieß und dann nach dem Zweiten Weltkrieg mit einer systematischen Suche begann, die inzwischen mittelalterliche Fresken an rund 60 verschiedenen Orten Istriens enthüllt hat. Und noch immer werden neue Beispiele entdeckt. So erschließt eine Rundfahrt durch das Landesinnere der Halbinsel nicht nur malerische Landschaften und Bergdörfer, sondern dem Kunstinteressierten auch eine Fülle farbenprächtiger Fresken.

Besonders schöne Beispiele bieten — neben der berühmten Kapelle bei Beram (s. S. 72) — die St.-Nikolas-Kirche in Pazin, die Kirche der Heiligen Dreifaltigkeit in Žminj, die Rochus-Kapelle in Oprtalj und mittelalterliche Feldkapellen in der Umgebung des Orts sowie weitere Gotteshäuser in Hum, Dvigrad und Draguć.

◁ *Beeindruckende Fresken in Draguć*

Parken

🅿 **13 Ortseingang Roč,** GPS 45.3919, 14.0481, bei der Stadtmauer, kostenlos

🅿 **14 Friedhof Roč,** GPS 45.3946, 14.0470, kostenlos

🅿 **15 Ortseingang Hum,** GPS 45.3488, 14.0486, bei der Kirche, Wohnmobil 20 kn

Gastronomie

❯ **Humska Konoba,** www.hum.hr/humskakonoba/index.html, Tel. 052 660005. Die rustikale Konoba ist unter Feinschmeckern für ihre istrischen Spezialitäten bekannt: „Fuži sa tartufima" (Pasta mit Trüffeln), „Supa u bukaleti" (kalte Teran-Weinsuppe) und zum Dessert „Kroštule" oder ein Mistelschnaps.

Parken und Picknick
- **16 Glagoliter Allee,** GPS 45.3527, 14.0459. An der Allee zwischen Hum und Buzet findet man ca. 1 km von Hum einen netten Picknickplatz im Grünen. Achtung: Bei unserem letzten Besuch befand sich in einem der Bäume ein Hornissennest.

BUZET
(Roč – Buzet ca. 7 km)

Zurück auf der Nr. 201 erreicht man nur 7 km von Roč (Abzweigung auf die Nr. 14), das Städtchen Buzet, das tief im nördlichen Landesinneren auf einer Bergkuppe am Fuße der malerischen Ćićarija-Berge liegt, umgeben von wild- und trüffelreichen Wäldern. Wie seine Nachbarn, so war auch dieser venezianisch geprägte Ort ein bedeutendes glagolitisches Zentrum. Außerdem bietet Buzet großartige Wandermöglichkeiten, mehrere Restaurants mit hervorragenden Wild- und Trüffelgerichten, zwei gut erhaltene Tore, einen der schönsten Stadtbrunnen Istriens und ein Regionalmuseum mit archäologischen Sammlungen und Ausstellungen zum bäuerlich-handwerklichen Leben im Bergland Istriens. Zudem ist der für seine Küche, seinen Wein und seine Folklore bekannte Ort das Zentrum des geplanten Naturparks Istrien.

Information
› **TZG Buzet,** Šetalište Vladimira Gortana 9, 52420 Buzet, Tel. 052 662343, www.tz-buzet.hr (auch auf Deutsch)

Parken
Die Zufahrt zur Altstadt ist für Wohnmobile gesperrt – und ein Versuch wäre auch nicht ratsam!
- **17 Buzet, Friedhof,** GPS 45.405487, 13.966722. Den kleinen Parkplatz findet man beim Friedhof nahe dem Stadttor, mit Toiletten.
- **18 Buzet, an der Straße 44,** GPS 45.4065, 13.9647. Der große, schattenlose Parkplatz mit Trinkwasser liegt einige hundert Meter von der Altstadt entfernt, mit Toiletten.

Gastronomie
› **Konoba Toklarija,** Sovinjisko Polje 11, außerhalb von Buzet, Tel. 052 663 031, 091 9266769, geöffnet 13–22 Uhr, außer Di. Das mehrfach als schönste und beste *Konoba* Istriens ausgezeichnete Lokal liegt inmitten traumhafter Natur und ist das Musterbeispiel einer *Konoba;* ausgestattet mit offenem Kamin, einer alten Ölmühle und wertvollen Bauteilen eines zerfallenen Klosters; serviert werden traditionelle Gerichte wie Kaninchenroulade und Rindercarpaccio sowie delikate Pilz- und Trüffelgerichte. Reservierung ist ratsam! Leider hört man in letzter Zeit gelegentlich auch Meinungen enttäuschter Besucher.

Einkaufen
› **Zigante Tartufi,** Trg Fontana, 52420 Buzet; Tel. 052 663340, frische Trüffel und vielfältige Trüffel-Produkte

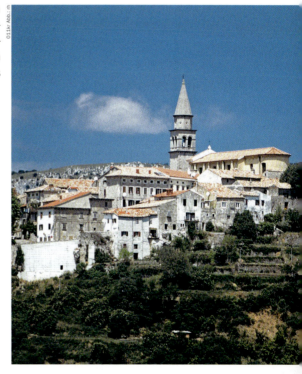

› *Lohnt einen Besuch: Buzet*

Route 1: Istrien
Rundfahrt durch das Binnenland Istriens

Karstphänomene:
Steter Tropfen löst den Fels

Entlang der gesamten kroatischen Küste erstreckt sich der Dinarische Karst, ein Kalk- und Dolomitgebirge, entstanden aus den Ablagerungen eines urzeitlichen Tropenmeeres. Diesem Untergrund verdankt die Region eine Vielzahl eigenartiger Phänomene, die mit einer besonderen Eigenschaft des aus Calciumkarbonat ($CaCO_3$) bestehenden Gesteins zusammenhängen: Der so harte Fels ist wasserlöslich wie ein Zuckerwürfel! Das leicht kohlensaure Regenwasser löst den Kalk allmählich auf, trägt ihn fort und lagert ihn an anderer Stelle wieder ab.

Selbst auf blanken Felsoberflächen – auch **nackter Karst** genannt – hinterlässt es seine Spuren: feine Rillen mit messerscharfen Graten, so genannte **Rillenkarren,** die im Laufe der Jahrtausende zu einem ganzen Netzwerk metertiefer Gräben ausgeweitet werden. Ausgedehnte Flächen massiver Kalkplatten haben sich auf diese Weise in ein Gittersystem tiefer Rinnen und isolierter Felsinseln verwandelt, die man als **Karrenfelder** bezeichnet. Und an manchen Stellen hat das felszerfressende Wasser imposante Canyons und wilde Schluchten durch das Kalkgebirge geschnitten, wie etwa im Paklenica-Nationalpark.

Durch haarfeine Risse sickert das Regenwasser aber auch in die Tiefe und setzt dort seine zersetzende Aktivität fort: entweder in der Horizontalen, sodass kilometerlange Gänge herausgelöst werden, oder in der Vertikalen immer tiefer und tiefer, bis nahezu bodenlose **Karstschlote** entstehen, die weit über einen Kilometer senkrecht in die Tiefe stürzen! Unterirdische Risse und Spalten werden allmählich zu Gängen erweitert und durch **Höhlenbäche** ausgewaschen, bis das Wasser noch tiefer sickert und die Höhle trocken fällt. Damit beginnt der zweite Akt des Höhlenbaus, die Aufbauphase: Verdunstendes Tropfwasser lagert den gelösten Kalk als **Sinter** wieder ab und bildet **Tropfsteine,** die als Stalaktiten von der Decke hängen oder als Stalagmiten vom Boden emporwachsen. Im Laufe der Jahrtausende ist auf diese Weise eine bizarre Wunderwelt aus mächtigen Säulenhallen und Märchengebilden entstanden: schneeweiße Kaskadenpfeiler, haarzarte, durchscheinende Spaghetti-Tropfsteine, wuchtige Märchenschlösser mit Zinnen und Türmchen, Sintervorhänge und Galerien, Orgelpfeifen, Wasserfälle, Gnome und andere

MOTOVUN UND OPRTALJ
(Buzet – Motovun ca. 17 km, Abstecher Oprtalj ca. 15 km hin und zurück)

Auf der Straße Nr. 44 das romantische Mirna-Tal abwärts erreicht man nach 16 km die Kreuzung, an der es links hinauf nach **Motovun** geht, zur bekanntesten und am meisten besuchten unter den Bergstädten Istriens. Parkplätze für Wohnmobile sind rar auf dem steilen Hügel, sodass man im Sommer sicher gut daran tut, drunten im neueren Ortsteil zu parken und zu Fuß hinaufzusteigen. Es lohnt sich allemal! Mit seinem Kastell und den gut erhaltenen Mauern ist Motovun der Inbegriff einer istrischen Festungsstadt.

Die alten Pflastergassen sind ein Erlebnis, der Ausblick ist grandios und im schattigen Innenhof der Festung findet man eine lauschige Gaststätte. All das haben allerdings auch schon ein paar andere Besucher gemerkt, sodass der Ort im Sommer zeitweise zu einem rechten Rummelplatz wird. In der Saison muss man daher sein Fahrzeug unten an der Abzweigung auf dem Parkplatz rechts der Straße abstellen (Womo 50 kn) und mit dem Bus hinauffahren. Wohnmobilisten können aber auch auf dem Wohnmobil-Stellplatz links der Straße übernachten, der zum Hotel Kaštel gehört, und dann kostenlos den Hotelbus nutzen.

Nach dem Stadtbummel lohnt es sich, auf der Terrasse des Hotel Kaštel im Schatten alter Kastanien und mit herrlichem Blick, die exzellent zubereiteten Spezialitäten der Region zu kosten.

Fantasiegestalten. Nahezu der gesamte Dinarische Karst ist unterhöhlt und durchlöchert.

Da alles Nass rasch im porösen Fels versickert, ist Oberflächenwasser in der Karstlandschaft eine Rarität. Oft kennzeichnen zwar lange Trockentäler noch den Verlauf einstiger Bäche und Flüsse, ihre Baumeister sind aber längst im Untergrund verschwunden, um am Labyrinth der Höhlen zu arbeiten. An vielen Stellen sind deren Decken bereits eingestürzt und haben trichterförmige Mulden (**Dolinen**) hinterlassen, die teils nur wenige Meter, teilweise aber auch mehrere hundert Meter Durchmesser und Tiefe erreichen und große Gebiete in mondähnliche Kraterlandschaften verwandelt haben. Wo komplette Höhlensysteme eingebrochen sind, erstrecken sich nun steile Schluchten oder fruchtbare Beckentäler (**Poljen**), die von hohen Felswänden eingefasst sind und mehrere Quadratkilometer umfassen können. Oft strömt durch diese Karstsenken ein Fluss, der irgendwo ganz plötzlich aus der Wand hervorbricht und auf der anderen Seite wieder darin verschwindet. **Flussschwinde** oder **Ponore** werden diese Schlucklöcher genannt, durch die selbst große Flüsse komplett verschwinden und ihre Reise auf rätselhaften unterirdischen Wegen fortsetzen, um an ganz anderer Stelle wieder ans Tageslicht zu brechen. So kommt es, dass im Karst oft ein und derselbe Wasserlauf unter mehreren verschiedenen Namen durch die Wiesen fließt. Viele verschwinden aber auch auf Nimmerwiedersehen und münden unterirdisch direkt ins Meer. **Vrulje** heißen diese untermeerischen Mündungen, die an der gekräuselten Meeresoberfläche zu erkennen sind und dem Wasser eine intensive Blaufärbung verleihen.

Auf ähnliche Weise entstehen rätselhafte **Karstseen**, die in periodischem Wechsel auftauchen und dann plötzlich wieder im Untergrund verschwinden. Wo heute noch Fische gefangen werden, kann man wenige Wochen später die Heuernte beobachten. So stellt der Karst die ganze Schulbuch-Hydrografie auf den Kopf: Hier verlaufen sogar die Wasserscheiden nicht etwa auf Bergkämmen, sondern unterirdisch unter Becken und Tälern. Und kommt das mit Kalk gesättigte Wasser nach seiner Odyssee durch die Unterwelt schließlich ans Tageslicht, so setzt es den Kalk wieder ab, wodurch abermals eine fantastische Vielfalt neuer Phänomene entsteht (s. Exkurs „Karstphänome: Hier baut das Wasser", S. 76).

Information
› **TZO Motovun**, Trg Andrea Antico 1, 52424 Motovun, Tel. 052 681726, www.tz-motovun.hr (auch auf Deutsch)

Parken
🅿 **19 Motovun**, GPS 45.3344, 13.8252. Gebührenpflichtiger (60 kn), schattenloser Parkplatz an der Zufahrt zum Ort.

Gastronomie
› **Hotel Kaštel**, Trg Andrea Antico 7, 52424 Motovun, Tel. 052 681607, www.hotel-kastel-motovun.hr (auch auf Deutsch), tägl. 8–22 Uhr. Eines der besten und angenehmsten Restaurants Istriens mit traumhafter Terrasse und köstlichen Spezialitäten der Region wie Trüffelgerichte, Fleisch vom Boskarin-Rind, hausgemachte Pasta (für Schwaben sind besonders die Frkanci zu empfehlen!), Wildgulasch, vegetarische Gerichte und Wildspargel.

🔴 Stellplatz Motovun

GPS 45.334911, 13.82504

Kleiner, schön gelegener und gut ausgestatteter Platz (gehört zum Hotel Kaštel) auf ebenem Schottergrund mit einzelnen Bäumen, kleinem Pool, Spielplatz und Zeltmöglichkeit. Motovun liegt zentral (die meisten Orte Istriens erreicht man in ca. 30 Minuten) und fast direkt am Radweg Parenzana auf einer alten Schmalspurtrasse (www.parenzana.net/de), sodass sich der Platz auch für einen längeren Aufenthalt gut eignet.
Lage/Anfahrt: direkt an der Zufahrt zur Altstadt vom Motovun; gleich an der Abzweigung links der Straße;
Platzanzahl: 10 mit Wasser- und Stromanschluss;

Glagoliza – die glagolitische Schrift

Die glagolitische Schrift (Glagoliza) ist neben der Kyrilliza die zweite Form der kirchenslawischen Schrift. Ihre ältere Form, die bulgarische oder runde Glagoliza, wurde bereits ab dem 10. Jahrhundert durch die einfachere Kyrilliza verdrängt, während sich die eckige oder kroatische Glagoliza bis in die Neuzeit erhalten hat.

Nach vorherrschender Meinung wurde diese Schrift um 860 von dem griechischen Slawenapostel Kyrillos geschaffen, den der byzantinische Kaiser Michael III. 864 zusammen mit seinem Bruder Methodios nach Dalmatien geschickt hatte, um die römisch-katholische Einflussnahme der Franken unter Karl dem Großen durch einen byzantinisch-orthodoxen Gegenzug zurückzudrängen.

Kyrillos schuf die Glagoliza, um den Slawen und Kroaten, die kein Latein verstanden, religiöse Texte und Predigten verständlich zu machen und sie so für die orthodoxe Kirche und das byzantinische Reich zu gewinnen. Er entwickelte die in ihrer ursprünglichen Form 38 Buchstaben (von denen jeder auch einem Zahlenwert entspricht) umfassende Schrift auf der Grundlage der griechischen Kleinbuchstaben, die er mit eigenwilligem Formgefühl und Entlehnungen aus orientalischen Alphabeten den phonetischen Besonderheiten des Altslawischen anpasste.

Nach Ansicht anderer Gelehrter hingegen soll sich die Glagoliza bereits früher in einem natürlichen Prozess aus orientalischen Alphabeten entwickelt haben und mit keiner anderen Schrift vergleichbar sein.

Die Übersetzung des Evangeliums und der Liturgie in glagolitischer Schrift, der Rom nichts Vergleichbares entgegenzusetzen hatte, verschaffte Konstantinopel einen entscheidenden Vorsprung bei der Christianisierung des slawisch-kroatischen Raumes.

Eines der ältesten Dokumente in kroatischer Glagoliza ist die Tafel von Baška (um 1100), die auf der Insel Krk gefunden wurde. Das gleiche Alphabet wurde in Kroatien – und sogar an Universitäten anderer europäischer Länder – für die meisten mittelalterlichen Handschriften (ab 1483 auch Druckschriften) verwendet und bildete die Grundlage für eine kroatische Schriftsprache und Literatur. Das erste gedruckte kroatische Buch, das Novak-Missale, wurde 1483 in Roč vorbereitet. In Kroatien wurde diese Schrift zu einem Symbol des Widerstandes gegen römische Fremdherrschaft und lateinischen Klerus – weshalb der Papst sie 1060 kurzerhand verbot. Mit Unterstützung durch die Franken gelang es dem Vatikan schließlich, in Dalmatien die lateinische Schrift und die römisch-katholische Liturgie durchzusetzen. 1248 hat Papst Innozenz IV. die Glagoliza und ihre Verwendung in der Liturgie wieder zugelassen. In einigen Regionen Kroatiens wurde sie ohne Unterbrechung bis ins 20. Jahrhundert verwendet, doch die lateinische Schrift dominierte und ist heute die einzige Schrift in Kroatien.

Wasser/Abwasser: tadellose Ver-/Entsorgung plus WC und Dusche; **Strom:** ja; **Preise:** 2 Personen mit Ver-/Entsorgung, Strom, Dusche etc. je nach Saison erste Nacht 19–31 €, weitere Nächte 15–27 € (plus 1,10 € Kurtaxe); Parken bis 4 Std. 7 €, Wasser, Strom je 2 €, Dusche 1 €; **Geöffnet:** ganzjährig; **Kontakt:** Rižanske skupštine 1a, 52424 Motovun, Tel. 052 681557 und 681607 (Hotel), www.motovun-camping.com (auch auf Englisch); **Tipp:** Gäste des Stellplatzes können gratis mit dem Hotelbus hinauf in die Altstadt fahren, das Hallenbad des Hotels kostenlos nutzen und die Wellnesseinrichtungen gegen Gebühr (10 % Rabatt). Außerdem erhalten sie 10 % Rabatt im sehr empfehlenswerten Restaurant des Hotel Kaštel. Etwas wirklich Besonderes!

Gegenüber der Abzweigung nach Motovun führt nach rechts eine Serpentinenstraße durch Kiefernwald auf eine karstige Hochfläche empor und erreicht nach ca. 7 km das Dörfchen **Oprtalj**.

Am Stadttor findet man eine große, frei stehende Loggia und im Ort eine Reihe sehenswerter Bauwerke aus dem 15. Jahrhundert. Viele der Wohnhäuser sind längst verlassen und befinden sich in allen Stadien des Zerfalls. Die zentrale Marienkirche, die Rochus-Kapelle (am Ortseingang) und die außerhalb des Ortes gelegenen Kirchen der Hl. Helena und Mariä Geburt hingegen sind für ihre Fresken weit bekannt.

Information

› **TZO Oprtalj**, Matka Laginje 21, 52428 Oprtalj, Tel. 052 644150, www.oprtalj.hr (Kroatisch und Italienisch)

GROŽNJAN
(Motovun – Grožnjan ca. 10 km direkt)

Ein blumengeschmücktes Schild bei der Gaststätte Ponte Porton verrät, dass man sich hier an der **istrischen Weinstraße** befindet, die den Reisenden zu kleinen Winzerdörfern und Weinkellern führt. Nach rechts klettert ein steiler Fahrweg mit grobem Schotter nach

Kažuni – steinerne Liebeslauben

In den Weinbergen von Istrien bis hinunter nach Dalmatien entdeckt man immer wieder jene kleinen, kreisrunden Steinhäuschen mit einem Dach aus kunstvoll aufgeschichteten Kalkplatten, die ganz in Trockenbauweise errichtet wurden. Sie erinnern an die Trulli in Italien oder die Borries der Provence und gehen wohl auch auf die gleiche Zeit zurück. Seit Jahrhunderten dienen sie als Geräteschuppen – und inoffiziell auch als Liebeslauben für junge Paare.

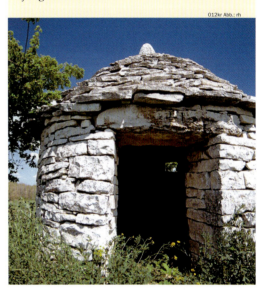

Grožnjan hinauf. Inzwischen ist er für Wohnmobile gesperrt und man muss den (deutlich längeren!) Umweg über Buje (s. S. 80) fahren. Noch in den 1960er-Jahren war das Bergdörfchen Grožnjan nahezu verlassen und zerfiel. Dann begannen Künstler aus dem ganzen Land, die bröckelnden Gemäuer zu restaurieren, mit neuem Leben zu erfüllen und zu einer Künstlerkolonie zu machen. Hier findet man rund zwanzig kleine Ateliers und Galerien, blumengeschmückte Steinmauern und verborgene Innenhöfe, in denen man idyllische Gaststätten findet. Kein anderes der zahlreichen Bergdörfer hat so viel Flair zu bieten.

Information
❯ **TZO Grožnjan,** Umberto Gorjana 3, 52429 Grožnjan, Tel. 052 776131, www.tz-groznjan.hr (auch Engl.)

Parken
🅿 **20 Grožnjan,** GPS 45.38138, 13.72416. Großer, vom 15.04. bis 15.10. gebührenpflichtiger Parkplatz (8 kn/Std., 100 kn/Tag) etwas oberhalb des Dorfes (von Buje kommend links am Stadttor vorbei).

BUJE (BUIE)
(Motovun – Buje ca. 17 km, Grožnjan – Buje ca. 8 km)

Von der Abzweigung im Mirnatal auf die E 751 sind es knapp 10 km bis **Buje,** das mit über 3000 Einwohnern schon zu den größeren Orten des Binnenlandes zählt. Das als die „Wacht von Istrien" bezeichnete Städtchen liegt an einem wichtigen Verkehrsknoten inmitten weitläufiger Weinberge der Region Bujština und war bereits von den Histrern und Römern besiedelt. Er besitzt eine reizvolle, aber leider zerfallende Altstadt und bietet vom Dorfplatz einen schönen Ausblick in alle Richtungen. Aus venezianischer Zeit stammen die Loggia, eine Steinsäule am Hauptplatz und Teile der Stadtmauer. Den schönsten und fotogensten Blick auf Buje und die frei stehenden Kampanile der Kirche Sv. Marija und der Pfarrkirche Sv. Servul mit römischen Stelen hat man von der Straße nach Umag.

Information
❯ **TZG Buje,** Istarska 2, 52460 Buje, Tel. 052 773353, www.istra.hr/de/reiseziele/buje (auf Deutsch)

Gastronomie
❯ **Restaurant Lovac,** Kaldanija 31, 52460 Buje, Tel. 052 777094. Empfehlenswertes Restaurant mit rustikaler Gaststube, Terrasse, umfangreicher Karte (Lamm-, Spanferkel-, Spargel-, Wildgerichte, auch vegetarische Gerichte) und für Kroatien ganz ausgezeichnetem Brot.

Einkaufen
❯ **Zigante Tartufi,** Trg J. B. Tita 12, 52460 Buje, Tel. 052 772125, www.zigantetartufi.com

---

Istriens Weinstraßen
Beim Weinreichtum Istriens braucht man sich nicht zu wundern, dass die Halbinsel gleich mehrere Weinstraßen bietet – nicht eine schlichte Rundstrecke, sondern fast schon ein Netz mehr oder weniger gut beschilderter Sträßchen, die zu den besten Lagen und den interessantesten Kellereien führen. Unterwegs können Sie die berühmten istrischen Weine nicht nur probieren und günstig kaufen, sondern nebenbei auch malerische Bergstädtchen, schön gelegene Gasthöfe und eine wunderbare Landschaft entdecken.

❯ *Info:* Über die istrischen Weinstraßen informieren zwei Faltblätter mit Karten und Kellerei-Adressen, herausgegeben von Vinistra (www.vinistra.com; nur Kroatisch), C. Huguesa 8, 52440 Poreč, Tel. 052 621698, erhältlich bei den Touristinfos der Region.

Rundfahrt durch das Binnenland Istriens

Von Buje gelangt man auf der Straße 301 via Brotonigla zurück zur Küste nach Novigrad (s. S. 59) oder über die Straße 300 nach Umag (s. S. 58, je ca. 13 km).

DIE KÜSTE VON ROVINJ

LIMSKI-KANAL
(ab Vrsar ca. 12 km)

Einige Kilometer kann man ab Vrsar auf der küstennahen Straße noch in Richtung Süden tuckern, dann legt sich der tief ins Landesinnere ragende Limski-Kanal quer in den Weg, sodass alles, was nicht schwimmt oder fliegt, nach Osten ausweichen muss. Durch dichten Buschwald geht es landeinwärts und durch die Dörfer **Flengi** und **Kloštar** zur Straße Nr. 21, wo man nach rechts biegt und kurz darauf die Limski zaljev erreicht.

Der Limski-Kanal aus der Vogelperspektive

Gastronomie

› **Restaurant I Klitu,** Flengi bb, Tel. 052 352341, 098 9100300. Gemütlich und rustikal ausgestattetes Restaurant mit offenem Kamin. Der Wirt bereitet ausgezeichnete Fischgerichte und Spezialitäten wie Trüffelnudeln, Fuži mit Rehfleisch oder Drachenkopf aus dem Backofen. Am meisten wird sein Spanferkel vom Grill gelobt. Leser haben auch schon einen Stellplatz hinter dem Haus angeboten bekommen und loben das Lokal als sehr freundlich.

› Die **Konoba Sidro** (auch in Flengi) ist ebenfalls für ihr leckeres Spanferkel bekannt.

Wie ein blauer Fjord schneidet sich diese Bucht in die weißen Karstberge – weshalb sie auch „Limski-Fjord" genannt wird, wenngleich es sich hier natürlich nicht um einen wirklichen Fjord handelt. An den Parkplätzen und Aussichtspunkten über der Bucht haben Frauen kleine Stände aufgebaut, auf denen ein Sammelsurium verschiedenfarbiger Flaschen in der Sonne leuchtet – selbstgemachte Obst- und Kräuterschnäpse, die sehr fotogen aussehen. Drunten blinkt zwischen grünen Wäldern und weiß-grauen Felsen das

Wasser der Bucht. Von einem Holzturm beim ersten Parkplatz rechts genießt man den Ausblick, den sonst das Buschwerk versperrt. Er ist bei schönem Wetter reizvoll – aber nicht so spektakulär, wie die Prospekte glauben machen.

Baden und Wassersport sind in der Bucht verboten. Sie ist Naturschutzgebiet. Hier gehört das Meer den Austernzüchtern und wer ein Faible dafür hat, der kann diese Delikatesse im Restaurant „Viking" direkt am Ufer des Meeresarmes verkosten.

Unter kalkigen Felswänden führt die Straße hinunter in den Taleinschnitt und auf der anderen Seite wieder empor.

Gastronomie

› **Restaurant Viking**, Limski-Kanal, Tel. 052 448223. Das an einer Stichstraße direkt an der Limski-Bucht gelegene Restaurant ist in ganz Istrien für seine Austern bekannt, bietet aber auch exzellente Fischgerichte und flambiertes Beefsteak. Während der Saison ist vorherige Reservierung sehr zu empfehlen.

ROVINJ (ROVIGNO)
(Vrsar – Rovinj 27 km)

Wo die Straße Nr. 21 knapp 5 km nach dem Limski-Kanal auf die Nr. 303 stößt, biegt man rechts in Richtung Rovinj ab, denn diese „Perle der Adria", wie sie sich stolz, aber nicht zu Unrecht nennt, sollte man sich nicht entgehen lassen – auch wenn es hier in der Saison manchmal sehr eng und trubelig wird.

Gleich am Stadtrand rechts zu den Campingplätzen abbiegend erreicht man direkt am Meer einen Parkplatz (s. S. 84). Von dort kann man bequem in die Altstadt spazieren. Allerdings waren die Parkgebühren bei meinem Besuch dermaßen überteuert, dass kein vernünftiger Mensch sie bezahlen wird. Da dieser Platz in der Saison die einzige Parkmöglichkeit für Wohnmobile bietet, ist es vermutlich günstiger, direkt auf einen der stadtnahen Campingplätze auszuweichen und mit dem Bus in die Stadt zu fahren. Alle weiteren Parkplätze am Hafen sind zumindest während der Saison für Wohnmobile komplett gesperrt – ebenso die weitere Ortsdurchfahrt, sodass man spätestens am Hafen wenden und zurückfahren muss.

Trotz allem ist ein Bummel durch die Gassen der denkmalgeschützten Altstadt fraglos ein Erlebnis. Dicht gedrängt stehen die Häuser auf einem Kalkfelsen im Meer, der schon vor mehr als 200 Jahren mit dem Festland verbunden wurde. Malerisch spiegeln sie sich im ruhigen Wasser des Fischerei- und

◁ *Der schlanke Kampanile der Eufemija-Kirche ist das Wahrzeichen von Rovinj*

Die heilige Euphemija

Euphemija, der die Kirche von Rovinj geweiht ist, soll der Legende zufolge als junges Mädchen in den Harem des türkischen Sultans entführt worden sein. Dort habe sich die reine Maid dem Herrscher standhaft verweigert – und schließlich den Freitod einem Leben in Schande vorgezogen. Ihr schneeweißer Sarkophag, so heißt es, sei in einer Sturmnacht aus Konstantinopel verschwunden, übers Meer getrieben und vor Rovinj angespült worden. Wie dem auch sei, heute fungiert die Heilige als Stadtpatronin – zugleich aber auch als Wetterhahn auf dem Kirchturm. Kehrt sie dem Meer den Rücken zu, so machen es die Fischer ebenso, denn dann ist schlechtes Wetter zu erwarten oder gar die gefürchtete Bora.

Jachthafens. Ein wahres Postkartenmotiv! Im Gewirr der schattigen Gassenschluchten ist es angenehm kühl: Über Steinstufen und Kalkplatten steigt man empor, zwischen bröckelnden Fassaden schmucker Barock- und Renaissancepaläste, vorbei an zahllosen kleinen Galerien, Souvenirgeschäften und Cafés.

Auf dem höchsten Punkt des Felsenhügels steht die **Barockkirche Sv. Eufemija,** deren schlanker Kampanile das einstige Seeräubernest hoch überragt. Vom luftigen Kirchplatz aus genießt man einen herrlichen Ausblick über die Dächer der Altstadt, das glitzernde Meer und die vorgelagerten Inselchen.

Auf der anderen Seite geht es steil hinunter zur Spitze der Landzunge, wo man einige kleine **Badeplätze** findet. Schwenkt man unten nach rechts (in Richtung Osten) und folgt der Via Švalba, so kommt man an der kräftig roten Fassade des **„Angelo d'Oro"** vorbei, einem der besten Hotels des Landes, das zugleich auch ein höchst empfehlenswertes Restaurant besitzt.

Die schönsten Blicke auf die Altstadt selbst genießt man entweder vom Parkplatz jenseits des Fischerhafens (vormittags) oder von der Südseite des Haupthafens über das Gewirr der Masten hinweg (ab spätem Vormittag). Es lohnt sich, vom Balbi-Tor, dem Haupteingang zur Altstadt, auch in entgegengesetzter Richtung über den Trg Tita, an der Reihe der Straßen-Restaurants vorbei und um den Hafen herum zu spazieren.

Wer die Zeit hat und einen längeren Spaziergang nicht scheut (oder Fahrräder auf dem Gepäckträger des Wohnmobils hat!), der sollte unbedingt dem Uferweg an den Hotels vorbei weiter nach Süden folgen. Nehmen Sie Badezeug und ein Picknick mit. Es lohnt sich! Denn auf der Halbinsel des **Zlatni Rat** (Goldenes Kap) erstreckt sich ein Naturschutzgebiet mit herrlichen Wäldern und dem größten botanischen Garten Istriens. Zwischen schattigen und teils über 100 Jahre alten Douglasien, Zedern und Zypressen, Aleppokiefern und Ginkobäumen schlängeln sich Fuß- und Radwege zu idyllischen Picknickplätzen und stillen Badeständen mit Felsplatten oder Kiesufer und kristallklarem Wasser.

Herrliche Möglichkeiten für Spaziergänge und einige schöne Badestellen bietet auch die **Insel Sv. Katarina** unmittelbar vor Rovinj. Kleine Taxiboote dorthin legen vom Haupthafen (nahe beim Hotel „Adriatic") und vom Kai (unterhalb Hotel „Park") ab. Die komplette Insel hat vor über 100 Jahren ein litauischer Fürst gekauft, um sie in einen Park verwandeln und sich darauf ein Schloss bauen zu lassen. Inzwischen ist das Schloss ein Hotel und der alte, etwas verwilderte Park schöner denn je.

Information

› **TZG Rovinj,** Trg na mostu 2, 52210 Rovinj, Tel. 052 811566, www.rovinj-tourism.com/de (auch auf Deutsch)

Gastronomie

› **Angelo d'Oro,** ulica Vladimira Švalbe 40, Tel. 052 853 920, www.angelodoro.com (auch auf Deutsch). Hotel/Restaurant im ehemaligen Bischofspalast mit guter Küche, Vinothek und schöner Gartenterrasse! Außerdem eine ganz exquisite Unterkunft.

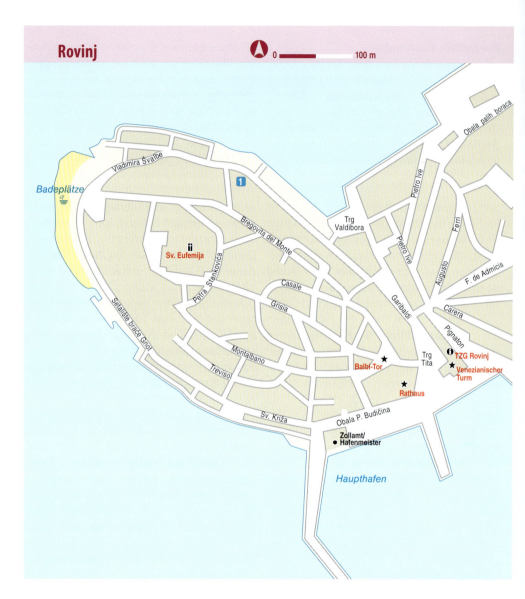

Parken

P 21 Rovinj, Končeta, GPS 45.08887, 13.64503. Am Stadtrand (ca. 10 Min. ins Zentrum) liegt dieser Platz mit schönem Blick auf die Altstadt. Leider sind die Preise stark überhöht: 25 kn pro Std. (max. 6–23 Uhr), also fast 60 € für einen Tag! Empfehlung: Auf einen der umliegenden Campingplätze ausweichen.

P 22 Rovinj, Ulica Braće Brajković, GPS 45.0888, 13.6411. Ein eingezäunter Parkplatz mit Parkscheinautomat direkt am Wasser und mit noch schönerem Blick auf die Altstadt.

Am einfachsten verlässt man Rovinj auf dem gleichen Weg, auf dem man gekommen ist, und biegt dann ca. 1 km nach Ortsende an der Kreuzung rechts. So erspart man sich die enge und oft verstopfte Ortsdurchfahrt. An der Polari-Bucht passiert man den **Campingplatz Polari** ⑲, kurz danach die Abzweigung zum **Campingplatz Veštar** ⑳ – dann verlässt man die Küste und fährt in Richtung Bale/Pula ins Landesinnere. Durch hügelige Karstlandschaft zieht sich das Sträßchen da-

Essen und Trinken
1 Hotel/Restaurant Angelo d'Oro

Parken
21 Rovinj, Končeta
22 Rovinj, Ulica Braće Brajković

wie eine romantische Filmkulisse aussieht, sondern tatsächlich auch schon wiederholt als solche gedient hat.

Und in der Gruft der **Pfarrkirche Sv. Blaža** kann man sogar drei leibhaftige Heilige aus dem 12. bis 15. Jahrhundert sehen, deren Körper dort unten auf rätselhafte Weise ebenso gut erhalten geblieben sind wie die mittelalterlichen Gebäude droben über der Erde oder die sakralen Kunstwerke und Reliquien in der Schatzkammer der Kirche. Hinter dem großen Altar liegen die unverwesten Körper dreier Heiliger – des hl. Leon Bembo (†1188), des hl. Johannes Olinius (†1300) und der hl. Nicolosa Bursa (†1512). Auch kleinere unverweste Körperteile von Heiligen werden hier aufbewahrt: der Oberkörper des hl. Sebastian (†282), der Fuß der hl. Barbara (†288), die Zunge der hl. Maria von Ägypten (†522) und der rechte Zeigefinger des heiligen Patriarchen Eutychios (†582). Insgesamt befinden sich in der Pfarrkirche von Vodnjan 370 Reliquien bzw. Überreste von 250 Heiligen.

Sehenswertes
› **Župna crkva Sv. Blaža (Kirche des hl. Blasius),** Tel. 052 511420; geöffnet Juli–Aug. 9–19 Uhr, So 14–19 Uhr, sonst nach Vereinbarung

Information
› **TZ Vodnjan,** Narodni trg 3, 52215 Vodnjan, Tel. 052 511700, http://vodnjandignano.com (auf Deutsch)

Einkaufen
› **Vinarija Podrum,** Vodnjan, Željznička cesta 15, Tel. 052 511334; Wein und Olivenöl

⑰ Camping Valalta Naturist ★★★★

GPS 45.122822, 13.63118

Großer, hervorragend ausgestatteter FKK-Platz mit Parzellen auf Wiesenflächen (teils schattig), rund 5 km langem Fels-/Kiesstrand, Pool, Vitalcenter, Restaurants, Marina und vielfältigen Sportangeboten; keine Haustiere; mehrfach ausgezeichnet in der Kategorie „bester Platz Kroatiens" – und das ist absolut verdient!

hin: streckenweise durch Wald, dann wieder gesäumt von blühenden Wiesen und Getreidefeldern. Skurril verwachsene Olivenbäume mit silbrig-grünem Blattwerk zieren die Landschaft. Pferdefuhrwerke rumpeln über den Asphalt – manchmal sogar ein Eselgespann vor einem Holzkarren wie zu Urgroßvaters Zeiten.

Bei **Bale** (Valle) stößt man wieder auf die Straße Nr. 21 (E 751) und erreicht 11 km weiter das Städtchen **Vodnjan** (Dignano), das mit seinen mittelalterlichen Gassen nicht nur

⑱ Camping Val Saline ★★★★

GPS 45.115911, 13.626272

Neuer, modern angelegter Platz in einer der schönsten Küstenlagen Istriens am Rande eines Feuchtbiotops und Vogelschutzgebietes. Große Parzellen (100–140 m², zum Großteil mit Meerblick), umfassende Ausstattung und gutes kulinarisches und Wellness-Angebot. Der Platz bietet einen sehr schönen Kiesstrand, klares Wasser und verschiedene Pools (teils beheizt, teils mit Meerwasser). Außerdem ist er neben dem angrenzenden FKK-Platz Camping Valalta Naturist ⑰ der einzige hundefreie Campingplatz Kroatiens. Nach Rovinj führt ein neu angelegter Radweg. **Lage/Anfahrt:** ca. 1 km vor Rovinj rechts (Schilder) oder am Ortseingang rechts via Borik und beim Restaurant Lastavica links abbiegen; 6 km gute, schmale Asphaltstraße; **Wasser:** Schlauchanschluss, z. T. direkt am Stellplatz; **Abwasser:** tadellose Plattform hinter der Rezeption; **Chemie-WC:** 7 Stationen in den Sanitäranlagen; **Strom:** ja; **Preise:** 50–80 €; **Geöffnet:** Mai–Sept.; **Kontakt:** Valalta d.o.o., Cesta za Valaltu, Lim 7, 52210 Rovinj, Tel. 052 804850, www.campvalsaline.hr/de/camping (auf Deutsch)

Lage/Anfahrt: ca. 1 km vor Rovinj rechts (Schilder) oder am Ortseingang rechts via Borik; 6 km gute, schmale Asphaltstraße; **Wasser:** Schlauchanschluss; z. T. direkt am Stellplatz; **Abwasser:** tadellose Plattform; **Chemie-WC:** 10 Stationen in den Sanitäranlagen; **Strom:** ja; **Preise:** 65 € inkl. Anmeldegeb.; Camperstop (Übernachtung im Wohnmobil auf dem Parkplatz) 15–25 € je nach Saison; **Geöffnet:** Mai–Ende Sept.; **Kontakt:** Cesta za Valaltu – Lim 7, 52210 Rovinj, Tel. 052 804800, www.valalta.hr (auch auf Deutsch)

⑲ Camping Polari ★★★

GPS 45.061797, 13.672397

Sehr schöner Platz 3,5 km außerhalb von Rovinj mit Olivenhainen und Pinien; parzellierte Plätze mit Fels-/Kiesstrand und FKK-Bereich. WLAN kostenlos. Im Sommer ist es oft etwas laut. Bus- und Bootsverbindungen (allerdings spärlich) nach Rovinj. Spaziergang zur Stadt ca. 1 Std. (anfangs durch reizvolle Küstenlandschaft, dann durch öde Vororte). **Preise:** 53–80 €; **Geöffnet:** Mitte April–Ende Sept.; **Kontakt:** Polari 1, 52210 Rovinj, Tel. 052 800200, www.maistracamping.com/campsite-polari-rovinj

⑳ Camping Veštar ★★★

GPS 45.05431, 13.68585

An einer eigenen Bucht gelegener Platz mit schattigen Wiesenflächen, Kiesstrand und vielfältigen Angeboten; u. a. Bootshafen mit Slipanlage, Supermarkt, Restaurant, Sportmöglichkeiten; FKK-Bereich im Westteil. Die Stellplätze sind für größere Mobile recht eng und etwas uneben. Seit 2012 regelmäßig in der Kategorie „bester Platz Kroatiens" ausgezeichnet; **Lage/Anfahrt:** von Rovinj ca. 5 km in Richtung Bale/Pula; bei Kokuletovica dann rechts; ca. 1 km schmale Asphaltstraße; **Wasser:** Schlauchanschluss; **Abwasser:** tadellose Plattform an der Einfahrt; z. T. auch an den Plätzen; **Chemie-WC:** 4 Chemie-WC Stationen in den Sanitäranlagen; **Strom:** ja; **Preise:** 53–81 € mit Anmeldegebühr; **Geöffnet:** Ende April–Ende Sept.; **Kontakt:** Veštar 1, 52210 Rovinj, Tel. 052 800200, www.maistracamping.com/de/campingplatz-vestar-rovinj (auch auf Deutsch)

ABSTECHER
ZUR RUINENSTADT DVIGRAD
(ab Rovinj ca. 17 km einfach)

Etwa 17 km landeinwärts von Rovinj liegt **Kanfanar.** Südwestlich des kleinen Orts zweigt vor der Bahnlinie am Ortseingang eine kleine Straße links ab, die sich von der Hochebene ca. 2,5 km ins Limska-Draga-Tal hinunterwindet. Auf einem Hügel in diesem Tal hat man die einzigartige Gelegenheit, durch die Ruinen einer kompletten mittelalterlichen Stadt mit etwa 220 Häusern, Türmen und Festungsanlagen zu wandern. Rund um zwei Burgen ist sie einst entstanden (daher der Name dvi-grad = zwei Burgen oder Städte), 1631 wurde sie wegen einer Pestepidemie aufgegeben und ihre Bewohner gründeten das heutige Kanfanar. Wer frühmorgens oder am Abend kommt, kann ganz für sich allein das gespenstisch überwucherte Steinlabyrinth der verlassenen Stadt erkunden. Einer Legende zufolge soll hier der Seeräuber Henry Morgan vor über 300 Jahren einen sagenhaften Schatz vergraben haben.

PULA (POLANA)
(Rovinj – Vodnjan 26 km, Vodnjan – Pula 10 km)

Noch viel tiefer in die Vergangenheit als alles Bisherige entführt Pula, die größte Stadt Istriens, ihre Besucher. Zuerst geht es durch wenig einladende, staubgraue Vororte und das Verkehrsgedränge der istrischen Wirtschaftsmetropole. Dann steht man plötzlich vor dem hoch aufragenden Rund des römischen **Amphitheaters.** Ihre erste Blütezeit genoss die Stadt nämlich schon unter dem römischen Kaiser Augustus, der hier nicht nur gern zur Sommerfrische weilte, sondern zeitweise sein ganzes Imperium direkt von Pula aus regierte. Das monumentale Oval des mehr als 130 m langen Amphitheaters wurde aus gewaltigen Kalkquadern errichtet und war neben dem Kolosseum in Rom eines der größten des Reiches. 23.000 Zuschauer hatten darin Platz, um Schwertkämpfe und Wagenrennen zu erleben. Noch sind die Schächte zu sehen, durch die Raubtiere und Gladiatoren aufeinander losgelassen wurden. Und durch die antiken Theaterbogen blickt man heute auf die gigantischen Kräne des Hafens von Pula.

Lohnend ist auch der anschließende Bummel durch die Innenstadt. Überall stößt man auf römische Relikte: den reich verzierten Triumphbogen der Sergier-Familie, den Augustustempel mit korinthischen Säulen, das berühmte Dirke-Mosaik, Stadttore und Reste der Befestigungsanlagen. Aber auch die Ve-

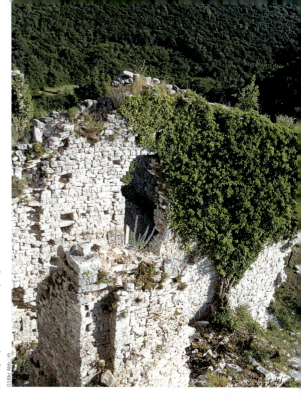

▲ *Blick auf die Ruinenstadt Dvigrad*

Pula (Polana)

Sehenswertes

> Das **römische Mosaik „Bestrafung der Dirke"** liegt verborgen in einem Hinterhof nahe dem Haus Nr. 16 der ulica 1. Maja (unweit der ulica Opatjiska, kleine Hinweisschilder mit der Aufschrift „Rimski Mosaik").

Information

> **TZG Pula,** Forum 3, 52100 Pula, Tel. 052 219197, www.pulainfo.hr (auch Deutsch)

Gastronomie

> **Restaurant Milan,** Stoja 4, Tel. 052 300200, www.milanpula.com (auch Engl.). Das vielfach vom Gastro-Führer ausgezeichnete Restaurant bietet eine große Auswahl an sehr guten Fischgerichten und Meeresfrüchten sowie altösterreichischen Desserts. Hier bekommt man z. B. Scampi-Risotto, Seeteufel und Jakobsmuscheln. Das perfekte Restaurant, falls Sie sich etwas Besonderes gönnen wollen.

Abkürzung

> Wer nach **Fažana** (s. S. 90) möchte, kann am Ortseingang – dort wo meist die Staus beginnen – gleich wieder rechts aus der Stadt hinausfahren.

Parken

P 23 Pula, Karolina, GPS 44.87301, 13.84854, 200 kn/Tag. Für Stadtbesichtigungen habe ich stets einen Platz direkt unterhalb des Amphitheaters gefunden.

P 24 Pula, Parking Carinski gat, GPS 44.87391, 13.84815. Parkplatz zwischen Bootshafen und Bahnhof. In der Saison kann es dort jedoch knapp werden, dann parkt man am besten auf dem Camper Parking.

P 25 Pula, Camper Parking, GPS 44.87800, 13.84648, jenseits des Bootshafens hinter dem Bahnhof direkt am Meer. Der Platz ist geschottert und ohne Schatten; Preis: 8 kn pro Std.

P 26 Pula, Veruda, GPS 44.85915, 13.82676. Ein sehr schöner, schattiger Parkplatz (kostenlos) befindet sich in der Veruda ulica, neben Park und öffentlichem Strandbad; ca. 1 km vom Zentrum an der Zufahrt zu Camping „Stoja" unweit des österreichischen Marinefriedhofs.

netianer haben Sehenswertes hinterlassen, etwa den dreischiffigen Dom, das alte Rathaus, in dessen Bau noch Säulen und Außenmauern des ehemaligen Diana-Tempels integriert sind, und das Kastell hoch auf dem Hügel im Herzen der Altstadt. Wunderschön ist auch die byzantinische Basilika Marija Formosa, die etwas verloren zwischen Wohnhäusern und der Hauptstraße steht.

◁ *Das römische Amphitheater von Pula ist hervorragend erhalten*

Route 1: Istrien

Pula (Polana)

㉑ Camping Arena Stoja ★★★

GPS 44.859631, 13.81475

Sehr großer und dennoch ebenso reizvoller Platz auf einer durch einen Damm mit dem Festland verbundenen Insel; Pinienwald, Liegewiese, Felsstrand; da es am schmalen Damm wenig Parkraum gibt, kommt es zeitweise zu Problemen bei der Anmeldung; WLAN kostenlos. **Lage/Anfahrt:** 3 km westlich des historischen Zentrums; beschildert; **Wasser:** Schlauchanschluss; **Abwasser:** gute Entsorgungsplattform; **Chemie-WC:** ja, nur eine Station; **Strom:** ja; **Preise:** 39–49 € pro Nacht (Mindestaufenthalt 2 Nächte!); Zuschläge: 20 % für weniger als 2 Nächte, 20 % für meernahe Stellplätze; **Geöffnet:** ganzjährig; **Kontakt:** Stoja 37, 52100 Pula, Tel. 052 387144, www.arenacamps.com/de/camping platze-istrien/camping-arena-stoja (auch auf Deutsch)

FAŽANA UND DIE BRIJUNI-INSELN
(Pula – Fažana 6 km einfach)

Ein Abstecher, der gleich am nördlichen Stadtrand von Pula rechts abzweigt, führt entlang der Küste nach Fažana, von wo aus kleine Schiffe nach **Veli Brijun** tuckern. Sie ist die größte Insel des **Brijuni Archipels** (Brionische Inseln). Schon die Römer haben sich auf diesen paradiesischen Inseln luxuriöse Villen gebaut und nachdem gegen Ende des 19. Jahrhunderts die Sümpfe trockengelegt und dadurch die Malaria gebannt war, entwickelte sich der Archipel zu einem exklusiven Feriengebiet, in dem sich die europäische Prominenz vergnügte.

Bis zum Tod des damaligen jugoslawischen Staatspräsidenten Tito 1980 waren die Inseln für Staatsgäste reserviert und ein streng bewachtes Sperrgebiet. 1983 wurden sie zum Nationalpark erklärt und im folgenden Jahr teilweise für Touristen geöffnet. Da nur ein Unternehmen dort anlegen darf, sind die Preise nicht eben günstig (Hauptsaison 210 kn). Reizvoll an diesem kleinen Naturparadies mit **römischen Ruinen** ist vor allem seine üppige Vegetation mit fast 700 teils seltenen und exotischen Pflanzen und Bäumen. Der von Prospekten angepriesene „Safaripark" mit den vierbeinigen Staatsgeschenken Titos hingegen wird – außer Kinder versteht sich! – keinen begeistern, der irgendwann schon einmal ein Lama gesehen hat.

Information
› **Nationalpark-Verwaltung,** Nacionalni Park Brijuni, Brijuni, 52100 Pula, Tel. 052 525888, www.np-brijuni.hr (auch auf Deutsch); Anmeldung und Buchung von Ausflügen unter Tel. 052 525883 und 525882

› **TZG Fažana,** Istarske divizije 8, 52212 Fažana, Tel. 052 383727, www.infofazana.hr/de (auch auf Deutsch)

Parken
🅿 **27 Fažana, Strand,** GPS 44.92894, 13.80248. Auf dem direkt am Strand gelegenen Parkplatz nördlich des Zentrums bei der ehem. Firma Badel bezahlt man mit dem Wohnmobil pauschal 200 kn (bis max. 21 Uhr).

Fährt man hinter Fažana weiter, entdeckt man zwischen der kleinen Hafenbucht von Peroj und einer Feriensiedlung einen weitgehend ursprünglichen Küstenstreifen, der im Sommer eine Art wilder Campingplatz der Einheimischen zu sein scheint: Stellplätze auf blühenden Wiesenflächen, eingefasst von Büschen und schattigen Bäumen. Zwischen Ginsterbüschen führen schmale Wege zum Strand. Eine echte Rarität an der stark erschlossenen Küste Istriens, an der sich sonst Feriendörfer und Campingplätze fast nahtlos aneinanderreihen.

Parken, Picknick und Baden

28 Peroj, Bucht, GPS 44.95548, 13.78596. Einige hübsche kleine Plätze am Bootshafen ca. 800 m hinter Peroj; Schotter, eben, kein Schatten, Kiesstrand.

㉒ Camping Indije ★★

GPS 44.823959, 13.850743

Eines der kleineren Camps und für meinen Geschmack der lauschigste und reizvollste Platz der Arena-Gruppe umfasst eine Halbinsel mit lockerem Pinienwald; durch den terrassierten Hügel und die lange Küstenlinie haben fast alle Plätze Meerblick; WLAN kostenlos.
Lage/Anfahrt: ca. 7 km südlich von Pula durch den Ort Banjole nach Westen; **Wasser:** Schlauchanschluss, teils an den Stellplätzen; **Abwasser:** Betonplattform und Schacht an einigen Plätzen; **Chemie-WC:** ja; **Strom:** ja; **Geöffnet:** Ende April–Ende Sept.; **Preise:** 30–37 €, Zuschläge: 20 % für weniger als 2 Nächte und 20 % für meernahe Stellplätze; **Kontakt:** Indije 96, 52203 Medulin (Banjole), Tel. 052 573066, www.arenacampsites.com/de/campingplatze-istrien/camping-arena-indije (auch auf Deutsch); **Tipp:** Arena hat außer den beschriebenen noch eine Reihe weiterer schöner und verschiedenartiger Plätze, die anzuschauen sich lohnt: z. B. den ebenfalls recht intimen Platz „Runke", den Platz „Kazela" mit großer Wiesenfläche und FKK-Bereich sowie „Stupice" und „Pomer".

▷ *Heute sind die einst nur Staatsgästen vorbehaltenen römischen Ruinen auf der Insel Veli Brijun wieder allen zugänglich*

HALBINSEL MEDULIN
(Pula – Premantura 12 km, Pula – Medulin 9 km (je einfach), Premantura – Medulin ca. 10 km)

Die durch tief eingeschnittene Buchten, Landzungen und vorgelagerte Inseln stark gegliederte Küste der Südspitze Istriens – benannt nach dem zentralen Ort Medulin – bietet dem Besucher sehr viele und abwechslungsreiche Möglichkeiten: insbesondere schöne Strände und Campingplätze sowie die **Halbinsel Premantura** mit dem reizvollen **Naturpark Kamenjak**. Die archäologische Fundstätte **Nesaticum** hingegen ist eher etwas für Fachleute. Der prähistorische Ort war die letzte bedeutende Illyrer-Siedlung Istriens und wurde 177 v. Chr. von den Römern erobert. Zu sehen sind überwiegend Ausgrabungen aus römischer Zeit und zwei frühchristlichen Kirchen; etwas abseits liegen die Überreste der Thermen.

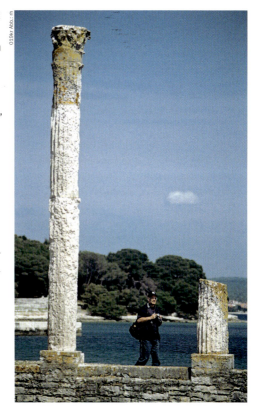

Anreisetipp: Von Pula kommend auf der Straße 401 nördlich am Flughafen vorbei nach Osten fahren und in Valtura links nach Nordosten in Richtung Muntic abbiegen. Die Ausgrabungen befinden sich bei der Ortschaft Vizače.

Bereits auf der Fahrt von Pula zum Südkap Istriens kommt man an einigen schönen Stränden der Bucht von Medulin vorbei und erreicht dann den besonders bei Surfern beliebten Badeort **Premantura**. Die 6 km lange Halbinsel des **Kap Kamenjak,** die äußerste Südspitze Istriens, steht unter Landschaftsschutz und wird nur von einer schmalen, holperigen Piste durchzogen, von der immer wieder Seitenwege zu stillen Buchten und Badeplätzen abzweigen. Ideal für einen Ausflug mit dem Rad! Das Kap selbst bilden hohe Felsklippen, von denen man bis zu den Inseln Cres und Lošinj blickt.

Sehenswertes

› **Nesactium,** GPS 44.91662, 13.96868, geöffnet Juli–Sept. Mo–Fr 9–18.30, Sa 9–15 Uhr, Tel. 052 550117

Information

› **TZO Medulin,** Brajdine 41, 52203 Medulin, Tel. 052 577145, www.medulinriviera.info/de

Parken, Picknick und Baden

▯ **29 Pomer Strand,** GPS 44.81622, 13.89925. Zwischen Banjole und Premantura findet man östlich (links) der Straße eine schöne Parkmöglichkeit (unbefestigt, eben) unter hohen Pinien direkt an der Bucht, die hier zu Fuß auf einem schmalen Damm überquert werden kann. Ein weiterer Parkplatz liegt kurz vor Premantura im Wald.

㉓ **Camping Arena Medulin** *

GPS 44.814541, 13.93202

Riesiger und doch reizvoller Platz (siehe Foto S. 53), der eine komplette Halbinsel plus eine per Damm damit verbundene Insel umfasst; teils Wald teils Wiese; ein Ferienparadies mit vielfältigem Angebot. Im Sommer Discolärm. **Lage/Anfahrt:** in Medulin nach rechts (Süden) den Schildern folgen; gute Asphaltstraße aber im Sommer viel Verkehr!; **Wasser:** Schlauchanschluss; **Abwasser:** Betonplattform nahe dem Eingang; **Chemie-WC:** ja, mehrere; **Strom:** ja; **Geöffnet:** Mitte April–Mitte Okt.; **Preise:** 35–42 €; Zuschläge: 20 % für weniger als 2 Nächte und 20 % für meernahe Stellplätze; **Kontakt:** Osipovica 30, 52203 Medulin, Tel.052 572801, www.arenacampsites.com/de/campingplatze-istrien/camping-arena-medulin (auch auf Deutsch)

㉔ **Kranjski Camp** ★★★

GPS 44.806808, 13.91635

Sympathischer, kleiner, stiller und sehr familiärer Platz mit eigener Bucht. Restaurant mit regionaler und weitgehend biologischer Küche, Fischgrill für Gäste; einige nette Ferienhäuschen; relativ kleine Parzellen (70–90 m²). **Lage/Anfahrt:** In Premantura nach links Schildern „Runke" folgen und unmittelbar vor diesem Platz rechts abbiegen. **Wasser:** Schlauchanschluss; **Abwasser:** Schacht vorhanden; der sympathische Inhaber hilft gern; **Chemie-WC:** ja, umweltschonende Entsorgung; **Strom:** ja; **Geöffnet:** Anfang Juni–Mitte September; **Preise:** 35–37 € mit Anmeldegebühr; Zuschlag für Meerparzelle 20 %; **Kontakt:** Runke 52, Premantura, 52205 Medulin, Tel. 052 575009, http://camping-kranjski.si (auch auf Deutsch)

DIE OSTKÜSTE

Mit Pula und dem Kap Kamenjak ändert sich das Bild schlagartig. Während die Westküste der Halbinsel touristisch intensiv erschlossen und im Sommer ein riesiger, quirliger Ferienpark ist, zeigt sich die Ostseite bis hinauf zur Riviera von Opatija als eher ruhiges, dünn besiedeltes Agrarland. Abgesehen von Rabac und Labin gibt es weder sehenswerte Orte noch Badezentren.

▷ *So leer sind die pittoresken Gassen von Labin nur selten*

Sehenswertes

› **Regionalpark Kamenjak,** Die stark gegliederte Südspitze Istriens mit der Halbinsel Premantura und dem Kap Kamenjak ist ein Naturschutzgebiet, geprägt durch die Kombination von Wiesen, Garigue und Macchia mit vielen Orchideen, darunter die istrische Art Serapias istriaca, und anderen seltenen Blumen. Es ist täglich 7–21 Uhr geöffnet. Die Einfahrt mit dem Auto kostet 25 kn; einige Wege sind für Autos gesperrt.

LABIN
(Pula – Labin 35 km)

Von Pula geht es auf der gut ausgebauten und streckenweise schnurgeraden Straße Nr. 21 (E 751) nach Norden. Durch eine eher monotone Landschaft erreicht man nach ca. 23 km den Ort Barban, wo sich die Straße ins sumpfige Tal der Raša hinunterschlängelt.

Auf der anderen Seite geht es rasch wieder rund 300 m empor zu dem reizvollen Berg- und Bergbau-Städtchen Labin. Es thront hoch über dem Meer auf einer Bergkuppe und bietet fantastische Ausblicke hinunter auf den Badeort Rabac, der sich in eine tiefblaue Bucht schmiegt, hinüber zu der weiß-karstigen Insel Cres und bis zum Učka-Gebirge. Noch schöner ist vielleicht der Blick nach innen: auf die bunten venezianischen Häuserfassaden, die sich an engen, steilen Gassen entlang zusammendrängen. Ein malerisches Labyrinth von Bogen und Passagen, Treppenwegen und kleinen Plätzen. 1921 haben unterdrückte Bergleute und Bauern des Städtchens hier die „Republik Labin" ausgerufen, die aber nur 36 Tage Bestand hatte, ehe der Aufstand niedergeschlagen wurde.

Fast hätte der Bergbau das ganze Städtchen verschlungen, denn im Hügel von Labin steckt Steinkohle, die dort schon seit Jahrhunderten abgebaut wird. Und in den 1970er-Jahren war die Altstadt schließlich so weit unterhöhlt, dass sie in sich zusammenzustürzen drohte. Inzwischen ist das Stollennetz ausreichend gesichert, sodass man wieder unbesorgt nach Labin hinaufsteigen kann, um durch die Gassen zu bummeln oder das Volksmuseum zu besuchen.

Sehenswertes
› **Volksmuseum (Barockpalast),** 1. Maja, Tel. 052 852477, Mai Mo-Sa 10-14, Juni/Sept 10-13 und 17-20, Juli/Aug.10-13 und 18-22 Uhr

Information
› **TZG Labin,** Aldo Negri 20, 52220 Labin, Tel. 052 855560, 854886, www.rabac-labin.com (auch auf Deutsch)
› Infostelle: Titov Trg 2/1, 52220 Labin, Tel. 052 852399

Parken
🅿 **30 Labin,** GPS 45.08429, 14.12199. Die ulica Negrija hinauf zur Altstadt, über den Platz und 100 m die Sv. Katerina entlang findet man rechts einen größeren Parkplatz. In der Saison und mit größeren Fahrzeugen besser nahe der Durchgangsstraße 66 parken (z. B. bei GPS 45.09718, 14.11709) und einen längeren Aufstieg (ca. 1 km) in Kauf nehmen!

RABAC
(Labin – Rabac 5 km einfach)

Das Bade- und Wassersport-Zentrum schmiegt sich unterhalb von Labin in eine kleine Hafenbucht. Die Straße hinunter ist gut ausgebaut – aber drunten ist nur wenig Platz. In der Hauptsaison lohnt sich der Abstecher eigentlich nur, wenn man den Camping Oliva ㉕ ansteuert.

Weiter nach Norden senkt sich die Hochebene von Labin hinab ins **Čepićko Polje,** die größte Schwemmlandebene Istriens, die einst ein periodischer Karstsee bedeckte. Heute ragt weithin sichtbar der endlos hohe und hässliche Schornstein eines Kraftwerks daraus empor. Dann windet sich die Straße wieder steil aufwärts nach **Plomin** und bietet zwischen herbgrünen Kiefern fantastische Ausblicke auf das weit drunten liegende tiefblaue Meer in der Bucht von Plomin.

Geradezu spektakulär wird der Panoramablick am 247 m hohen **Kap Mašnjak,** wo das Hotel Flanona (grandiose Aussicht, Tel. 052 864426, www.hotel-flanona.com.hr, auch auf Deutsch) in schwindelerregender Höhe wie ein Schwalbennest am Steilabbruch der Felsspitze klebt und über das Wasser hinauszuragen scheint. Hier steigt das mächtige **Učka-Massiv** steil aus dem Kvarner Golf empor, das höchste Gebirgsmassiv Istriens, das mit dem meernahen Gipfel des Vojak eine Höhe von über 1400 m erreicht. Der Gebirgsstock schirmt wie eine unüberwindliche Mauer die Küste vom Landesinneren ab und verschafft ihr ein geschütztes Klima mit überaus milden Wintern. An seiner Ostflanke entlang schlängelt sich die Straße luftig hoch über dem Meer. Weiße Felsen, blaues Wasser und grüne Pinien leuchten in der Sonne. Eine Stichstraße zweigt rechts ab und führt steil hinunter nach **Brestova** (s. S. 122), dem Fährhafen zur **Insel Cres.** Wenige Kilometer weiter erreicht man die traditionellen Badeorte Mošćenička Draga, Medveja und Lovran, die bereits zur Region Kvarner gehören.

㉕ Camping Oliva ★★★

GPS 45.080891, 14.14577

Reizvoller, ruhiger und ebener Wiesenplatz mit Olivenbäumen und Kiesstrand – leider vor der Kulisse hoher, hässlicher Terrassenhotels. Relativ kleine Parzellen (60-90 m²), aber gute Ausstattung und viele Angebote wie Restaurant, Pool, Fitnesscenter, Sportanlagen, Tennis, Wellness, Sauna, türkisches Bad. **Lage/Anfahrt:** am Ortseingang von Rabac rechts nahe dem Meer entlang den Schildern folgen; gute Asphaltstraße; **Wasser:** Schlauchanschluss, auch an einigen Stellplätzen; **Abwasser:** großes Gitter im Boden (aber nicht gleich als Entsorgungsstelle zu erkennen); **Chemie-WC:** ja; **Strom:** ja; **Preise:** 50 € inkl. Anmeldegebühr; **Geöffnet:** Ende April-Anfang Oktober; **Kontakt:** Maslinica d.o.o. Rabac bb, P.P. 2, 52221 Rabac, Tel. 052 872258, www.maslinica-rabac.com (auch auf Deutsch)

Anschluss
› siehe Route 2 (Kvarner Küste), ab Seite 96 und Route 3 (Kvarner Inseln), ab Seite 121

ROUTE 2
KVARNER BADEKÜSTEN

Strecke:
Mošćenička Draga (s. S. 98) – **Lovran** (7 km, s. S. 99) – **Opatija** (6 km, s. S. 99) – **Rijeka-Zentrum** (12 km, s. S. 101) – **Crikvenica** (35 km, s. S. 105) – **Novi Vinodolski** (10 km, s. S. 106) – **Senj** (32 km, s. S. 108) – **Jablanac** (40 km, s. S. 114) – **Abzweig Prizna** (13 km, s. S. 115) – **Karlobag** (12 km, s. S. 115) – **Starigrad** (45 km, s. S. 115) – **Maslenika Brücke** (16 km, s. S. 115) – **Zadar** (ca. 36 km)

Streckenlänge: 264 km

ROUTENÜBERSICHT

Auf halbem Weg zwischen Nordpol und Äquator liegt die Kvarner Bucht, deren beliebte Küsten- und Insellandschaft sich zu beiden Seiten des 45. Breitengrads erstreckt. Sie beginnt bei Mošćenička Draga, das geografisch noch auf der Halbinsel Istrien liegt, und reicht

« *Kapitelstartseite: Opatija mit seiner 12 km langen Uferpromenade „Lungomare"*

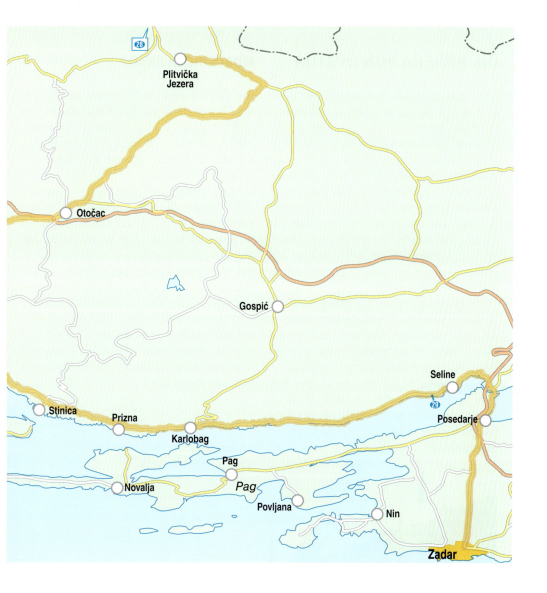

im Süden etwa bis Senj am Fuß des mächtigen Velebit-Gebirges. Im Kvarner sind aller guten Dinge vier. „Quaternarius" nannten schon die alten Römer diese Gegend, was manche mit „die vier Himmelsrichtungen" übersetzen. Aber vielleicht ist damit die Vierzahl der großen Kvarner Inseln gemeint – oder aber die vier Winde (Bora, Jugo, Maestral und Puenat), die das Antlitz dieser Eilande geprägt haben. Eingeschlossen zwischen der steilen Ostflanke des Učka-Gebirges und dem Höhenzug der Kastav-Berge dehnt sich tiefblau der Kvarner Golf mit den vier recht unterschiedlichen Inseln Cres, Lošinj, Krk und Rab (s. Route 3). Auch die Festlandsküste und ihr Hinterland zeigen sehr abwechslungsreiche Gesichter: Neben den Karsthängen des Velebit-Gebirges und den Urwäldern des Risnjak-Nationalparks findet man an der Küste fruchtbare Landschaften, die riesige Hafenstadt Rijeka, mondäne Badeorte und die Ferienküste der Riviera von Vinodol.

Route 2: Kvarner Badeküsten

DIE RIVIERA VON OPATIJA

Nach einer luftigen „Balkonstrecke" hinter dem Kap Mašnjak mit weitem Blick übers Meer senkt sich die Straße hinunter zur Küste in eine völlig andere Landschaft. Der Gebirgsstock des Učka-Massivs, das hier auf wenigen Kilometern weit über 1000 Meter hoch aus dem Meer emporsteigt, schützt diese Küste wie eine Mauer vor den kalten Nordwinden aus dem Landesinneren und verschafft ihr ein angenehmes Klima mit überaus milden Wintern, sodass sie sich schon vor über 150 Jahren zu einem der ersten Feriengebiete am Mittelmeer entwickelte.

Für Wohnmobilisten ist diese Küste im Sommer eher Durchreisegebiet – und so schön sie auch sein mag, wird mancher aufatmen, wenn er sie endlich hinter sich hat, denn es gibt hier sehr viele Urlauber und Autos – bei wenig Parkplätzen und engen Straßen. In der Vor- und Nachsaison hingegen findet man ohne Mühe einen kleinen Campingplatz oder kann hier und da sogar am Hafen stehen.

MOŠĆENIČKA DRAGA

Der Ort hat kaum 500 Einwohner – aber rund hundertmal so viele Feriengäste. Das heißt: In der Saison wird man als Wohnmobilist durch diesen hübsch in eine Bucht geschmiegten Badeort einfach vom Autostrom hindurchgespült werden. Kaum eine Chance auf einen Parkplatz! In der Vor- und Nachsaison hingegen wird man sein Mobil auf einem der Plätze direkt an der Durchgangsstraße abstellen können, von wo es nur wenige Schritte bis zum schönen Kiesstrand sind. Bei Mošćenička Draga beginnt die eigentliche Opatija Riviera. Bis nach Lovran hat man noch ein kurzes Stück unbesiedelter Küste mit Felsen und Pinienwald – danach rollt man durch ein fast ununterbrochenes Badegebiet mit prachtvollen alten Villen und üppig mediterraner Pflanzenpracht – aber chronisch knappen Parkplätzen.

Der Hafen von Mošćenička Draga

Opatija – Riviera

Information

> **TZG Mošćenička Draga,** Aleja Slatina bb, 51417 Mošćenička Draga, Tel. 051 739166, www.tz-moscenicka.hr (auch auf Deutsch)

LOVRAN
(Mošćenička – Lovran 7 km)

Der neben Opatija größte Ort dieser Küste besitzt eine reizvolle Altstadt und ist durchaus einen Bummel wert – sofern man außerhalb der Saison kommt und einen Parkplatz ergattert. Besonders reizvoll ist der Parkplatz rechts unten am Meer, auf dem man direkt am Wasser stehen und sogar auf die breite Kaimauer fahren kann. Doch die Zufahrt ist eng und im Sommer herrscht oft stressiges Gedränge. Achtung: Der kleine Platz bei der Kaimauer ist oft die letzte Wendemöglichkeit. Falls Sie danach weiterfahren und keinen Parkplatz finden, müssen Sie u. U. ein ganzes Stück rückwärts rangieren.

Information

> **TZO Lovran,** Trg Slobode 1, 51415 Lovran, Tel. 051 291740, www.tz-lovran.hr (auch auf Engl.)

Parken

P 31 P-Centar, GPS 45.29148, 14.27485, beschildert an der U. Brajdice oberhalb der Altstadt

P 32 Parkplatz am Hafen, GPS 45.29041, 14.27801, Abzweigung rechts beschildert (sehr schöner, aber kleiner Platz am Meer). In der Saison sind beide eng und u. U. sehr stressig!

OPATIJA
(Lovran – Opatija 6 km)

Opatija (das einstige Abbazia) ist die etwas verträumte alte Dame unter den Badestädten der kroatischen Küste: ein subtropischer Palmengarten geprägt vom mondänen Flair der Jahrhundertwende, als der Adel hier seine Villen und Paläste errichtete und mit Strohhut, Spitzenkleid und Sonnenschirmchen promenierte.

Der Aufstieg des Fischerdörfchens zur Luxus-Sommerfrische begann bereits 1844, als der Kaufmann Iginio Scarpa aus Rijeka sich hier inmitten prachtvoller Parkanlagen seine **Villa Angiolina** errichten ließ und rauschende Feste darin feierte. Begeistert von der subtropischen Schönheit dieser Küste, ließen sich nach und nach auch seine Gäste hier nieder – und wenige Jahre später wurde bereits das heutige **Hotel „Kvarner"** errichtet. Die gesamte Hofgesellschaft des kaiserlichen Wien strömte herbei und errichtete prächtige **Barockresidenzen** und **Jugendstilvillen**. Rasch avancierte das Fischerdorf zum Sommersitz der „Adriastokratie". Ein ganzer Reigen illustrer Gäste traf sich im „österreichischen Nizza", um dem Alpenwinter zu entfliehen: Kaiser und Könige, Komponisten und Musiker, Literaten, Modeärzte und Schauspieler.

Und heute? Anstelle von Spitzenschirmchen und Strohhüten sieht man Shorts und Bikinis. Aber die Prunkvillen stehen noch, versunken im Grün der Palmen und Akazien und in der Blütenpracht von Magnolien und Kamelien. Neogotische Türmchen und venezianische Prachtfassaden mit abblätterndem Putz ragen aus halb verwilderten Gärten hervor. Dazwischen liegen gepflegte Parkanlagen mit subtropischer Pflanzenpracht.

Für den Autoverkehr hingegen wurde die enge und an einem steilen Hang erbaute Stadt nicht geschaffen – und für Wohnmobile erst recht nicht. Während der Saison ist die gesamte Ortsdurchfahrt ein Stau – und selbst außerhalb der Saison ist es schwer, hier einen Parkplatz zu finden.

Information

❯ **TZG Opatija**, Marsala Tita 128, 51410 Opatija, Tel. 051 271310, www.visitopatija.com (auch auf Deutsch)

❯ **Region Kvarner Primorje-Gorski Kotar:** Nikole Tesle 2, 51410 Opatija, Tel. 051 272988, www.kvarner.hr (auch auf Deutsch)

Parken

Sehr schwierig! Die besten Chancen hat man nach meinen Erfahrungen an der Einbahnstraße bei den Hotels am südlichen Ortsende (zwischen Hotel „Dubrovnik" und dem Kasino). Viel Glück braucht man, um im Zentrum nahe dem Park einen gebührenpflichtigen Platz zu ergattern.

Spazierweg Lungomare

❯ Wer in Opatija keinen Parkplatz findet, der kann sein Wohnmobil auch außerhalb abstellen und auf der 12 km langen Uferpromenade „Lungomare" von Lovran oder dem nördlichen Vorort Volosko dorthin spazieren oder radeln. Der Weg ermöglicht einen Spaziergang zwischen Meer, Stadt und Parks, der Opatija von der schönsten Seite zeigt.

◁ *Mondäne Fassaden prägen den Badeort Opatija*

RIJEKA
(Opatija – Rijeka-Zentrum ca. 12 km)

Rijeka ist ein Schock! Von den malerischen Insel- und Hafenstädtchen und den verschlafenen Bergdörfern Istriens kommend, gerät man unerwartet in eine wimmelnde Großstadt, die vor lauter Autos überquillt. Hässliche Hochhausburgen, Verkehrslärm und Gedränge. Parken? Fehlanzeige! Die Autos stehen kreuz und quer am Straßenrand, auf Bürgersteigen und selbst auf den Verkehrsinseln.

Wem es jedoch gelingt, einen Parkplatz zu ergattern, der kann sich auf ein anderes Rijeka freuen. Er lässt die verkehrsreiche Hafenstraße Riva rasch hinter sich und bummelt durch die parallel dazu verlaufende Fußgängerzone **Korzo,** die zugleich die Hauptgeschäftsstraße ist. Prunkvolle klassizistische Bauten und **Jugendstilfassaden** bezeugen den Reichtum der alten Hafenstadt. Entlang der Fußgängerzone laden Cafés mit Tischen und Stühlen im Freien dazu ein, bei einem Espresso auszuruhen und dem bunten Gewimmel zuzusehen. Etwa auf halber Länge des Korzo passiert man den **Uhrenturm** mit dem habsburgischen Doppeladler, unter dem ein Torbogen in die Altstadt führt: zum alten Rathaus aus dem 16. Jahrhundert, zum Mariendom und zum Stadtmuseum und Marinemuseum im ehemaligen Gouverneurspalast. Interessant ist auch der Blick von einer der bergauf führenden Querstraßen zurück in Richtung Hafen. Dort sieht man gelegentlich zwischen den Prachtfassaden hindurch ein riesiges Hochseeschiff einlaufen, das den Eindruck erweckt, als wolle es direkt in der Fußgängerzone anlegen. Auch das ist Rijeka.

Wer etwas mehr Zeit hat, kann vom Stadtteil Sušak, östlich der Rječina-Brücke, einen alten Pilgerweg entlang spazieren, der über mehr als 560 Stufen auf den Berg Trsat mit der gleichnamigen Frankopanen-Festung und der Wallfahrtskirche Sveta Marija hinaufführt. Dort oben kann man Lärm und Hektik hinter sich lassen und genießt den Blick über die Dächer der Hafenstadt.

Information
› **Touristisches Info-Zentrum,** Korzo 14, 51000 Rijeka, Tel. 051 335882
› **TZG Rijeka,** Užarska 14, 51000 Rijeka, Tel. 051 315710, www.visitrijeka.eu (auch auf Deutsch)

Gastronomie
› **Belgian Beer Cafe,** Trg Republike 2, Tel. 051 212148. Hier kann man bei flämischen und mediterranen Gerichten oder einem Bier bekannter internationaler Marken den Blick auf die belebte Fußgängerzone genießen.

Fähren
› **Jadrolinija,** Riva 16, 51000 Rijeka, Tel. 051 666111, www.jadrolinija.hr (auch auf Deutsch); Agencija Rijeka, Riječki lukobran bb, Tel. 051 211444

◨ *Fassade der Kapuzinerkirche Muttergottes von Lourdes*

Parken

- **33 Parkplatz am Fährhafen,** GPS 45.32531, 14.44190. Der gebührenpflichtige Parkplatz ist der beste, am günstigsten gelegene (und einzig brauchbare!), den ich bisher finden konnte: von der Riva am Ende des Hafens rechts in die Riva Boduli, dann scharf rechts auf den Parkplatz.
- **34 Parkplatz Delta,** GPS 45.32535, 14.44720. Der sehr große, gebührenpflichtige Parkplatz (6 kn/Std., Riva über die Brücke und gleich danach links) nahe dem Ostende der Fußgängerzone war bei meinen Besuchen stets völlig überfüllt.

Risnjak-Nationalpark

Der nur 15 km von der Küste entfernt im Hinterland von Rijeka gelegene Risnjak-Nationalpark mit einer Fläche von 64 km² bildet den Übergang zwischen den Alpen und dem Balkangebirge und wurde 1953 unter Schutz gestellt. Benannt ist er nach dem dort lebenden Luchs (Kroatisch „ris"). Außerdem sind zahlreiche weitere Wildtiere wie Bären, Wölfe und Adler dort heimisch. Zudem gibt es Hirsche, Gämse, Wildschweine und über 110 verschiedene Vogelarten. Vom 1528 m hohen Gipfel des Veliki Risnjak hat man bei klarem Wetter eine atemberaubende Aussicht auf die Kvarner Bucht. Aktivurlauber finden im Park zahlreiche Wander- und Mountainbike-Routen (auch eine Mountainbike-Vermietung). Am einfachsten erreicht man den Park von Rijeka aus via Autobahn E65 bis zur Ausfahrt 4 Lučice/Delnice und dann auf der Straße 32 in Richtung NW nach Crni Lug. Alternativ kann man ab der Ausfahrt 6 Oštrovica auf dem schmalen, kurvenreichen Sträßchen 501 nach Norden fahren. Ein Parkplatz mit Infostelle befindet sich am Parkeingang wenig westlich von Crni Lug (GPS 45.4184, 14.6854), wo auch Wanderwege und ein Lehrpfad beginnen.

- › *Eintritt: Tagesticket 45 kn*
- › *Information: Parkverwaltung, Bijela Vodica 48, 51317 Crni Lug, Tel. 051 836133, www.np-risnjak.hr (auch auf Englisch)*

DIE VINODOLSKI-RIVIERA

Weniger Erquickliches erwartet den Reisenden, wenn er Rijeka entlang der Küste nach Süden verlässt: unansehnliche Wohnsilos, dröhnender Schwerlastverkehr auf der überlasteten Adria-Magistrale, düstere Werftanlagen und direkt am Meer eine gigantische Erdölraffinerie mit Tanks, Docks, Ruß und Gleisanlagen. Dazwischen eingeschlossen in der **Bucht von Bakar** – die ohne all diese Zutaten der Neuzeit durchaus malerisch wäre – liegt das Städtchen **Bakar** mit seiner alten Frankopanen-Burg wie ein vergessenes Relikt aus einer anderen Zeit. In einem weiten Bogen um die ganze Bucht herum, senkt sich die Adria-Magistrale allmählich zum Meer hinunter. Bei **Bakarac** sieht man sogenannte „Thunfischleitern" weit über das Wasser hinausragen, von denen zwischen Oktober und März Beobachter nach den immer seltener werdenden Thunfischschwärmen Ausschau halten.

Parken und Picknick

- **35 Bucht von Bakar,** GPS 45.3089, 14.5381. Parkplatz hoch über dem Nordende der Bucht, mit schönem Ausblick, aber direkt an der Adria-Magistrale.
- **36 Bakarac,** GPS 45.2794, 14.5803. Direkt am Hafen Parkmöglichkeiten für eine Rast- und Kaffeepause.

Abkürzung

› Inzwischen kann man den weiten Bogen um die Bucht auf der Autobahn A7 hinter der Küste abschneiden und etliche Kilometer sparen.

▷ *Der Badeort Crikvenica*

CRIKVENICA
(Rijeka – Crikvenica ca. 35 km)

Die Ferien- und Badeküste beginnt erst wieder, nachdem man an der Abzweigung zur berühmten **Krk-Most** (Brücke zur Insel Krk) vorbei ist. Nun fährt man entlang der Riviera von Vinodol. Das fruchtbare „Weintal", dem die Region ihren Namen verdankt, erstreckt sich hinter dem Bergrücken. Schon die Römer haben dort Rebgärten angelegt und später kam der Obstbau hinzu. Aber dann hat vor rund hundert Jahren der Fremdenverkehr die Aufmerksamkeit auf die Küste konzentriert, Gärten und Felder wurden aufgegeben, Weinberge verwilderten und ganze Ortschaften wurden verlassen.

Die bis dahin unbedeutenden Fischer- und Hafenstädtchen hingegen mauserten sich über Nacht zu noblen Kurorten für die erste Garnitur der k.-u.-k.-Monarchie. Allen voran das Städtchen Crikvenica. Einst war es nichts weiter als ein kleiner Hafen des im Hinterland gelegenen Grižane. Dann ließ der Erzherzog Josef persönlich es zum Heilbad ausbauen, weil er sich mit seinem kaiserlichen Bruder Franz Josef so gründlich überworfen hatte, dass er nicht einmal mehr die Sommerfrische in Opatija mit ihm teilen wollte. Bereits 1888 gab es das erste öffentliche Strandbad, 1891 wurde das Hotel „Erzherzogin Clothilde" eröffnet und 1895 das prunkvolle Kurhotel „Erzherzog Josef". Letzteres steht unter dem Namen Hotel „Therapia Palace" noch heute im prächtigen Palmengarten und verstrahlt den Glanz versunkener k.-u.-k.-Zeiten. Grižane und das fruchtbare Vinodol sind längst vergessen – Crikvenica hingegen ist der Brennpunkt einer Ferienregion, die auch nach über hundert Jahren noch ihren Charme hat.

Die Küstenstraße führt oberhalb am Zentrum der Stadt vorbei. Rechts hinunter (bei der Tankstelle) sollte man lieber nur außerhalb der Saison oder mit sehr kompakten Wohnmobilen fahren. Crikvenica ist ein sehr belebtes Badezentrum und hat sonst nicht viel zu bieten – vor allem keine Parkplätze!

Information
› **TZG Crikvenica,** Trg S. Radića 1c, 51260 Crikvenica, Tel. 051 241051, www.rivieracrikvenica.com (auch auf Deutsch)

Parken
Alle Parkplätze im Zentrum sind für Wohnmobile gesperrt. Außerhalb der Saison parkt man evtl. an der langen Strandpromenade (Einbahnstraße) im Ortsteil Dramalj.

P 37 Beim Stadion, GPS 45.1757, 14.6962, Kotorska ulica, nicht weit vom Zentrum

Anschluss

> Über die Krk-Most (seit Juni 2020 kostenlos) gelangt man auf die Insel Krk und kann die Reise via Cres und Lošinj fortsetzen (s. Route 3). Der Preis gilt für Hin- und Rückfahrt, wer also mit der Fähre auf die Insel kommt, überquert die Brücke zum Festland kostenlos.

NOVI VINODOLSKI
(Crikvenica – Novi Vinodolski 10 km)

Der (in geografischer Reihenfolge!) zweite Kur- und Badeort dieser Küste, dessen schlanker weißer Kirchturm weit über Land und Meer hinaus leuchtet, war im Mittelalter Sitz der Frankopanen von der Insel Krk, die von hier aus ihr Fürstentum Vinodolski beherrschten. Im Schloss von Novi Vinodolski haben sich 1288 die Vertreter aller neun befestigten Städte des Fürstentums versammelt, um das damals geltende Recht zu reformieren und in einem gemeinsamen Kodex zusammenzufassen: dem **Gesetz von Vinodol** (Vinodolski Zakonik), das auf 17 Seiten in glagolitischer Schrift niedergeschrieben wurde und als das älteste kroatische Gesetzeswerk ein bedeutendes Kulturdokument darstellt. Heute ist Novi Vinodolski ein reizvoller Ferienort mit viel Flair und den beliebtesten Stränden der Kvarner Küste.

Information

> **TZG Novi Vinodolski,** Kralja Tomislava 6, 51250 Novi Vinodolski, Tel. 051 791171, www.tz-novi-vinodolski.hr (auch auf Deutsch)

Parken

🅿 **38 Supermarkt,** GPS 45.12853, 14.78671. Auf dem großen Parkplatz hinter dem kleinen Sprogod-Strand hat sich jetzt Lidl angesiedelt. Aber wenn man dort seine Vorräte auffrischt, kann man sicher auch noch etwas länger parken.

🅿 **39 Jachthafen,** GPS 45.1255, 14.7883. Ein öffentlicher Parkplatz befindet sich nahe einem kleinen Strand am westlichen Ende der Strandpromenade.

DIE VELEBIT-KÜSTE

Hinter dem kleinen Ort Povile ist bald das Ende der Vinodolski-Riviera erreicht und die hohe Karstwand des Velebit rückt immer enger an die Küste heran. An ihrem steilen Fuß lässt sie nicht mehr viel Platz für Badestrände und Campingplätze. Selbst die Straße muss sich hoch oben durch die Felsen winden. Wie auf einem luftigen Sonnenbalkon schlängelt sie sich durch weiße Felsen über dem Meer dahin, das im Schutz der großen Insel Krk ruhig wie ein Mühlteich daliegt.

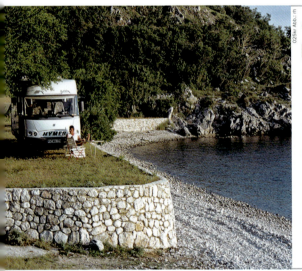

26 Camping Sibinj ★★

GPS 45.044151, 14.87823

Kleiner Privatplatz am Hang mit schöner, von Felsen gesäumter Kiesbucht; wenig Schatten; in der Nebensaison reizvoll, mit Terrassen direkt über dem Wasser; im Sommer zu voll und nahe an der Küstenstraße.
Lage/Anfahrt: vor Sibinj an der Küstenstraße (Vorsicht – man fährt leicht an der Abzweigung vorbei!); **Wasser:** Schlauchanschluss am Sanitärgebäude, sonst Kanister; **Abwasser:** einfacher Betondeckel vor dem Sanitärgebäude; **Chemie-WC:** ja; **Strom:** ja; **Preise:** ca. 30 €; **Geöffnet:** Feb.–Sept.; **Kontakt:** Klenovica, Sibinj 9, Tel. 051 796905, 099 4003333

Naturpark Velebit

Das gesamte, 150 Kilometer lange Velebit-Gebirge ist inzwischen als „Naturpark Velebit" geschützt und wurde von der UNESCO zum Welt-Biosphärenreservat erklärt. Mit mehr als 2000 km² Fläche ist es das bei weitem größte Naturschutzgebiet Kroatiens – größer als alle anderen geschützten Gebiete zusammen. Innerhalb des Naturparks befindet sich eine ganze Reihe kleinerer Schutzgebiete, u. a. die beiden **Nationalparks Nord-Velebit** und **Paklenica,** sowie die strengen Schutzgebiete **Hajdučki** und **Rožanski kukovi** („kukovi" = Felsköpfe). Sie umfassen zusammen eine Fläche von 20 km² und faszinieren durch ihre einzigartigen Karstphänomene: wilde Klippen, scharfe Grate, bizarre Felsgebilde, mächtige Steinkolosse, Karsthöhlen, Schluchten und fast bodenlos tiefe Abgründe. Der 50 km lange **Premužić-Pfad** führt mitten durch die Karstwelt des Schutzgebietes Rožanski Kukovi. Er beginnt bei der Zavižan-Berghütte nahe dem **Botanischen Garten des Velebit.** Im Schutzgebiet **Hajdučki Kukovi,** das fast unzugänglich ist, wurde 1994 die **Lukina Jama** entdeckt, der tiefste senkrechte Höhlenschlund Kroatiens und einer der tiefsten der Welt. Von seinem Eingang in 1436 m Höhe reicht er 1392 m tief hinunter – fast bis auf Meereshöhe! Das über tausend Hektar große Schutzgebiet ist von dichten Bergwäldern aus Buchen, Fichten und Kiefern und von grüner Wacholderheide bedeckt und reich an seltenen Tier- und Pflanzenarten.

› **Nationalpark „Nördlicher Velebit",** Krasno 96, 53274 Krasno, Tel. 053 665380, www.pp-velebit.hr (auch auf Engl.), www.np-sjeverni-velebit.hr (auch auf Deutsch)

▷ Bizarre Felsformationen und zahlreiche Pflanzenarten prägen den Naturpark Velebit

Tipp

› Gegenüber der Abzweigung zum Fährhafen Stinica Jablanac bei GPS 44.7132, 14.9181 führt eine schmale Asphaltstraße nach Osten und in Serpentinen bis in den Nationalpark hinauf (Wegweiser Stirovaca 28 km). Nahe der Baumgrenze erreicht man die Berghütte Alan (Wanderwege). Dahinter geht es auf einer guten Schotterstraße über den **Veliki-Alan-Pass** (1406 m, nicht verwechseln mit dem Alan-Pass bei Paklenica!) und weiter durch Berg- und Waldlandschaft. Der Weg stößt später auf eine bessere Asphaltstraße, die in Richtung Norden nach Krasno Polje und Otocac führt. Die Strecke ist toll und für kompakte bis mittlere Mobile unter normalen Bedingungen fahrbar, sofern man sein Fahrzeug kennt. Eine ebenfalls sehr reizvolle und bessere Straße führt von Sv. Juraj über den **Oltare-Pass** (s. S. 114). Beide Strecken bilden ein einzigartiges Kontrastprogramm zur mediterranen Küste.

Uskoken – Flüchtlinge der besonderen Art

Der Name „Uskoken" bedeutet „Flüchtlinge" und bezeichnet die Serben und Kroaten, die Anfang des 16. Jahrhunderts vor den bis nach Dalmatien vorrückenden Osmanen nach Norden flohen und sich schließlich in Senj niederließen. Hier, am Grenzwall des Habsburger Reiches gegen die Türken und die Venezianer, errichteten sie ihr trutziges Widerstandsnest: die Festung Nehaj („Fürchte nichts"). Als ein kleiner Haufen von weniger als tausend unerschrockenen Gesellen führten sie von dieser Burg aus ihren höchst eigenwilligen Krieg zur Verteidigung des Abendlandes und trotzten 70 Jahre lang allen fremden Mächten. Selbst haushoch überlegene Gegner lernten die Kampfkraft der Uskoken fürchten, die in Kroatien bis heute als das leuchtende Symbol des slawischen Widerstandes gelten. Da sie jedoch in Seeräubermanier nicht nur feindliche Türkenschiffe ausplünderten, sondern auch venezianische Händler und selbst päpstliche Schiffe, war es 1617 mit der Uskoken-Herrlichkeit vorbei: Nach einer Niederlage gegen die Venezianer musste sich das Haus Habsburg dazu verpflichten, die renitenten Streiter ins Landesinnere umzusiedeln.

Parken

› Zwischen Novi Vinodolski und Senj gibt es an der Küstenstraße eine Reihe schöner Parkplätze mit Meerblick.

P 40 Žrnovica-Bucht, GPS 45.1168, 14.8341. Gleich nach Povile zweigt rechts ein grober Schotterweg ab, der zu einer Wiesenfläche an der Žrnovica-Bucht hinunterführt (mit kleinem Kiesstrand, Beachbar und Hundestrand). Schön und ruhig gelegen, aber die Zufahrt ist für große Fahrzeuge ungeeignet.

㉗ Kamp Škver ★★

GPS 44.99390, 14.89976

Um zu dem Platz zu gelangen, biegt man am Ortsbeginn von Senj in spitzem Winkel rechts ab. Einer der wenigen Beinahe-Wohnmobilplätze Kroatiens für ungefähr 40 Wohnmobile, die alle relativ ruhig und direkt am Wasser stehen – aber auch sehr eng zusammen und ohne Schatten. Mit Strom, Wasser, Sanitäranlagen und einem netten, traditionellen Restaurant mit Terrasse am Meer; **Preise:** ca. 24 €; **Kontakt:** Škver b.b, ulica Filipa Vukasovića 4, 53270 Senj, Tel. 053 885266, kamp_skver@yahoo.com

SENJ

(Novi Vinodolski – Senj ca. 32 km)

Bald schwenkt man um einen felsigen Vorsprung und plötzlich liegt Senj vor einem, die uralte Uskoken-Stadt. Ihre trutzige **Burg Nehaj** blieb erhalten. Als Verkörperung des uskokischen Widerstandsgeistes thront dieser wuchtige Würfel aus behauenen Steinquadern bis heute auf einem grünen Hügel sechzig Meter über der Stadt.

◁ *Die trutzige Uskokenburg Nehaj*

Senj selbst ist kein Touristenort und hat daher viel vom Charakter einer alten Küstenstadt bewahrt. Verschlafene Gässchen, blätternder Putz und zerbröckelnde Festungsanlagen verleihen ihm einen eigenen Charme und lassen es authentischer und ursprünglicher wirken als die herausgeputzten Ferienzentren.

Information
> **TZG Senj,** Stara cesta 2, 53270 Senj, Tel. 053 881068, http://visitsenj.com/de

Parken
- **41 Kai,** GPS 44.9897, 14.8991. Nahe dem südlichen Ortsende rechts der Straße liegt ein großer, ebener Asphaltplatz am Kai; im Sommer gebührenpflichtig.
- **42 Plaža Prva Draga,** GPS 44.998379, 14.8994. Kleiner Pflasterplatz an der Straße, mit Schatten, wenige Schritte von einer netten, kleinen Badebucht mit Kies und Fels entfernt. Kurz danach folgt Kamp Škver ㉗ (s. S. 108).
- **43 Restaurant und Beachbar Martina,** GPS 45.0014, 14.8972. Großer Parkplatz kurz vor dem Parkplatz Plaža Prva Draga.

Von Senj bis hinunter zum Nationalpark Paklenica hat die Küste dem Tourismus kaum etwas zu bieten. Stundenlang fährt man durch eine karge Felsenwüste mit winzigen, von Steinmauern eingefassten Gärtchen. Kein Badestrand, kein Campingplatz und kaum ein Hotel. So kann man hier getrost die Küste verlassen, um auf die vorgelagerten Inseln **Rab** (s. S. 139) und **Pag** (s. S. 146) auszuweichen oder um über den **Vratnik-Pass** einen Abstecher landeinwärts zu den **Plitvicer Seen im Plitviče-Nationalpark** zu unternehmen.

▷ *Die Uskoken-Stadt Senj ist durch ihre Festung Nehaj bekannt*

ABSTECHER PLITVICER SEEN (PLITVIČKA JEZERA)

Entfernungen:
Senj – Otočac – Plitvice-Nationalpark ca. 105 km,
Plitvice-Nationalpark – Otočac – Karlobag ca. 130 km,
Plitvice-Nationalpark – Gračac – Zadar ca. 155 km

Von Senj aus geht es zunächst das malerische Schluchttal der Senjska Draga aufwärts, den Schildern „Plitvička Jezera/Otočac" folgend. Auf wenigen Kilometern wandelt sich die Landschaft vollkommen: Das mediterrane Küstenbild wird abgelöst durch dunkle Kiefernwälder, dann von einem herrlichen Buchenwald. Schließlich windet sich die Straße zum malerischen Vratnik-Pass empor. Unterwegs passiert man mehrere Parkmöglichkeiten mit Panoramablick.

Jenseits des Vratnik-Passes geht der Wald schließlich in eine trockene Bergheide mit Blumenwiesen und Wacholderbüschen über. Eine einsame Landschaft. Scheinbar endlos zieht sich das schmale Holpersträßchen dahin. Weit verstreut liegen die kleinen Dörfer im Wiesengrün und manchmal begegnet

Route 2: Kvarner Badeküsten
Die Velebit-Küste

man Pferdefuhrwerken wie zu Urgroßvaters Zeiten. Man sollte langsam fahren, um die Landschaft zu genießen, aber auch, um den Schlaglöchern auszuweichen.

Die Straße passiert das Städtchen **Otočac** und nähert sich durch reizvoll einsame Bergheide dem Nationalpark. In einem langen Bogen zieht sich die Straße um ihn herum zu den beiden Eingängen direkt bei den berühmten Seen. Man passiert zunächst **Eingang 2** bei den oberen Seen und erreicht wenig weiter **Eingang 1** nahe den unteren Kaskaden. Wo man beginnt, spielt keine Rolle. Geht man vom Eingang 1 durch den Buchenwald, so öffnet sich plötzlich das Blätterdach und man steht vor einer imposanten Schlucht, in deren Tiefe das kristallklare Wasser einer ganzen Kette blaugrüner Seen leuchtet. Ein wahres Wasserparadies, eingefasst von grünen Buchenwäldern, weißen Felsen, moosbedeckten Steinen und einem üppigen Gewucher aus Pestwurz, Ranken und Farnen. Überall rauschen die Wassermassen von den Felsen: in hohen Fällen, Katarakten und Kaskaden. Wasser, wohin man blickt. Über zahllose Stufen und Barrieren hinweg sucht es sich seinen Weg. Selbst die Luft ist erfüllt von belebender Gischt.

Bohlenstege führen bis an den Rand der sprühenden Fälle heran. Mit Wanderstiefeln und Rucksack kann man die amphibische Wasserwelt erkunden und auf einem schmalen Pfad am Ufer der unteren Seen entlang, bis hinauf zu den oberen Seen (bei Eingang 2) wandern. Dort überqueren kleine Elektroboote (im Eintrittspreis inbegriffen) das glasklare Wasser des **Kozjak-Sees.** Und auf der anderen Seite gelangt man in ein ganzes Labyrinth von Teichen, Bachläufen und Wasserflächen, durch die ein verzweigtes Netz von Pfaden, Holzbrücken und Bohlenstegen führt. Breite

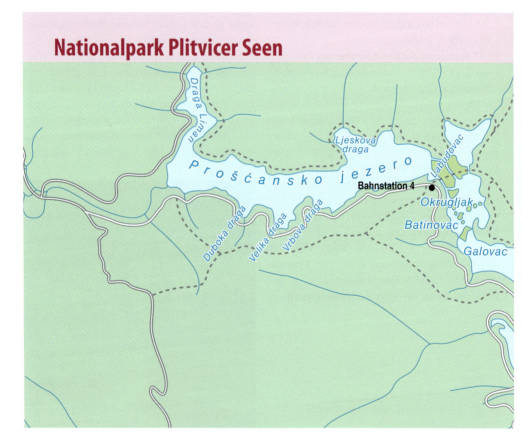

Nationalpark Plitvicer Seen

Schilfgürtel und Sumpfflächen schaffen Übergänge zwischen Land und Wasser. Auf dem Grund der türkisklaren Seen sind versteinerte Pflanzen und Baumstämme zu sehen: von den Kalkablagerungen mit einer weißen Kruste überzogene, bizarre Gebilde, die ihre Äste nach oben recken, fast gespenstisch wie die Arme Ertrunkener. Wo einer der alten Stammriesen aus dem Wasser ragt, ist er von einem dichten Moos- und Blütenteppich überwuchert. Zahllose Libellen und bunte Schmetterlinge schwirren durch die Luft und um jede Biegung des Pfades eröffnen sich neue Überraschungen. Es ist eine Wanderung durch eine fremde, märchenhafte Welt.

Rückfahrt: Man kann entweder auf dem gleichen Wege zurückfahren, den man gekommen ist, um ab **Senj** weiter der Küste am Fuße des **Velebit** zu folgen bzw. um die **Kvarner Inseln** oder **Pag** (s. S. 146) anzusteuern.

Man kann aber auch ca. 10 km vor Otočac nach links biegen, um via Straße Nr. 50 durch die reizvoll ländliche Region des **Ličko Polje** zu fahren und dann bei **Gospić** rechts auf der Straße Nr. 25 über den **Oštarje-Pass** nach **Karlobag** an der Küste zu gelangen (ca. 130 km). Wer die Velebitküste umgehen und direkt Dalmatien ansteuern möchte, folgt der E 71 via **Gračac** bzw. der Autobahn A1 zur Küste bei **Zadar** (ca. 155 km; Anschluss: Route 4).

Information

› **Plitvice-Nationalpark-Verwaltung,** 53231 Plitvička Jezera, Tel. 053 751015, www.np-plitvicka-jezera.hr (auch auf Deutsch), Eintritt: 200/90/80 kn (je nach Saison) für Erwachsene (Pendelbus und Elektroboote inkl.), geöffnet: Frühjahr/Herbst tägl. 7–18 Uhr, Sommer 7–20 Uhr und Winter 8–16 Uhr (Eintrittskartenverkauf bis 16 Uhr)

Route 2: Kvarner Badeküsten
Die Velebit-Küste

Karstphänomene:
Hier baut das Wasser!

Wie mag diese wundersame Welt der Plitvicer Seen entstanden sein?, fragt man sich. Im Grunde ganz einfach: durch das Zusammenwirken von Wasser und Kalkstein. Die harten Kalkfelsen dieser Berge besitzen nämlich eine besondere Eigentümlichkeit. Sie werden vom Wasser aufgelöst wie der Zucker im Kaffee. Viel langsamer zwar, aber doch genug, um im Laufe der Jahrmillionen die Landschaft zu gestalten.

Wo die unterirdischen Wasserläufe wieder ans Tageslicht treten, tun sie das nicht als kleine Plätscherquellen, sondern als ausgewachsene Flüsse mit einer Wassermenge von Tausenden oder Zehntausenden von Litern pro Sekunde. Und dieses Wasser ist gesättigt mit Kalk, den es aus den Bergen herausgelöst hat. Jetzt, von der Sonne erwärmt, kann es den Kalk nicht mehr halten. Das kennt man ja vom Wasserkocher zu Hause. An jedem noch so kleinen Hindernis setzt sich der Kalk ab: an Ästen, Blättern und an Wasserpflanzen. Schicht um Schicht werden die Pflanzen in Stein eingehüllt. Und wenn sie schließlich absterben und zerfallen, bleibt die hohle Kalkhülle zurück. Sie wächst mit anderen Kalkhüllen zusammen und bildet den porösen Kalktuff, den der Fachmann Travertin nennt. Wie um einen Kristallisationskern wächst die Barriere weiter und weiter zu einem natürlichen Staudamm heran. Während Wasserläufe überall sonst auf der Welt Hindernisse abtragen, lassen sie hier im Karst ständig neue in die Höhe wachsen. Sie bauen bizarre Tuffterrassen quer durch das ganze Flussbett und haben auf diese Weise im Plitviče-Nationalpark eine Kette aus 16 stufenartigen Seen geschaffen.

Auch heute noch baut das Wasser unablässig weiter. Zwei bis drei Zentimeter pro Jahr wachsen die Terrassen. Der Spiegel der Seen steigt und das Wasser sucht sich neue Wege, baut an einer Stelle weitere Stufen und Kaskaden und reißt sie an anderer Stelle wieder ein. Eine Landschaft im ständigen Wandel. Ein malerisches Gefüge von Naturdämmen, Becken und Katarakten, die das Tal in eins der großartigsten Naturschauspiele unseres Planeten verwandelt haben.

Tipp

› Da die Besucherzahlen pro Tag stark reduziert wurden, ist es ratsam, die Tickets bis 48 Stunden vor dem Eintritt **online zu buchen.** Wer diese Möglichkeit nicht hat, sollte (zumindest in der Hauptsaison) gleich bei Parköffnung an der Kasse stehen.

› Wer früh am Morgen kommt, kann die Schönheit des Parks ohne Besuchermassen genießen.

› Campinggäste, die einen 2-Tagespass für den Park haben, können Ihre Eintrittskarte auf dem Campingplatz kostenlos einen Tag verlängern lassen.

› Besonders reizvoll, aber für größere Mobile nicht unbedingt zu empfehlen, ist die An- oder Weiterreise via Krasno Polje durch das Velebit-Gebirge (s. u. und Tipp S. 107).

Parken

P 44 Eingang 1, GPS 44.9057, 15.6126. Gebührenpflichtig (Womo 70/80/100 kn pro Tag je nach Saison) und mit Nachtparkverbot.

P 45 Eingang 2, GPS 44.8828, 15.6233. Gebührenpflichtig (Womo 70/80/100 kn pro Tag je nach Saison) und mit Nachtparkverbot.

㉘ Plitvice Holiday Resort ★★★

GPS 44.973530, 15.64788

Mittelgroßer, gepflegter und sehr sympathischer Eco-Campingplatz mit offenen Flächen und Wald nur 7 km vom Parkeingang entfernt; kleiner Supermarkt, einfaches, aber solides Restaurant und kleiner Pool;

Aktivitäten wie Reiten und Kanutouren, Outdoor-Fitness, 60 km Radwege, Quad-Touren, Adrenalinpark 3 km entfernt; Tipi-Unterkünfte und schöne Mobile Homes, Baumhaus; kostenloses WLAN auf ganzem Platz. **Lage/Anfahrt:** direkt an der Straße 1/E71 (Karlovac–Plitvice); auch für größere Fahrzeuge problemlose Zufahrt; **Untergrund:** Wiese mit geschotterten Stellplätzen; **Wasser:** ja, z. T. am Platz; **Abwasser:** ja; **Chemie-WC:** ja; **Strom:** ja; **Preise:** 39 € mit Anmeldegebühr; **Geöffnet:** 30.4.–1.10.; **Kontakt:** Selište Drežničko 52, 47245 Rakovica, Tel. 047 784192, www.plitvice.com/de (auch auf Deutsch). **Tipp:** Da die Straße auch nachts zu hören ist, empfiehlt sich ein möglichst weit davon entfernter Stellplatz; **Verbindung:** Pendelbus zum Park (hin und zurück pro Pers. 30 kn).

AM FUSS DES VELEBIT

Hinter Senj wird die Küste zunehmend einsamer und dünner besiedelt. Nach ca. 8 km kommt man durch das Dörfchen **Sveti Juraj** und kurz danach zweigt links ein gut befahrbares Asphaltsträßchen ab, das sich den Hang des Velebit emporschlängelt. Wenn man kleine Bergsträßchen liebt, kann man hier einen herrlichen und lohnenden Abstecher machen: im Frühjahr durch malerische Blu-

▱ *Ein schönes, kleines Sträßchen führt hinauf in den Naturpark Velebit (s. S. 107)* menwiesen und leuchtende Laubwälder – im Sommer, um der Küstenhitze zu entfliehen, ab September, um die fantastische Laubfärbung zu bewundern. Bei Crnika nahe Sveti Juraj (13 km südlich von Senj) befindet sich seit einigen Jahren das **Greifvogel-Schutzzentrum Grifon,** das sich früher auf Cres befand und insbesondere verschiedene Geierarten schützt (Ede Jardasa 35, 51000 Rijeka, Tel. 091 3357123, www.supovi.hr/?lang=en, geöffnet: Mai–Sept. 11–18 Uhr).

Parken und Baden
P **46 Sveti Jurai,** GPS 44.9297, 14.9197, am Hafen am Bistro Riva

Nach ca. 14 km passiert man das Dörfchen **Oltare** und unmittelbar danach den gleichnamigen Pass (1018 m). Rechts zweigt ein Fahrweg ab, der nochmals rund 15 km weit bis zum **Botanischen Garten des Velebit**

◿ *Blick auf den Paklenica-Nationalpark*

führt. Er ist wohl nur mit kleineren Mobilen zu empfehlen. Kurz hinter **Sveti Juraj** klimmt auch die Küstenstraße etwas den Hang empor, weil der steile Fuß ihr direkt am Wasser keinen Platz mehr lässt. Im Gegensatz zur botanischen Vielfalt höher oben im Gebirge ist die Landschaft hier eine Felsenwüste: zerfressenes Karstgestein, zwischen dem selbst die anspruchslosen Schafe kaum ein Hälmchen finden, Geröllhalden und steile, öde Felsenbuchten, ohne Schatten. So müsste der Mond aussehen, wenn es dort Wasser gäbe.

Parken
› **Oltare – Krasno Polje:** Entlang der Passstraße und zwischen beiden Orten gibt es nur wenige kleine Parkmöglichkeiten – aber dafür alle in herrlicher Landschaft!
P **47 Lukovo,** GPS 44.84538, 14.90614. Schöner Parkplatz mit Meerblick und Felsen, nahe Lukovo, beim Restaurant „Bura".

Nach rund 40 km Einsamkeit ab Senj führt rechts eine gut ausgebaute Straße hinab nach **Jablanac,** dem hübschen kleinen Fähr-

202kr Abb.: as ©xbrchx - stock.adobe.com

hafen Stinica für die Insel Rab (75 Einwohner, zwei Gasthäuser, ein Hotel). Von Jablanac weiter an der Velebit-Küste entlang via **Prizna** (Fähre zur Insel Pag) und **Karlobag** folgen weitere 100 km rauer Felseneinsamkeit (fast völlig ohne Badestrände, Campingplätze und sonstige Ferieneinrichtungen) bis man die nach dem Krieg neu aufgebaute **Maslenika-Brücke** erreicht – den Zugang zu Zadar und der Ferienküste Dalmatiens (s. Route 4). Etwa 45 km hinter Karlobag erreicht man **Starigrad-Paklenica** mit dem Zugang zum **Paklenica-Nationalpark**.

Fähren zur Insel Rab

› **Stincina – Mišnjak** (ca. 18 Min.), im Sommer tägl. 5–23 Uhr, ca. alle 60 Min., Tel. 051 724122, www.rapska-plovidba.hr (auch auf Deutsch). Zweimal am Tag (Juni–Okt. 4x tägl.) gibt es auch Autofähren **von Jadrolinija** (www.jadrolinija.hr) zwischen Lopar und Valbiska (Krk).

Fähren zur Insel Pag

› **Prizna – Žgljen** (ca. 15 Min.) im Sommer tägl. zwischen 4 und 23 Uhr etwa stündlich

PAKLENICA-NATIONALPARK

Mit dem Küstenort **Starigrad-Paklenica** endet plötzlich die Einsamkeit der Velebit-Küste. Nachdem man den Hauptort bereits durchquert hat und in den südlicheren Ortsteil beim Rt. Stara Kula gelangt, liegt rechts der Straße die **Nationalpark-Verwaltung** (44.28915, 15.44482) mit einigen schattigen Parkplätzen nahe dem Strand und dem Campingplatz „Nacionalni Park" (Tel. 023 369202, 369155). Kurz danach weist eine Tafel nach links den (anfangs etwas engen und verwinkelten) Weg zum Eingang in die **Velika-Paklenica-Schlucht**.

Auch dieses Naturparadies wurde durch die Kraft des Wassers aus dem Karstfels erschaffen. Während im Plitviče-Nationalpark durch den Aufbau von Tuffterrassen wundersame Welten entstanden sind, hat das Wasser hier eine wild zerrissene Schlucht durch das über 1700 m hohe Velebit-Gebirge gefräst. Dank seiner so unterschiedlichen Höhenlagen vereinigt der Nationalpark drei verschiedene Klimazonen auf engstem Raum:

mediterrane Küstenvegetation mit Palmen und Agaven, die kontinentale Zone mit dichten Rotbuchenwäldern in den Tälern und Föhrenwald an den Berghängen sowie die subalpine Region mit blühenden Bergmatten und kahlen Karstflächen. Zahlreiche seltene Tier- und Pflanzenarten sind in dieser Bergwildnis zu Hause, darunter Rehe, Hirsche, Gämsen, Wildschweine, Wölfe, Braunbären, Steinadler und Gänsegeier. Kernstück des 1949 gegründeten und 1978 unter UNESCO-Schutz gestellten Naturwunders sind die beiden Schluchten Velika (Große) und Mala (Kleine) Paklenica. Sie durchbrechen den Felsenriegel des Velebit und eröffnen Wanderern den Zugang ins Innere der einzigartigen Gebirgsregion, die von zahlreichen Fußpfaden durchzogen ist.

Eine abenteuerliche Szenerie wie die Kulisse zu einem Wildwestfilm eröffnet die Große Paklenica-Schlucht. Tatsächlich wurden hier und in der näheren Umgebung zahleiche Szenen zu Winnetou- und anderen Karl-May-Verfilmungen gedreht. In der Schlucht selbst werden die Stellen allmählich markiert, in der Umgebung kann man sie auf einer Allrad-Exkursion entdecken, die das Hotel Alan vermittelt. Gleich auf den ersten ein, zwei Kilometern hinter dem Eingang zeigt sie sich von ihrer spektakulärsten Seite. Bis zu 700 m hoch ragen die weißgrauen Felswände in den blauen Himmel, fast lotrecht und stellenweise sogar überhängend. Übereinander getürmte Felsbrocken so groß wie Häuser liegen im engen Talgrund. Steil schlängelt sich ein alter Maultierpfad dazwischen empor. Oberhalb wird das Tal flacher und grüner und dann wandert man durch schattige Buchenwälder bis zur Berghütte am oberen Ende des Tals – oder man steigt (ca. 1 km nach der Anića-Kuk-Abzweigung) links in Serpentinen hinauf zur Mantica-Peć-Höhle. Noch wilder und einsamer ist die Mala Paklenica (Kleine Paklenica). Dort hat man Chancen, sogar Adler und Gänsegeier zu beobachten.

☑ *Ein weiterer Winnetou-Drehort: Im Zrmanja-Fluss (alias Rio Pecos) kämpfte Old Shatterhand um sein Leben (Blick vom Pueblo-Dorf)*

Information
› **Paklenica-Nationalpark,** Dr. F. Tuđmana 14a, 23244 Starigrad-Paklenica, Tel. 023 369155, 369202, www.paklenica.hr (auch auf Deutsch)

Gastronomie
› **Konoba Marasovič,** Tel. 091 2187678. Das Fahrzeug auf dem Platz kurz vor dem Eingang des Nationalparks, wo die Straße nach links biegt, abstellen und die enge Gasse hinaufgehen. Wunderschöne Konoba in einem 300 Jahre alten, schön renovierten Bau mit kleiner Ausstellung, lauschigem Innenhof, solider Konoba-Kost und guter dalmatinischer Küche; besonders zu empfehlen sind Muscheln und Fisch.

› **Konoba Batela,** am Eingang des Camping Paklenica, Tel. 023 209065. Typisch dalmatinische Konoba mit netter Terrasse; einfacher als Marasovič, aber mit gutem Spanferkel, Fischgrill und Lamm-Peka.

Tipp
› Das Exkursionsbüro an der Rezeption des Hotels Alan (siehe ㉙) vermittelt Exkursionen zu den Winnetou-Drehorten, Kanutouren und Rafting auf der Zrmanja etc.

Parken
🅿 **48 Starigrad,** GPS 44.28915, 15.44482. Strandnaher Parkplatz bei der Parkverwaltung. Weitere Parkplätze befinden sich direkt am Parkeingang. Innerhalb des Parkareals darf nachts nicht geparkt werden. Parkplätze hinter dem Eingang sind im Sommer nur früh am Tag zu ergattern.

🅿 **49 Seline,** GPS 44.27790, 15.47505. Ebener Schotterplatz am südlichen Ortsrand mit Strand und Bootshafen; im Sommer Nachtparkverbot.

Tulove Grede: Drehort der Winnetou-Filme

Route 2: Kvarner Badeküsten
Die Velebit-Küste

Winnetou-Drehorte

Für Freunde von Winnetou und seinem weißen Bruder Old Shatterhand hat Kroatien einiges zu bieten. Wer die Verfilmungen der Karl-May-Romane kennt, wird sich in den Bergen des Velebit manchmal wie in einer Winnetou-Kulisse vorkommen. Das hat einen guten Grund: Tatsächlich waren diese Berge Drehort für viele Szenen der Winnetou-Verfilmungen und auch anderer Karl-May-Filme, da die Filmproduktionsfirma Rialto Film aus Berlin mit einer Produktionsfirma in Zagreb zusammenarbeitete.

Zwei der Drehorte, die zu den wichtigsten Pilgerorten passionierter Winnetou-Fans zählen, findet man nicht weit von der Strecke zwischen Paklenica-Nationalpark und Zadar:

Zrmanja Schlucht (s. Foto S. 116): Diese Schlucht diente als Drehort für die Szene, in der Old Shatterhand auf dem Rio Pecos um sein Leben kämpft. Auf einer Terrasse über der Schlucht befand sich das Pueblo-Dorf der Apachen. Um dorthin zu gelangen, fährt man östlich der Maslenicki-Brücke auf die Straße Nr. 54 und dann via Jasenice ca. 8 km nach Osten. Bei GPS 44.2282, 15.6063 zweigt rechts ein Schotterweg ab, der wenige hundert Meter weiter zum Parkplatz beim Pueblo-Dorf führt.

Tulove Grede (s. Foto S. 117): Bei diesem malerischen, 1127 m hohen Kalkgipfel am Mali-Alan-Pass wurden zahlreiche Szenen der Winnetou-Filme, zum Beispiel „Schatz im Silbersee", und weiterer Karl-May-Filme gedreht. Hier befinden sich die Gräber von Winnetous Schwester Nscho-tschi und Intschu tschuna und die legendäre „Sterbewiese", auf der Winnetou selbst erschossen wird. Diesen Drehort erreicht man ebenfalls über die Straße 54, von der man wenige Kilometer weiter östlich des Zrmanja-Drehorts bei GPS 44.2178, 15.6672 nach Norden auf die Straße 547 abzweigt. Diese kurvenreiche Passstraße ist auf den ersten acht Kilometern asphaltiert. Ab der Überquerung der Autobahn am Sveti-Rok-Tunnel folgt eine Schotterstraße, die im 19. Jh. im Auftrag des österreichischen Kaisers Franz Josef erbaut wurde.

Achtung: Die Gegend um den Pass wurde während des Jugoslawienkriegs in den 1990er-Jahren stark vermint. Halten Sie sich unbedingt an die offiziellen Wanderwege oder schließen Sie sich einer geführten Tour an.

Winnetou-Museum: 2009 wurde im Motel Alan in Starigrad Paklenica ein Winnetou-Museum eröffnet, das nicht nur zahlreiche Original-Filmrequisiten zeigt, sondern auch die Zimmer umfasst, in denen während der Dreharbeiten Schauspieler wie Pierre Brice und Lex Barker gewohnt haben. Das Museum ist von Anfang April bis Ende Oktober von 12 bis 13 und von 17 bis 18 Uhr geöffnet.

Exkursionen zu den Drehorten vermittelt das Büro an der Rezeption des Hotels Alan (siehe ㉙).

㉙ Bluesun Camp Paklenica ★★★

GPS 44.287022, 15.44621

Reizvoller, gut geführter Platz im lichten Kiefernwald. Direkt an einem langen Kiesstrand und nur 2 km vom Parkeingang entfernt beim Hotel Alan gelegen. Der Platz ist inzwischen parzelliert und die schönsten Teile sind Mobile homes zum Opfer gefallen. **Wasser:** ja; **Abwasser:** Plattform mit Deckel gleich nach der Einfahrt links; **Chemie-WC:** ja; **Strom:** ja; **Preise:** ca. 40–44 € inkl. Anmeldung; **Geöffnet:** April–Okt.; **Kontakt:** Hotel Alan, Franje Tuđmana 14, 23244 Starigrad-Paklenica, Tel. 023 209050, Reservierung Tel. +385 1 3844288, www.holiday-village-alan.com/camp-paklenica.aspx (auf Deutsch)

Anschluss

› Folgt man weiter der E 65, so überquert man ca. 6 km nach Starigrad-Paklenica die Maslenika-Brücke. Weitere 36 km nach der Brücke erreicht man Zadar. Hier besteht Anschluss an die Route 4.

ROUTE 3

KVARNER INSELN: KLEEBLATT IM BLAU DER ADRIA

Strecken:

Insel Cres: Porozina – Abzweigung Beli (13 km, s. S. 123), Porozina – Cres (26 km, s. S. 123), Cres – Osor (34 km, s. S. 126)
Streckenlänge: 60 km (mit Abstecher Beli ca. 76 km)

Insel Lošinj: Osor – Lošinj (22 km, s. S. 128)

Insel Krk: Valbiska – Krk (18 km, s. S. 133), Krk – Punat (6 km, s. S. 133), Krk – Baška (20 km, s. S. 136), Krk – Vrbnik (12 km, s. S. 137)
Streckenlänge: 30 km (mit Abstechern Punat und Baška 82 km)

Insel Rab: Mišnjak – Rab (9 km, s. S. 139), Rab – Lopar (12 km, s. S. 141)
Streckenlänge: 21 km

« Kapitelstartseite: Blick über Lošinj

▷ Die Mittagsblume stammt zwar aus Südafrika, ziert aber viele Strände Kroatiens

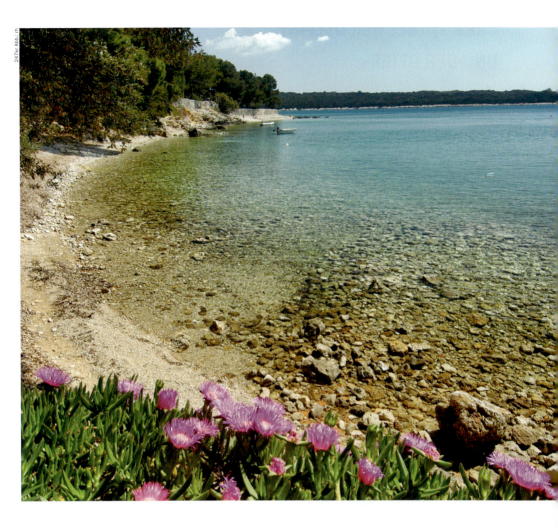

ROUTENÜBERSICHT

Die touristischen Highlights der Region Kvarner liegen im Meer: ein Kleeblatt aus vier paradiesischen Ferieninseln mit subtropischem Flair, Cres, Lošinj, Krk und Rab. Sieht man sie von der Küste aus oder von den hohen Hängen des Učka- oder Velebit-Gebirges, so wird man das kaum glauben wollen. Von der Landseite her erscheinen sie schroff und abweisend als kahle, zerfressene Karstfelsen – und nicht mehr. Eine öde Felsenwüste wie auf dem Mond! Wer jedoch hinüberfährt und den Inselrücken überquert, dem enthüllt sich auf der Seeseite ein subtropisches Paradies aus Pinienwäldern und Palmenbuchten. Denn eigenartigerweise ist die Seeseite hier (und entlang dem Großteil der kroatischen Küste) die geschützte Seite, während vom Land her die eisigen Böen der gefürchteten Bora über die Felsen fegen und kaum einen Grashalm aufkommen lassen.

Route 3: Kvarner Inseln

CRES – INSEL DER DELFINE UND DER GEIER

Hauptfährhafen für Überfahrten auf die Insel Cres ist **Brestova** am steilen Fuß der istrischen Ostküste. „Pašnja!" – „Vorsicht", warnt ein Schild vor der 20-%igen Gefällstrecke hinunter zum *Trajekt* (Fähre) – aber im kleinen Gang nimmt man die Kehren ohne Probleme.

Wie der Rücken eines urweltlichen Meeresungeheuers erhebt sich die schroffe Kette dieser lang gestreckten Insel aus den blauen Fluten der Adria. Steinig, kahl und karg. Sie ist die Heimat mächtiger Gänsegeier, genügsamer Schafe und knorriger Olivenbäume. Eine durchgehend asphaltierte, wenngleich streckenweise sehr schmale Straße bildet die Verkehrs-Arterie. In zahlreichen Kurven windet sie sich zum über 600 m hoch reichenden Rückgrat des Eilands empor – mitten durch eine karge Karstlandschaft mit scharfkantigen Kalkschroffen, spärlichen Grasinseln, Trockenmauern und lichten Wäldern aus knorrigen Eichen oder Olivenbäumen. In Spalten und Ritzen blühen bunte Blumen. Langwollige Schafe mit gewundenen Hörnern rupfen das spärliche Grün.

Auf gut 500 m Höhe erreicht man die Wespentaille der Insel, die hier nur 2 km schmal ist. Durch dieses Nadelöhr können heftige Stürme toben, denen kein Baum mehr standhält. Selbst die Straße ist an der exponiertesten Stelle durch eine Steinmauer geschützt, damit die Fahrzeuge nicht von der Bora ins Meer hinuntergefegt werden. Weit reicht der Blick von hier über die Kvarner Bucht: nach Osten sieht man bis zu den Inseln Krk und Plavnik und nach Westen zur Südküste Istriens.

Fähren nach Cres
> **Brestova – Porozina** (20 Min.), im Sommer 13 Fähren zwischen ca. 5 und 22 Uhr. Die Kasse befindet sich etwas vor dem Fähranleger (Bargeld und ggf. Kfz-Schein bereithalten); außerhalb der Saison vorher die Zeiten erfragen, um langes Warten zu vermeiden.
> **Info Brestova:** Tel. 098 299134
> **Info Porozina:** Tel. 051 840620

Parken
P 50 **Predošćica,** GPS 45.04630, 14.36728. Ungefähr 12 bis 13 Kilometer hinter Porozina auf der freien Kammhöhe, Schotterfläche rechts der Straße (421 m ü. d. M.); etwas uneben und heute leider durch Bauarbeiten und Schuttablagerung verschandelt, aber herrlicher Panoramablick und traumhafte Sonnenuntergänge! Bei starkem Wind ungeeignet, da sehr exponiert!

Uralter Baumriese nahe dem Städtchen Beli auf Cres

Beli liegt im Norden der Insel Cres

BELI
(Porozina – Abzweigung Beli 13 km; Abstecher Beli ca. 8 km einfach)

Nach der Mauer zweigt links in spitzem Winkel eine schmale Stichstraße mit Ausweichbuchten (nicht für größere Fahrzeuge geeignet) ab, die ca. 8 km hinab nach Beli führt. Parken Sie dort spätestens am Ortseingang. Die malerische alte Fluchtburgsiedlung mit heute nur noch etwa 40 Einwohnern besitzt am Ortseingang eine römische Brücke.

Aktivitäten
› Gute Chancen **Gänsegeier** zu sehen, hat man auf den folgenden Kilometern, wenn man von der Abzweigung nach Beli weiter in Richtung Cres fährt, wo die Straße hoch am steilen Osthang der Insel verläuft.

CRES
(Porozina – Cres 26 km)

Vielfältige Gesichter zeigt die Insel auf der weiteren Strecke: schattige Kiefernwälder an der Ostküste, würzig duftendes Macchia-Dickicht an den trockenen Hängen, steppenartige Hochebenen im Landesinneren mit endlosen Steinmauern, lavendelblaue Meere aus blühendem Salbei unterbrochen vom kräftigen Gelb der Ginsterblüten. 25 km nach Porozina passiert man die Abzweigung, die links hinunter zum Fährhafen **Merag** (11 km) für die Insel Krk führt, dann senkt sich die Straße zu einer Bucht hinunter und nach ca. 27 km hat man die Inselhauptstadt **Cres** erreicht.

Weltbewegende Sehenswürdigkeiten hat das Inselstädtchen zwar nicht zu bieten, aber man kann durch das schattige Gassenlabyrinth streifen und am malerischen Fischereihafen in aller Ruhe gemütlich Kaffee trinken.

Information
› **TZG Cres,** Cons 10, 51557 Cres, Tel. 051 571535, www.tzg-cres.hr (auch auf Deutsch)

Gastronomie
› **Riva,** Riva kreskih kapetana 13, Tel. 051 571107. Keine große Küche, aber solide mediterrane Speisen und Fischgerichte.
› **Restaurant Marina,** ACI Marina, Cres, Tel. 051 572018. Etwas außerhalb der Stadt in Richtung Süden. Gewöhnlich sind die Marina-Restaurants gut; hier können wir es bestätigen.

㉚ Camping Kovačine ★★★

GPS 44.963139, 14.39713

Parzellierter und schattiger ECO-Familienplatz mit Textil- und FKK-Bereichen auf einer eigenen Halbinsel; mit angenehmer Atmosphäre, sehr guter Ausstattung und besonders schönem Kies-/Felsstrand, Sonnenplattform, Bootshafen, Sportanlagen, Tauchschule, Geschäft, gutes Restaurant; kostenloser WLAN-Zugang auf dem ganzen Platz; schöner Strandweg nach Cres; Taxiboote zu abgelegenen Buchten. **Lage/Anfahrt:** nördlich (rechts) an der Stadt vorbei den Schildern folgen (ca. 1,5 km); **Wasser:** ja, Schlauch, teils am Platz; **Abwasser:** tadellose Ver-/Entsorgungsstation; **Chemie-WC:** 5 Entleerungsstellen; **Strom:** ja; **Preise:** ca. 55 €; **Geöffnet:** April–Mitte Okt.; **Kontakt:** Melin I br. 20, 51557 Cres, Tel. 051 573150, www.camp-kovacine.com (auch auf Deutsch); **Tipp:** Einer der wenigen Plätze mit einem Wohnmobil-Stellplatz (Schotter, relativ eben, Strom) vor dem Eingang (10 € pro Nacht plus Kurtaxe).

Fähren

› **Merag – Valbiska** (Insel Krk), in der Saison zwischen ca. 6 und 22 Uhr 12 Schiffe tägl., etwa alle 90 Min. (Fahrzeit ca. 25 Min.), **Info Merag (Cres):** Tel. 051 840202
› **Info Valbiska (Krk):** Tel. 051 863170

Parken

🅿 **51 Cres**, GPS 44.9616, 14.4098. Gebührenpflichtige Parkplätze nördlich des Zentrums an der Šetalište 20. travnja.

VALUN UND VRANER SEE

Etwa 8 km hinter Cres zweigt rechts ein Sträßchen ab und führt zu dem kleinen Fischerdorf **Valun**, das durch die Fernsehserie „Der Sonne entgegen" bekannt geworden ist. Das kurvige Sträßchen schlingt sich an der Steilküste hoch über dem Meer entlang. Tief drunten liegt das Filmstädtchen in einer malerischen Bucht: ein wahrhaft idyllischer Kurort mit weniger als 100 Einwohnern, vier Gaststätten und dem wohl klarsten Wasser

◁ *Die Fähre von Cres nach Krk im Hafen Merag*

▽ *Blick auf den Hafen von Valun*

der Adria. Hier kann man die Stille genießen, an der Kirche die glagolitisch-lateinische „Tafel von Valun" bewundern, auf Fußwegen zu einsamen FKK-Buchten spazieren oder auf der schattigen Terrasse der Konoba „Toš Juba" (Alte Mühle) einen Espresso trinken und versonnen aufs Meer hinausschauen.

Parken

🅿 **52 Sonnenwiese**, GPS 44.8993, 14.4079, ca. 0,5 km hinter der Abzweigung nach Valun mit weitem Ausblick über das Meer
🅿 **53 Valun**, GPS 44.9046, 14.3588. Wenige Hundert Meter oberhalb des Orts gebührenpflichtiger, asphaltierter Parkplatz (Nachtparkverbot), der nicht ganz eben ist, aber einen herrlichen Blick auf die Bucht bietet; steiler Asphaltweg hinab in das autofreie Dorf.
🅿 **54 Lubenice**, GPS 44.8870, 14.3324, ca. 6 km entlang einer einspurigen Straße hinter Valun, unterhalb der Kirche. Sonniger, etwas unebener (im Sommer gebührenpflichtiger) Parkplatz mit herrlichem Blick über das Meer. Wenige Meter weiter folgt ein zweiter gebührenpflichtiger Parkplatz (15 kn).

Hinter der Abzweigung nach Valun führt die neu und besser ausgebaute Straße durch die Einsamkeit der Trockensteppe – bis sich plötzlich ein überraschender Anblick im kalkigen Karstland eröffnet: der blau schimmernde Spiegel des fast 6 km langen **Vraner Sees** (Vransko jezero), ein rätselhafter Süßwassersee mit erstaunlich konstantem Wasserstand. Sein 75 m tiefer Grund liegt noch 13 m unterhalb des Meeresspiegels und früher glaubte man, dass er unterirdisch (beziehungsweise unter-meerisch!) mit Grundwasserströmen des Festlands verbunden sei. Er ist das Trinkwasser-Reservoir der sonst wasserarmen Insel und daher für Badegäste und Wassersportler gesperrt.

Parken

P **55 Vrana,** GPS 44.8407, 14.4121. Kurz vor Vrana rechts der Straße befindet sich ein kleiner Parkplatz bei der hübschen Kapelle Sv. Roki. Über die Mauer sieht man auf den Vraner See.

MARTINŠĆICA, OSOR UND DIE KOROMAČNA-BUCHT

(Cres – Osor 34 km)

Nur 3 km weiter zweigt rechts eine gute Straße ab, die via Stivan (nicht via Grmov fahren!) zum 10 km entfernten Badeort **Martinšćica** führt, der nahe dem Ende dieser Sackgasse in stiller Einsamkeit an der Westküste der Insel liegt.

Parken und Picknick

56 Slatina, GPS 44.82055, 14.3435. An der Zufahrt zum Camping „Slatina" liegt links der Straße ein großer, schattenloser Parkplatz mit Meerblick.

31 Camping Slatina ★★★★

GPS 44.820831, 14.34293

Ein sehr schöner und ruhiger Platz am Ende der Straße inmitten der Natur; terrassierter Hang mit Parzellen-Reihen, die meist Meerblick bieten und durch Buschwerk stark voneinander isoliert sind (allerdings liegen nur sehr wenige direkt am Wasser), sowie einem nicht parzellierten Bereich; teils mit Strom-, Wasser- und Abwasseranschluss; schöner Fels-/Kiesstrand (zwei Kiesbuchten: Tiha-Bucht und Slatina-Bucht); spezielle Angebote für Hundebesitzer; hinter der Slatina-Bucht finden Sie herrliche einsame Buchten, Bootshafen, Slipanlage, Tauchschule, Bootsverleih. **Lage/Anfahrt:** rechts am Ort vorbei den Schildern folgen; **Wasser:** ja, Schlauch; z. T. am Stellplatz; **Abwasser:** tadellose Ver-/Entsorgungsstation; **Chemie-WC:** drei Entleerungsstellen; **Strom:** ja; **Preise:** 23–50 €, inkl. Anmeldegebühr; **Geöffnet:** April–Sept.; **Kontakt:** Vidovići 30, 51556 Martinšćica, Tel. 051 574127, www.camp-slatina.com (auch auf Deutsch)

Rund 4 km hinter der Abzweigung nach Martinšćica erreicht man das Dörfchen **Belej,** wo links ein schmales Asphaltsträßchen zu den einsamen weißen Stränden der **Koromačna- Bucht** hinunterführt (ca. 2,5 km einfach).

Gastronomie

› **Bistro Leut,** Belej 49, Tel. 051 524142. Am Ortseingang von Belej direkt an der Straße serviert man von Ende April bis Oktober auf einer schattigen Terrasse sehr gutes Spanferkel, Lammgerichte, Schnitzel und Hirschgulasch. Sehr nette Bedienung. Großer Parkplatz direkt gegenüber.

Etwa 11 km weiter hat sich die Straße wieder auf Meereshöhe gesenkt und erreicht das beschauliche Städtchen **Osor** (ca. 34 km von Cres), das einst mit über 15.000 Einwohnern die bedeutendste Stadt der Kvarner Inseln war.

Heute leben nur noch hundert Menschen an den stillen Pflastergassen, die von zahlreichen Skulpturen und blühendem Oleander gesäumt sind. Still und lauschig ist dieser Ort. Dabei hatten hier schon die Römer eine Großstadt errichtet und noch vor ihnen betrieb der illyrische Stamm der Liburner hier ein Handelszentrum an der Bernsteinstraße! Welches der beiden Völker den Kanal von Osor gegraben hat, ist heute nicht mehr bekannt. Aus einer Insel hat dieser Graben zwei gemacht: Cres und Lošinj – und das bis auf den heutigen Tag.

Parken

🅿 **57 Osor 1,** GPS 44.72870, 14.41803. Einige Kilometer nördlich von Osor liegt östlich der Straße eine große, schattenlose Parkfläche in dürrer Steppenlandschaft (159 m ü. d. M.).

🅿 **58 Osor 2,** GPS 44.6932, 14.3918. Biegt man in Osor unmittelbar vor der Drehbrücke rechts ab, so gelangt man auf einen großen, ruhigen und ebenen Parkplatz (unbefestigt, enge Zufahrt) direkt am Kanal mit schönem Blick auf die Bucht und einem kleinen Strand. Einen größeren Schotterparkplatz gibt es östlich des Orts beim Kreisverkehr.

㉜ Camping Bijar ★★

GPS 44.699573, 14.396585

Sympathischer, ruhiger Platz rund einen Kilometer nördlich von Osor im Wald mit hohen Pinien, eigenem Strand (kleine Sandbucht, sonst Fels) und relativ großen Parzellen (zum Teil mit Strom, Wasser- und Abwasseranschluss) sowie einem nicht parzellierten Bereich. **Lage/Anfahrt:** vor Osor nach rechts den Schildern folgen; **Wasser:** ja, zum Teil am Stellplatz; **Abwasser:** tadellose Ver-/Entsorgungsstation; **Chemie-WC:** ja; **Strom:** ja; **Preise:** 38–50 €; **Geöffnet:** 22.4.–1.10. **Kontakt:** Osor bb, 51542, Osor, Tel. 051 237147, www.camp-bijar.com/de/ (auch auf Deutsch); **Tipp:** Es gibt einen schönen Fußweg vom alten Hafen nach Osor. Auf dem Campingplatz hat man je nach Wind die Wahl zwischen See- und Landseite.

Kurz vor Osor zweigt links eine reizvolle, aber über lange Strecken einspurige Asphaltstraße mit Ausweichbuchten ab, die via **Punta Križa** (14 km einfach) zur Südspitze der Insel (ca. 20 km einfach) führt. Dort findet man in einsamer mediterraner Küstennatur den herrlich gelegenen **Camping Baldarin** ㉝.

㉝ Camping Baldarin ★★★

GPS 44.615681, 14.507869

Schön gelegener und ruhiger Platz am Ende der Straße auf einer Halbinsel inmitten mediterraner Natur; mit Wald, Felsküste und zahlreichen kleinen Kiesbuchten; teils nicht parzelliert; teils FKK, Bootsverleih, Restaurant (Vorsicht vor möglichen Betrügereien bei Bezahlung mit Euro). **Lage/Anfahrt:** Kurz vor Osor zweigt links eine reizvolle, aber über lange Strecken einspurige Asphaltstraße mit Ausweichbuchten ab, die via Punta Križa (14 km einfach) zum Camping Baldarin an Südspitze der Insel (ca. 20 km einfach) führt; **Wasser:** Schlauchanschlüsse für Frischwasser an beiden Entsorgungsstationen; **Abwasser:** zwei Entsorgungsstationen: im Textilteil nahe der Sanitäranlage, im FKK-Teil in der Nähe des Restaurants „Lucica"; **Chemie-WC:** ja, drei; im Textil-Bereich gleich nach der großen Sanitäranlage, im FKK-Bereich bei der Entsorgungsstation (Camperservice); **Strom:** ja; **Preise:** 39–51 €; **Geöffnet:** Ende April–Anfang Okt.; **Kontakt:** Punta Križa, Tel. 051 235680, www.camp-baldarin.com (auch auf Deutsch)

LOŠINJ – PINIENWALD UND PALMENBUCHTEN

Auf der Drehbrücke von Osor geht es über den Kanal hinweg auf die Insel Lošinj, die vor den kalten Bora-Stürmen besser geschützt und daher milder und grüner ist als Cres, mit Pinienwäldern und Parks voller Palmen, Agaven und Oleander. Zunächst folgt man der Ostküste, an der man vom „subtropischen Palmenparadies" noch nicht allzu viel spürt, in Richtung **Nerezine**.

Parken und Baden

P 59 Ridimutak Strand, GPS 44.6731, 14.3961. Ungefähr 2,5 km südlich von Osor findet man einige Parkmöglichkeiten direkt am Strand mit sehr schönem Blick auf den Lošinjski-Kanal. Ein Teil des Parkplatzes ist inzwischen für Wohnmobile gesperrt.

34 Camping Lopari ★★★

GPS 44.681019, 14.39584

Schöner, weitläufiger Wiesenplatz mit vielen Bäumen, langem grobsteinigem Strand und ruhiger, entspannter Atmosphäre; Supermarkt, Surf- und Segelschule; perfekt zum Sonnenbaden und jetzt auch schön angelegte Badestrände sowie ein separater Hundestrand. Viele schöne, strandnahe Plätze auf Wiesengrund; nur teilweise parzelliert. **Lage/Anfahrt:** kurz vor Nerezine unmittelbar links der Straße; **Wasser:** ja; **Abwasser:** Entsorgungsplattform, gut als Durchfahrtstation gemacht; **Chemie-WC:** ja; **Strom:** ja; **Geöffnet:** Mitte April–Anfang Okt.; **Kontakt:** Lopari 1, 51554 Nerezine, Tel. 051 237127, www.losinia.hr/de/camps-und-apartments/camp-lopari (auch auf Deutsch)

Wandern zum Televerine

Von Nerezine führt ein Fuß- und Pilgerpfad zum Televerine, dem mit 589 m höchsten Berg der Insel. Der mit einem roten Kreis markierte Pfad steigt zunächst in Richtung Südwesten steil hinauf und folgt dann dem luftigen Kamm des Osoršćica-Gebirges nach Nordwesten. Bis zum Gipfel braucht man etwa 2 ½ bis 3 Stunden. Knapp ½ Stunde vor dem Gipfel kommt man an der Wallfahrtskapelle Sv. Mikola vorbei. Von ganz oben reicht der Blick rings über den ganzen Archipel und an klaren Tagen sogar bis nach Istrien, Italien und zum Velebit. Wer nicht auf dem gleichen Weg zurückkehren will, kann weiter nach Osor wandern (insgesamt bis Osor ca. 4–5 Stunden).

› Informationen: Touristbüro am Hafen von Nerezine, Tel. 051 237038

㉟ Camping Rapoca ★★★

GPS 44.66414, 14.39716

Ruhiger, gepflegter und sehr empfehlenswerter Campingplatz im Pinienwald in der Nähe eines Franziskanerklosters mit Kieselstrand und sauberem Wasser; Fitnessräume, Tauchschule, Uferpromenade zum Zentrum von Nerezine, WLAN. **Lage/Anfahrt:** von der Straße Nr. 100 nördlich von Nerezine abbiegen und via ulica V. Gordana Schildern folgen; **Wasser:** ja, Schlauch; z. T. am Stellplatz; **Abwasser:** gute Ver-/Entsorgungsstation; **Chemie-WC:** ja; **Strom:** ja; **Geöffnet:** 14.4.–10.10.; **Kontakt:** Rapoća 21, Nerezine, Tel. 051 237145, www.losinia.hr/de/camps-und-apartments/camp-rapoca (auch auf Deutsch)

Bei **Čunski** geht es über den Inselrücken hinweg zur Westseite von Lošinj, die grüner, üppiger und waldreicher ist als der Osten. Dann zieht sich die Straße direkt am glitzernden Wasser der **Mali-Lošinj-Bucht** entlang. Landzungen und vorgelagerte Inseln umschließen die traumhafte Wasserfläche wie ein riesiges Hafenbecken. Darin soll schon die römische Flotte Schutz gesucht haben, als sie zur Seeschlacht von Aktium segelte.

Wer an dieser Bucht im milden Abendlicht entlangfährt, der fühlt sich wie in ein exotisches Inselparadies versetzt. Das herbe Grün der Kiefern, auf denen rötlich die schöne Abendsonne schimmert, spiegelt sich im klaren Blau des Wassers. Viele weiße Jachten und bunte Fischerboote liegen am Ufer und draußen auf den Inseln heben sich die Kiefern als schwarze Silhouetten vom leuchtend roten Himmel ab.

MALI LOŠINJ
(Osor – Lošinj 22 km)

Mit 6700 Einwohnern ist Mali Lošinj die größte Stadt der Insel, obwohl ihr Name eigentlich das „kleine" Lošinj bedeutet. Aber die Seeschifffahrt hat Klein-Lošinj groß und reich werden lassen, sodass es jetzt mehr als sechsmal so viele Einwohner zählt wie das benachbarte Veli („Groß-")Lošinj. Die Kapitäne haben Schätze aus aller Welt in das Städtchen gebracht und prachtvolle Villen errichtet. Eine Marineschule wurde gegründet

In Mali Lošinj legen die Boote mitten im Stadtzentrum an

Baden und Spazieren

Den reizvollen Fußweg, der unter schattigen Pinien von Mali nach Veli Lošinj führt, säumen eine ganze Reihe schöner Felsbuchten. Veli Lošinj selbst hat ein feinkiesiges Strandbad südlich der Rovenska-Bucht (hinter dem Park). Außerhalb des Strandbads liegen FKK-Buchten an der Felsküste. Fußpfade führen von Veli Lošinj zu abgelegenen Buchten und Stränden (meist Fels oder grober Kies) an der Südspitze der Insel.

und mehrere Schiffswerften entstanden. Als Dampfschiffe die alten Segler verdrängten, drohte der Niedergang – doch der Tourismus hat das Städtchen vor dem Zerfall gerettet.

Heute ist es schmuck herausgeputzt. Bunte Häuser ziehen sich an den Hängen der Bucht empor, Weinreben und Bougainvilleen umranken die Fassaden der alten Kapitänsvillen und die roten Dächer werden vom weißen Turm der Marienkirche überragt. Die engen Gassen hinter dem Hafenplatz verwandeln sich während der Saison in einen beinahe orientalischen Basar, auf dem man sich durch Stände mit Schmuck und Lederwaren,

㊱ Camping Čikat ★★★

GPS 44.535969, 14.45064

Sehr schöner Platz im hohen Pinienwald mit langem Felsstrand und Kiesbuchten, Strandpromenade und vielen Sportangeboten; große Indoor-Spielanlage für Kinder; Parzellen mit Strom, Wasser und Abwasser; nicht parzellierter Bereich; einer meiner Lieblingsplätze, auch wenn er im Sommer jetzt etwas sehr voll wird; nette und hilfsbereite Platzanweiser; sehr gutes Restaurant Kredo direkt am Meer. **Lage/Anfahrt:** nahe dem Ortsende von Mali Lošinj rechts auf die Čikat-Halbinsel; sehr gute Asphaltstraße; **Wasser:** ja, am Stellplatz; **Abwasser:** relativ gute Entsorgungsstation; allerdings hat sie anstelle eines Gitters einen Deckel, den man öffnen muss, und etwas wenig Gefälle; **Chemie-WC:** fünf Stationen; **Strom:** ja; **Preise:** 45–62 € inklusive Anmeldegebühr; Wintercamping (20.10.–28.03.) 17 € für 2 Personen auf Stellplatz mit Strom und Wasser; **Geöffnet:** ganzjährig; **Kontakt:** Čikat ulica 6a, 51550, Mali Lošinj, Tel. 051 232125, www.camp-cikat.com (auch auf Deutsch)

132kr Abb.: rh

Spitzendecken und Schnitzereien schlängeln kann und zwischen Hausfassaden hindurch, die über und über mit bunten Teppichen behängt sind. Der große Platz am Hafenbecken ist gesäumt von Palmen und vielen Straßencafés, vor denen die Fischer und Segler sitzen. Am Kai liegt ein Sammelsurium von Ausflugsbooten und Jachten und ein findiger Kopf, der sein Schiffchen zum schwimmenden Marktstand umgebaut hat, bietet hier Obst und Gemüse zum Verkauf an.

Sehenswertes
› **Apoxyomenos-Statue:** Seit 2016 ist in Mali Lošinj die in der Nähe des Ortes gefundene Statue eines griechischen Athleten zu sehen, die weltweit Aufsehen erregt hat.
› **Museum des Apoxyomenos,** Riva lošinjskih kapetana 13, 51550 Mali Lošinj, Tel. 051 734260, www.muzejapoksiomena.hr (auch auf Engl.), 75 kn, geöffnet: Di–So 10–18 Uhr

Information
› **TZG Mali Lošinj,** Priko 42, 51550 Mali Lošinj, Tel. 051 231547, 231884, http://visitlosinj.hr (auch auf Deutsch)

Gastronomie
› **Restaurant Baracuda,** Priko 31, Tel. 051 233309. Beliebtes Restaurant am Jachthafen mit einem Aquarium, in dem sich Hummer, Scampi und eine Vielfalt von Fischen tummelt. Hervorragende Fischgerichte in großer Auswahl.
› **Za Kantuni,** Vladimira Gortana 25, 51550 Mali Lošinj, Tel. 051 231 840. Wie so oft findet man die besten Lokale in der „zweiten Reihe", wo Einheimische und Segler essen. In angenehmem Ambiente und mit perfektem Service bekommt man hier hervorragend zubereitete Gerichte aus frischen, lokalen Produkten mit einigen kreativen Extras.

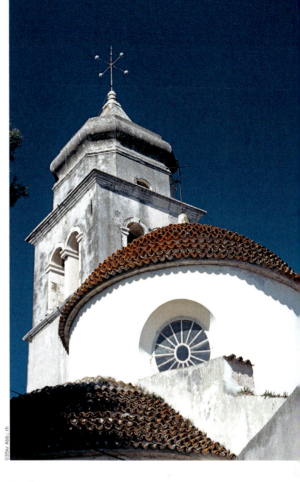

Die Kirche der Engelhaften Madonna von Veli Lošinj

Parken
🅿 **60 Dubovica 1,** GPS 44.5289, 14.4762. Parkplätze für einen Stadtbesuch findet man vor der Abzweigung zur Čikat-Halbinsel rechts (gebührenpflichtig).

VELI LOŠINJ

Noch mehr als Mali Lošinj hat mich das kleinere Nachbarstädtchen Veli Lošinj beeindruckt – weil es zumindest außerhalb der Saison eine so exotische und verschlafene Atmosphäre besitzt, dass man sich ganz und gar in eine Traumwelt versetzt fühlt. Mediterrane Romantik par excellence! An einem milden Abend bin ich dort angekommen. Das Mondlicht spiegelte sich auf den blanken Kalkplatten der Gassen, Palmen standen wie schwarze Silhouetten vor dem samtenen

Nachthimmel, exotische Blüten dufteten und das Gewinkel der engen Gassen wirkte so geheimnisvoll wie ein Palastgarten aus Tausendundeiner Nacht.

Gastronomie

> **Restaurant Punta,** Šestavine 13, Tel. 051 662034, www.losinj-hotels.com. Das Restaurant mit Terrasse und Meerblick serviert Peka- und Grillgerichte sowie z. B. Krakensalat, Gnocchi mit Wildspargel und Scampi „Aldebrand Petrina", Lamm der Insel Cres zubereitet unter der Peka sowie Karameldessert „Rožata" mit Mandeln.

Da Lošinj für alle Fahrzeuge eine Sackgasse ist (ab Mali Lošinj gibt es nur Personenfähren nach Rab, Pag, Rijeka sowie zu den kleinen Kvarner Inseln Susak, Ilovik und Unije), muss man auf dem gleichen Weg zurückfahren, den man gekommen ist, und dann einige Kilometer hinter der Stadt Cres rechts zum Fährhafen **Merag** abbiegen, um zur Insel Krk zu gelangen.

Fähren zur Insel Krk

> **Merag – Valbiska** (ca. 25 Min.) zwischen ca. 6 und 22 Uhr 12 Schiffe tägl., Tel. 051 231765
> **Merag (Cres):** Tel. 051 840202
> **Valbiska (Krk):** Tel. 051 863170

KRK – RAUE SCHALE, SCHÖNER KERN

Zugegeben, der Name dieser karstigen Felseninsel klingt nicht eben einladend – und nicht halb so sanft und verlockend wie etwa Samoa oder Hawaii. Doch hinter der harten Kruste verbergen sich unerwartete Schönheit und Vielfalt: malerische Altstädte, traumhafte Strände und Badebuchten, Weinberge, Schluchten und einsame Felsenberge, perfekt ausgestattete Campingplätze und belebte Marinas.

Man erreicht die Insel Krk entweder vom Festland her über die inzwischen nicht mehr mautpflichtige **Krk-Most** oder per Fähre von Merag auf Cres nach Valbiska. Im Sommer gibt es auch eine Fährverbindung von der Insel Rab nach Valbiska (s. S. 136).

Vom Fähranleger in **Valbiska** rollt man rund 10 km durch dichte Macchia, ehe man auf die Hauptachse der Insel stößt. Rechts geht es zur Inselhauptstadt Krk und nach Baška, links in Richtung Njivice und zur Brücke, die Krk mit dem Festland verbindet. Letztere Strecke hat, außer einigen recht unterschiedlichen Campingplätzen und den Badeorten **Malinska** und **Njivice,** nicht sonderlich viel zu bieten.

Parken

🅿 **61 Omišalj,** GPS 45.2394, 14.5595. Hinter Omišalj, kurz vor der Brücke zum Festland, liegt links der Straße ein riesiger asphaltierter Parkplatz mit Meerblick. Achtung: bei Wind sehr exponiert!

🅿 **62 Voz,** GPS 45.2343, 14.5795. Über ein schmales Asphaltsträßchen, das hinter Omišalj rechts abzweigt, fährt man hinunter nach Voz. Dort liegt direkt an der Bucht zwischen alten Schiffswracks ein großer, ebener und ruhiger Schotterparkplatz mit Blick auf die Brücke und einem Strand. Im Jahr 2020 gab es dort allerdings eine große Baustelle mit viel Lärm.

③⑦ Aminess Atea Camping Resort ★★★★

GPS 45.16993, 14.54696

Schön gelegener und sympathischer Platz im Eichenwald am Ende der Straße mit schmalem Fels-/Kiesstrand und Sonnenterrassen; Restaurant; kostenloses WLAN. **Lage/Anfahrt:** von der Inselstraße in Richtung Westen nach Njivice, nördlich am Ort vorbei durch Eichenwald mit Badestrand, den Schildern folgen; **Wasser:** ja, Schlauchanschluss; **Abwasser:** Schacht; **Chemie-WC:** drei Entleerungsstellen; **Strom:** ja; **Preise:** 53–85 €; **Geöffnet:** Mitte April–Anfang November; **Kontakt:** Primorska cesta 41, 51512 Njivice, Tel. 052 858690, www.aminess-campsites.com/de/atea-camping-resort (auch auf Deutsch)

38 Autocamp Bor ★★★

GPS 45.022767, 14.561514

Sympathischer, ruhiger Privatplatz am Ortsrand; offene Flächen, aber auch schattige Olivenbäume und Pinien; ca. 10 Min. vom Meer; schöner Ausblick; nettes Restaurant, WLAN. Die Besitzer stellen auch Wein, Olivenöl, Schnäpse und einen ungewöhnlichen Oliven-Likör her – probieren lohnt sich! **Lage/Anfahrt:** die Innenstadt nördlich (nach rechts) umfahren; beim Kreisverkehr am Ende der Slavka nikoliča die erste rechts in die Kvarnerska, die in die Cirkvenica übergeht; auch für große Fahrzeuge problemlos; **Wasser:** ja, Schlauchanschluss; **Abwasser:** gute Plattform, z. T. auch am Platz; **Chemie-WC:** ja; **Strom:** ja; **Preise:** ca. 38 €, Winterangebot Okt.–März 13 € plus Strom und Kurtaxe; **Geöffnet:** ganzjährig; **Kontakt:** Crikvenička 10, 51500 Krk, Tel. 051 221581, www.camp-bor.hr (auch auf Deutsch)

KRK
(Valbiska – Krk 18 km)

Biegt man 10 km hinter dem Fähranleger nach rechts, so erreicht man auf einer zunehmend besser ausgebauten Straße nach 13 km den Hauptort der Insel. Zu römischer Zeit trug er den ebenso langen wie stolzen Namen „Splendissima Civitas Curictarum". Zweitausend Jahre später ist davon nur ein dürres „Krk" übrig. Dafür blieb im historischen Städtchen selbst vieles verschont: Tore und Wachtürme, das wuchtige Bollwerk des Kastells und die imposante Basilika mit ihrem hübschen Zwiebelturm, der weit übers Meer hinaus die Segler grüßt.

Information
› **TZO Krk** (Insel-Information), Trg Sv. Kvirina 1, 51500 Krk, Tel. 051 221359, www.krk.hr (auch auf Deutsch)
› **TZG Krk** (Stadt-Information), Vela placa 1/1, 51500 Krk, Tel. 051 221414, www.tz-krk.hr (auch auf Deutsch)

Parken
› Die Altstadt von Krk ist für Wohnmobile gesperrt; an den Zufahrten gibt es eine Reihe von Parkplätzen mit Parkscheinautomaten, z. B. GPS 45.0291, 14.5741, GPS 45.0284, 14.5728, GPS 45.0274, 14.5726 und GPS 45.0275, 14.5778.

Östlich der Stadt stößt eine Landspitze weit ins blaue Wasser vor und umschließt eine geschützte Bucht wie einen natürlichen Hafen. Mitten darin liegt das Klosterinselchen **Košljun,** das mit seinen reichen Schätzen zu den bedeutendsten Kulturmuseen ganz Kroatiens zählt. Die Inselstraße schlingt sich um die Bucht bis zur Abzweigung nach Punat.

PUNAT
(Krk – Punat ca. 6 km)

Unmittelbar bei der Abzweigung nach Punat kann man eine Kostbarkeit entdecken, die zunächst kaum auffällt. Unscheinbar wie ein Steinhaufen wächst dort eine pilzförmige

Steinkuppel empor. Bei näherem Hinsehen erkennt man ein schlichtes Tonnengewölbe mit archaischer Kuppel: das Kirchlein **Sveti Dunat** aus altkroatischer Zeit, das wie ein zur Kugel gerollter Steinigel fast zwölf Jahrhunderte überdauert hat.

Ganz dicht am Wasser entlang – nur leider ohne einen geeigneten Parkplatz – schwingt die Straße um die Bucht herum nach Punat. Zunächst passiert man die riesige ACI Marina, dann geht es vom Wasser weg und im Bogen um die Stadt herum.

Sehenswürdigkeiten hat das Städtchen zwar nicht zu bieten, aber es ist ein hervorragend ausgestatteter Ferienort mit dem Camping Pila ㊶, einem der besten Campingplätze der gesamten Region.

Information

› **TZG Punat,** Pod Topol 2, 51521 Punat, Tel. 051 854860, www.tzpunat.hr (auch auf Deutsch)

Parken und Baden

🅿 **63 Sv. Dunat,** GPS 45.0403, 14.6204. Bei der Kapelle Sv. Dunat, kurz vor der Abzweigung nach Punat, liegt ein unasphaltierter Parkplatz direkt am Wasser; im Sommer meist überfüllt. Inzwischen gibt es auch auf der Straßenseite gegenüber einen größeren Parkplatz, an dem im Sommer Obst und Gemüse verkauft werden.

🅿 **64 Marina Punat,** GPS 45.0248, 14.6284. Einige schattige Parkplätze an der Promenade (für kompakte Fahrzeuge), knapp 1 km nach dem Ortsschild rechts abbiegen und ca. 500 m in Richtung Hafen fahren; Vorsicht: niedrige Äste, im Sommer sehr voll.

㊴ Camper Stop Krk

GPS 45.03588, 14.568143

Einer der wenigen bislang existierenden Wohnmobilplätze Kroatiens. 16 Stellplätze auf einem abgetrennten, beleuchteten Platz mit wenig Schatten im Gewerbegebiet; die Lage zwischen den Supermärkten ist eher bescheiden, aber wer in Kroatien einen Womo-Stellplatz sucht, darf nicht wählerisch sein.
Lage/Anfahrt: Stjepana Radica; im nördlichen Gewerbegebiet; von der 102 im Kreisverkehr nach Süden in Richtung Super Konzum und dann zweimal rechts um den Supermarkt herum, problemlose Zufahrt; **Ver-/Entsorgung:** Wasser, Abwasser, Strom, Chemie-WC; gute Plattform; **Weitere Ausstattung:** Dusche/WC (sauber); WLAN; **Untergrund:** Schotter, eben; **Geöffnet:** ganzjährig; **Preise:** 24 Std. und 2 Personen je nach Saison 15–25 € (inklusive Strom, Wasser, Entsorgung etc.); **Kontakt:** Sv. Petar bb, 51 500 Krk, Tel. 051 619074, www.camperstop-krk.com/de

211kr Abb.: rh

🅿ྐ **65 Busparkplatz,** GPS 45.0192, 14.6275. Für größere Fahrzeuge gibt es einige Plätze etwas weiter südlich beim Busparkplatz.

④ Camping Pila ★★★

GPS 45.015949, 14.62838

Ein guter Platz im Pinienwald an der Strandpromenade und mit ebenen, aber nicht sehr großen Parzellen. Leider hört man zunehmend Klagen bzgl. Lautstärke und Sicherheit; kein Strand, nur betonierte Promenade. **Lage/Anfahrt:** nach der Marina und vor dem Ortseingang links steil hinauf den Ort umfahren, dann wieder bergab und links (beschildert); **Wasser:** ja; **Abwasser:** tadellose Station vor dem Eingang links; **Chemie-WC:** 2 Entleerungsstellen; **Strom:** ja; **Preise:** 38–45 €; **Geöffnet:** Mai–Ende Sept.; **Kontakt:** Obala 94, 51521 Punat, Tel. 051 854020, www.hoteli-punat.hr/de/campingplatz-pila-23/ (auch auf Deutsch)

Fährt man am Camp Konobe vorbei weiter nach Süden (Sackgasse), so gelangt man ca. 13 km hinter Punat auf der schmaler werdenden Straße nach **Stara Baška** mit einem hübschen kleinen Hafen und einem Kiesstrand.

④ Krk Premium Camping Resort ★★★★★

GPS 45.02466, 14.59223

Der erste, aber nicht mehr einzige 5-Sterne-Platz Kroatiens ist ein Öko-Campingplatz in traumhafter, ruhiger Lage ganz in der Nähe des historischen Stadtkerns von Krk. Der sehr attraktive Platz mit exotischer Pflanzenpracht bietet alles, wovon man für einen perfekten Urlaub träumen kann und ist *der* Platz für Paare und Familien, die sich etwas Besonderes gönnen wollen. Kostenloses WLAN auf dem ganzen Platz; Plätze mit SAT/TV-Anschluss, Pools, Wellness, Glamping-Zelte; ausgezeichnetes Restaurant. **Lage/Anfahrt:** östlich der Stadt Krk von der 102 nach Süden biegen und den Schildern folgen; **Wasser:** Schlauchanschluss am Platz; **Abwasser:** am Platz, aber auch eine tadellose Ver-/Entsorgungsstation vor der Einfahrt; **Chemie-WC:** Stationen in den meisten Sanitäranlagen; **Strom:** ja; **Geöffnet:** Mitte April–Ende September; **Kontakt:** Valamar Camping Resort Krk, Tel. 052 465010, www.camping-adriatic.com/de/camp-krk-politin

42 FKK-Camp Konobe ★★

GPS 44.990971, 14.63076

Schöner FKK-Platz inmitten der Natur. **Lage/Anfahrt:** von Punat weiter in Richtung Stara Baška den Berg hinauf; dann rechts eine steile, aber problemlose Asphaltstraße hinunter; **Wasser:** ja, mit Schlauch; **Abwasser:** Entsorgungsstation nahe dem Westende des Strands; **Chemie-WC:** 2 Entleerungsstellen; **Strom:** ja; **Preise:** ca. 40 €; **Geöffnet:** Mitte April–Ende Sept.; **Kontakt:** Tel. 051 854036, www.hoteli-punat.hr/de/fkkcamp-konobe-37/

BAŠKA
(Krk – Baška 20 km)

Landschaftlich reizvoll ist auch die Fahrt über die gut ausgebaute Straße Nr. 102 nach Baška (16 km ab Punat). Sie klettert hoch über die Bucht von Košljuin empor, überquert den Rücken des imposanten **Obzova-Gebirges,** mit schroffen Felsabstürzen, herbgrünen Kieferwäldern, Steineichen, vereinzelten Akazien und einigen schönen Wandermöglichkeiten. Dann geht es an einer Quelle mit Trinkwasser vorbei und ein hübsches Bachtal mit Weinbergen und Gemüsegärten abwärts.

Parken
🅿 **66 Obzovo-Gerbirge,** GPS 45.02780, 14.67704. Sehr schöner Parkplatz (Schotter, 283 m ü. d. M.) kurz hinter dem Pass mit einer Glagoliza-Skulptur und Blick auf die Berge.

In **Jurandvor** zweigt rechts ein Fahrweg ab, der nach **Batomalj** und (an der Gabelung rechts) zu einer Bergkapelle mit herrlichem Ausblick führt (nicht für größere Fahrzeuge!). Gegenüber von dieser Abzweigung geht es nach links nur ein kurzes Stück zur Kapelle „Sv. Lucija, Bašćanska Ploča" (beschildert) mit der 1000 Jahre alten „**Tafel von Baška",** dem ältesten kroatischen Schriftstück überhaupt.

Das an die südöstlichste Bucht der Insel geschmiegte Städtchen Baška ist ein beliebtes Ferienzentrum mit einer reizvollen Altstadt, deren enge Treppen und Pflastergässchen an blumengeschmückten Häusern vorbei zu zahlreichen Restaurants und Cafés führen. Vor allem aber besitzt der Ort einen kilometerlangen Strand aus Sand und feinem Kies, der sich rings um die weite Bucht schwingt. Lohnend ist ein Spaziergang hinauf zur Kapelle Sv. Ivana mit einem fantastischen Ausblick über das Meer zur Insel Rab und der Festlandsküste.

Information
› **TZG Baška,** Kralja Zvonimira 114, 51523 Baška, Tel. 051 856817, www.visitbaska.hr/de (auch auf Deutsch)

Fähren
› **Valbiska/Krk – Lopar/Rab** (ca. 80 Min.), Juni–Sept. 4 Autofähren pro Tag; sonst 2 pro Tag. Zum Festland gibt es ab Baška keine Verbindungen. Information: Jadrolinija, www.jadrolinija.hr
› **Lopar** (Rab): Tel. 051 775532, **Valbiska** (Krk): Tel. 051 863180

Parken
🅿 **67 Baška, Stadt,** GPS 44.9719, 14.7556. Die teuren Stadt-Parkplätze an der Kralja Tomislava (am Ortseingang links hinauf) füllen sich im Sommer

rasch und Wohnmobile werden dort meist nicht akzeptiert. Da ist es besser, man fährt am Ortseingang rechts zum Baška Beach Camping Resort ❹, wo man bei den Tennisplätzen meist eine (inzwischen gebührenpflichtige) Parkmöglichkeit findet.

❹ Baška Beach Camping Resort ★★★★

GPS 44.96714, 14.74523

Großer, ebener, überwiegend sonniger und teilweise parzellierter Wiesenplatz mit traumhaftem, langem Kiesstrand; Sportanlagen, angenehme Atmosphäre; kostenloses WLAN; nur einen Strandspaziergang von Baška entfernt. **Lage/Anfahrt:** am Ortseingang rechts den Schildern folgen; **Wasser:** ja, mit Schlauch; **Abwasser:** 2 Stationen mit Plattform, aber etwas kleinem Schacht und ohne Gefälle; **Chemie-WC:** 2 Entleerungsstellen; **Strom:** ja; **Preise:** 58–85 €; **Geöffnet:** Mai–Mitte Okt.; **Kontakt:** Put Zablaća 40, 51523 Baška, Tel. 052 465010, www.camping-adriatic.com/de/zablace-camp-baska (auch auf Deutsch)

❹ Naturist Camp Bunculuka ★★★★

GPS 44.969059, 14.76680

In einer fantastischen, wildromantischen Felsbucht gelegener, wunderschöner FKK-Platz mit herrlichem Kiesstrand, der auf den ersten Blick begeistert; bis zu 130 m² große Parzellen; WLAN auf dem ganzen Platz; schöner Uferweg in den Ort; etwas störend sind die vielen Spaziergänger. **Lage/Anfahrt:** vor Baska links den Ort oberhalb umfahren und dann in der ersten Haarnadelkurve geradeaus weiter (nicht hinunter bis ans Meer); **Preise:** 60–73 €; **Geöffnet:** Mai–Ende Sept.; **Tipp:** vom Strand führen Fußpfade entlang der Küste zu weiteren reizvollen Buchten; **Kontakt:** Kricin 30, 51523 Baška, www.camping-adriatic.com/de/bunculuka-naturist-camp-baska (auch auf Deutsch)

▷ *Wanderung durch die schroffe Felsenwelt des Obzova-Gebirges*

VRBNIK
(Krk – Vrbnik ca. 12 km)

Zurück vom Abstecher nach Baška lohnt es sich, kurz vor Erreichen der Abzweigung nach Punat rechts abzubiegen und quer durch die Insel zur schroffen Nordostküste zu fahren, wo auf einem felsigen Hügel das Städtchen Vrbnik trutzig aus dem Meeresblau aufragt. Vrbnik auf Krk – mit Vokalen ist man hier sparsam! Umso großzügiger ist Vrbnik jedoch mit anderen Kostbarkeiten. Schon das Städtchen selbst ist ein Schmuckstück unter den

> ### Wandern im Obzova-Gebirge
> Wer die weiße Felsenwelt des Obzova-Gebirges hautnah erleben will, kann auf einem fantastischen, aber recht anstrengenden Fußweg von Baška nach Stara Baška wandern (grüne Markierung, Gehzeit ca. 3,5 Stunden; reichlich Wasser mitnehmen!). Der Pfad beginnt beim Baška Beach Camping Resort ❹ südwestlich von Baška, führt zunächst durch das Tal in Richtung Norden nach Batomalj, dann geht es in südwestlicher Richtung steiler hinauf zum 370 m hohen Bergrücken, von dem man einen herrlichen Blick genießt. Der steile Abstieg nach Stara Baška erfordert Trittsicherheit.

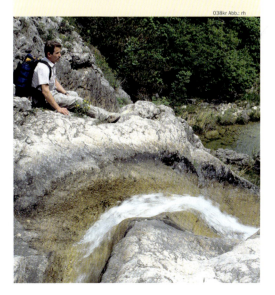

vielen bezaubernden Altstädten Kroatiens. Seine Mauern bergen sehenswerte Kirchen und Kapellen und die 600 Jahre alte Fürstenbibliothek mit 15.000 Büchern, unter denen zahlreiche Raritäten zu finden sind. Und wenn Ihnen nach Baukultur und staubigen Folianten die Kehle brennt oder der Magen knurrt, dann ist die „Konoba Nada" gleich hinter dem Kirchplatz wärmstens zu empfehlen. Ein wahres Kleinod der kroatischen Gastronomie. Dort können Sie auf der Dachterrasse mit Blick auf die Hafenbucht speisen oder im kühlen Gewölbekeller zwischen alten Holzfässern und unter duftenden Schinken, die verlockend von der Decke baumeln. Hausgemachter „Sir i Pršut" (Käse und Schinken) sind besonders zu empfehlen. Aber Sie können sich auch mit Fisch, Meeresfrüchten oder Fleischgerichten stärken und dazu einen der köstlichen Weine genießen. Allen voran natürlich den berühmten strohgelben Žlahtina, der nur auf dem fruchtbaren Karstboden in einem kleinen Gebiet bei Vrbnik gedeiht.

Information
› **TZG Vrbnik,** Plava vrbnickog statuta 4, 51516 Vrbnik, Tel. 051 857479, www.vrbnik.hr (auch auf Deutsch)

Gastronomie
› **Konoba Nada,** Glavaca 22, Tel. 051 857065, www.nada-vrbnik.hr (auch auf Deutsch), 15.03.–01.11. tägl. 12–23 Uhr (Reservierung empfohlen). Gutes Restaurant mit Konoba im stimmungsvollen Gewölbe und Weinkellerei. Besonders gut ist der nur in Vrbnik gekelterte Weißwein Zlahtina Nada.

Parken
Ⓟ **68 Vrbnik, Zentrum,** GPS 45.0754, 14.6744, Ecke Retec/Supec, nur für kleinere Fahrzeuge
Ⓟ **69 Vrbnik, Strand,** GPS 45.07676, 14.67814. Varos; unterhalb des Hotels Gospoja und direkt über dem Meer.
Ⓟ **70 Vrbnik, supel ulica,** GPS 45.0758, 14.6797. Ein weiterer Strandparkplatz liegt östlich der Bucht nahe dem Hotel Argentum.

BUCHT VON SOLINE

Wer das Inselhüpfen fortsetzen möchte, macht den Abstecher nach Vrbnik zuerst und setzt dann von Baška nach Rab über. Falls die Fähren nicht verkehren oder man aus anderen Gründen lieber der Küste folgen will, kann man von Vrbnik zurück zur Inselhauptstadt fahren und über die gute, aber eher langweilige und an Wochenenden zeitweise überlastete Inselstraße zur Brücke zum Festland fahren. Reizvoller ist es, man biegt kurz hinter Vrbnik nach rechts in Richtung **Dobrinj** (8 km), dort kann man links biegen, um nach 7 km bei Malinska die Inselstraße zu erreichen.

Oder man fährt zuerst geradeaus in Richtung Klimno und erreicht dann nach ca. 3,5 km hinter dem Dorf Soline die reizvolle **Bucht von Soline** mit einem schönen Badeplatz. Hält man sich in Soline links in Richtung Čižići/Rudine, so sieht man bald, dass die Bucht ihren (von Sole für Salzlösung hergeleiteten) Namen nicht umsonst trägt: Kurz hinter dem Ort dehnen sich die weiten Uferflächen der einstigen Salzbecken aus – heute ein beliebter und für Kroatien ungewöhnlicher Sandstrand mit braunem Heilschlamm und sehr flachem Wasser.

Parken und Baden
Ⓟ **71 Meline Strand,** GPS 45.1502, 14.5996. Sonniger Platz am Sandstrand kurz hinter Soline.

Wer auf dem schmalen Sträßchen weiter via Čižići nach Rudine fährt, kann dort die **Biserujka-Höhle** besichtigen (www.klimno.net/biserujka_deu.htm). Andernfalls folgt man der Bucht noch ein kurzes Stück und schwenkt dann links in Richtung Malinska zur Inselstraße zurück. Dort angekommen sind es noch 13 km bis zur Brücke zum Festland.

Parken
› Parkmöglichkeiten bei **Omišalj** und **Voz** (s. S. 132)

Anschluss
› Anschluss an Route 2 (s. S. 105)

RAB – GRÜNE INSEL MIT PARADIESSTRAND

„Rab ist die grünste und fruchtbarste Insel der nördlichen Adria", verkünden die Reiseführer. Wer mit der Fähre von Jablanac ankommt, wird das nicht glauben. Steingraue Schotterwüste empfängt ihn dort – so kahl wie der Mond. Und darüber flimmert die sengende Hitze. Totes Land. Kein Baum, kein Strauch und kein Grashalm.

Aber das ist nur die Landseite, die von den eisigen Böen der Bora kahl gefegt wurde wie bei fast allen kroatischen Inseln. Auf der Seeseite hingegen gedeihen Weinberge und Gemüsegärten. Stattliche Wälder mit Kiefern oder Flaumeichen säumen die Berghänge darüber und duftende Tamarisken flankieren die schönen blauen Badebuchten. Das ist die andere, die grüne und einladende Seite des Eilands.

Ungefähr 3 km nach dem Fährhafen lohnt sich ein kurzer Abstecher die Asphaltstraße links hinunter zum alten Fähranleger von **Pudarica**.

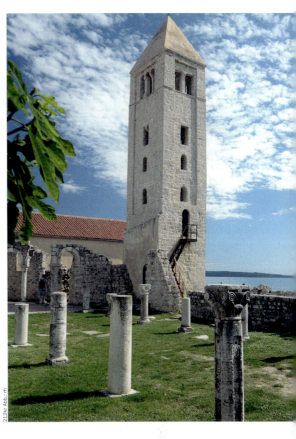

Fähren zur Insel Rab
› **Stincina – Mišnjak** (ca. 18 Min.), im Sommer 5–23 Uhr ca. alle 30–60 Min.; trotzdem sind lange Staus möglich; Gesellschaft Rabska Plovidba, Tel. 051 724122, www.rapska-plovidba.hr (auch auf Deutsch)
› **Lopar – Valbiska** (s. S. 136)

Parken
P **72 Fährhafen Mišnjak,** GPS 44.7056, 14.8599. Am Fährhafen befindet sich ein riesiger, völlig schattenloser Parkplatz (mit Toiletten) für ein Picknick mit Meerblick oder sogar ein Bad.

Der 26 m hohe Glockenturm der Marienkirche von Rab wurde im 12./13. Jahrhundert erbaut

P **73 Pudarica,** GPS 44.7072, 14.8320. Ebener, aber schattenloser Asphaltparkplatz bei einem der schönsten Sandstrände der Insel; außerhalb der Saison herrlich und ruhig; während der Saison Imbisslokal, viel Trubel und voll.

Anschluss
› In Jablanac an Route 2 (s. S. 114)

RAB – DIE INSELHAUPTSTADT
(Mišnjak – Rab 9 km)

Auf halber Strecke der Inselstraße erreicht man das Städtchen Rab, eine wahre Perle unter den kroatischen Küstenstädten. Für viele die schönste überhaupt. Auf einer Landspitze erbaut, scheint die befestigte Altstadt wie ein Schiff durch das Meer zu pflügen. Hinter einem Wald von Segeljachten staffeln sich die Häuser den steilen Hang hinauf. Darüber – entlang der Donja ulica aufgereiht – ragen die vier Kirchtürme in den Abendhimmel wie die Masten eines alten Schoners, der die Segel gerefft hat. Kühle Gassen, flankiert von Cafés und kleinen Geschäften, durchschneiden die Landspitze. Und ein von Palmen und blühenden Agaven gesäumter Uferweg führt darum herum wie eine Schiffspromenade – nur an der exponierten Südseite ist er unterbrochen, weil dort die Felsen und Mauern senkrecht aus dem Meer emporsteigen. Den schönsten Blick über die Hohlziegeldächer und auf die vier Kirchtürme des Museumsstädtchens genießt man bei Sonnenuntergang von der alten Stadtmauer, die Rab zum Festland hin abschirmt. Dahinter erstreckt sich der traumhafte **Waldpark Komrčar,** der mit hundertjährigen Pinien, Zypressen und Feigenbäumen bis zur Uferpromenade hinunterreicht. Kein Wunder, dass Feriengäste schon vor hundert Jahren die Inselstadt entdeckt haben. Rab hatte den ersten FKK-Strand Kroatiens. Selbst der britische König Eduard VIII. ließ hier schon 1936 die Hüllen fallen. Und heute ist die gesamte Insel den Sommer hindurch ein beliebtes Touristenziel.

Baden kann man nicht nur an der Strandpromenade und entlang dem Park, sondern man kann sich auch mit kleinen Booten auf die gegenüberliegende **Halbinsel Frkanj** bringen lassen, deren von Eichenwald gesäumte Felsufer bei FKK-Freunden sehr beliebt sind.

Information
› **TZG Rab,** Trg Municipium Arba 8, 51280 Rab, Tel. 051 724064, www.rab-visit.com/de

Gastronomie
› **Barbat,** Barbat 366, 51280 Barbat, GPS 44.73564, 14.7995, Tel. 051 721 858, http://hotel-barbat.com. Der Top-Tipp für die ganze Insel und darüber hinaus. In historischem Ambiente und mit erstklassigem Service genießen Sie hier traditionelle Gerichte aus täglich frischen Zutaten. Unbedingt probieren: getrockneten Tintenfisch mit Rührei *(Fritaja od Stoklaj)* – früher ein Armeleuteessen, heute eine leckere Spezialität, die man selten findet.

◁ *Blick von einem Rastplatz der Adria-Magistrale auf die vorgelagerten Karstinseln*

▷ *Am Paradiesstrand von Lopar*

Parken

🅿 **74 Rab Hafen,** GPS 44.760072, 14.761402
🅿 **75 Rab Slavija,** GPS 44.7587, 14.7595. Zu ruhigeren Zeiten kann man mit kleinen Fahrzeugen zwischen Hafenmauer und Stadt oder am Hafen parken; in der Saison mit größeren Reisemobilen besser auf den Padova Premium Camping Resort ㊺ fahren und von dort aus die Stadt besuchen.

㊺ Padova Premium Camping Resort ★★★★

GPS 44.75174, 14.77546

Der sympathische, relativ kleine Campingplatz mit etwas knappem Feinkiesstrand und sauberem Wasser liegt nur einen Spaziergang (ca. 2 km) von der Altstadt von Rab entfernt und ist daher vor allem für einen Stadtbesuch perfekt; kostenloses WLAN. **Lage/Anfahrt:** von der Straße Nr. 105 wenig südlich von Rab nach Westen abbiegen; **Wasser:** ja, meist am Stellplatz; **Abwasser:** fast alle Plätze mit Abwasseranschluss; **Chemie-WC:** ja; **Strom:** ja, alle Plätze; **Preise:** 57–75 €; **Geöffnet:** 1.4.–3.10.; **Kontakt:** Banjol 496, 51280 Rab, Tel. 051 724355, Reservierung: Tel. 052 465010, www.camping-adriatic.com/de/padova-camp-rab (auch auf Deutsch).

Ein **Abstecher** lohnt sich zum nahen **Kloster Sveta Eufemija** (auch zu Fuß auf dem ca. 4,5 km langen Uferweg zu erreichen) und durch den üppigen Wald der **Kalifront-Halbinsel** mit einigen schattigen Parkplätzen in Strandnähe. Hier ist es vorteilhaft, ein Fahrrad an Bord zu haben, denn auf der menschenleeren Halbinsel gibt es ein Geflecht reizvoller Waldpfade, die zu abgelegenen Buchten führen! **Achtung:** Campen und jede Art von Feuer sind auf der Halbinsel streng verboten!

Tipps

› Zu den Hauptattraktionen zählt das im Mai stattfindende Mittelalterfest in der Stadt Rab mit Auftritt der Armbrustschützen. Eine Spezialität, die man nicht verpassen sollte, ist die *Rabska Torta* – ein traditionelles Mandelgebäck.

LOPAR UND DER PARADIESSTRAND
(Rab – Lopar 12 km)

Durch reizvolle Landschaft führt die Inselstraße weiter nach Lopar, das vom Stadtbild her nicht viel zu bieten hat, aber dennoch **das**

Was hat Lopar mit San Marino zu tun?

San Marino nennt sich auch die Hotelsiedlung samt Campingplatz, die hinter der San-Marino-Bucht zwischen schattigen Pappeln und Pinien emporgewachsen ist, und man fragt sich, ob sie wohl etwas mit der Mini-Republik auf der Apenninenhalbinsel zu tun hat. Sie hat – zumindest der Legende nach. Der in Lopar geborene Steinmetz Marinus soll im 3. Jahrhundert übers Meer nach Rimini gesegelt sein, um dort am Bau der Festung mitzuarbeiten. An den Hängen des Monte Titiano, so heißt es, habe er eine Höhle gefunden, in die er sich als Einsiedler zurückzog. Gleichgesinnte folgten, eine Kirche wurde gebaut, dann ein Kloster und schließlich eine Stadt: San Marino.

touristische Zentrum der Insel ist. Warum? Wegen seines Paradiesstrandes: ein langer, feinsandiger und flach abfallender Badestrand rings um die hufeisenförmige **San-Marino-Bucht.** Das ist für Kroatien wahrhaft eine Rarität! Daher bietet der Ort alles, was das Touristenherz begehrt – und einen großen Campingplatz, der fast die ganze Bucht umfasst. Zugleich ist die Stadt Fährhafen für Verbindungen zur Insel Krk.

Information
› **TZG Lopar,** Lopar bb, 51281 Lopar, Tel. 051 775508, www.lopar.com (auch auf Deutsch)

Parken und Picknick
❑ **76 Kampor,** GPS 44.7622, 14.7237. An der Straße nach Suha Punta (Richtung Kampor und ca. 3 km hinter Rab links um die Bucht herum) liegt ein großer, ebener Asphaltparkplatz zwischen Bäumen. Unmittelbar danach folgen Parkmöglichkeiten zwischen Kiefern.

㊻ San Marino Camping Resort ★★★★

GPS 44.823372, 14.73691

Großer, sehr schön gelegener und teilweise parzellierter Platz mit Pappel- und Pinienwald, Wiese und einem für Kroatien einmaligen 1,5 km langen, flachen Sandstrand; daher in der Saison sehr voll – aber in der Vorsaison traumhaft. Komfort-Ausstattung, Sportangebote, Sauna, Wellness; kostenloses WLAN. **Lage/Anfahrt:** am Ortseingang rechts den Schildern folgen; **Wasser:** ja; **Abwasser:** Entsorgung möglich; **Chemie-WC:** 2; **Strom:** ja; **Preise:** 50–58 €; **Geöffnet:** 1.4.–1.10.; **Kontakt:** Lopar 488, 51281 Lopar, Tel. 051 05465010, www.camping-adriatic.com/de/san-marino-camp-rab (auch auf Deutsch)

Fähren Krk – Rab
› **Lopar (Rab):** Tel. 051 775532; **Valbiska (Krk):** Tel. 051 863180 (s. S. 136)

Anschluss
› Von Lopar kann man entweder die Fähre nach Valbiska auf der Insel Krk nehmen und seine Reise dort fortsetzen (s. S. 136) oder man fährt auf dem Weg zurück, den man gekommen ist, und folgt dann der Festlandsküste ab Jablanac.

ROUTE 4
NORDDALMATIEN: INSEL PAG, ZADAR BIS ŠIBENIK

Strecke:
Novalja (s. S. 146) – **Pag** (18 km, s. S. 149) – **Nin** (55 km, s. S. 151) – **Zadar** (18 km, s. S. 154) – Abstecher zu den Inseln Ugljan und Pašman (s. S. 157) – Abstecher zur Insel Dugi Otok (s. S. 158) – Biograd (26 km, s. S. 162) – **Vraner See** (s. S. 164) – **Insel Murter** (s. S. 165) – **Vodice** (s. S. 167) – **Šibenik** (43 km, s. S. 167) – **Skradin** (18 km, s. S. 170)

Streckenlänge:
178 km (ohne Abstecher)

◁ *Kapitelstartseite: Ein Faltboot bietet hervorragende Möglichkeiten, um abgelegene Buchten und Inseln zu entdecken*

ROUTENÜBERSICHT

Nach der kahlen Felsenküste zwischen Senj und der Maslenika-Brücke – wer würde da noch belebte Badeplätze erwarten, malerische Buchten oder gar feinsandige Strände, die doch in ganz Kroatien eine Rarität darstellen? Aber es ist so – ab Zadar reihen sich Badestrände und malerische alte Städte in bunter Folge aneinander. Zwischen den wilden Karstschluchten von Paklenica und den Wasserwundern des Krka-Nationalparks erstreckt sich Norddalmatien. Zentrum der Region ist die über 2000 Jahre alte Hafenstadt Zadar mit ihrer Vielfalt an Kulturschätzen und Baudenkmälern. Mit der kuppigen Hochfläche Ravni Kotari besitzt das „Tor nach Dalmatien" als einzige dalmatinische Küstenstadt ein fruchtbares Hinterland. Wer die kurvige Küstenstraße abkürzen möchte oder für die Rückfahrt eine Alternativroute sucht, kann auf die vorgelagerte Insel Pag ausweichen, die neben rauer Steinwüste auch paradiesische Badestrände und gute Campingplätze bietet. An der Küste südlich von Zadar erstreckt sich eine Kette malerischer Badeorte, Fischerdörfer und mittelalterlicher Museumsstädte. Und Schiffsausflüge locken in das Insellabyrinth des Kornaten-Nationalparks mit rund 100 unbewohnten Robinson-Inseln.

Route 4: Norddalmatien

INSEL PAG – KARSTINSEL MIT TRAUMSTRÄNDEN

Wer die Faxen der kurvigen Küstenstraße dicke hat, der nimmt ab **Prizna** (s. Route 2, S. 115) die Fähre und ist 15 Minuten später schon in einer anderen Welt. Die ca. 60 km lange **Insel Pag** zeigt sich zwar bei Ankunft in **Žigljen** so steinig, kahl und schattenlos wie ein ausgebrannter Stern, aber das ist man ja inzwischen gewöhnt. Und zwischen den Felsen sprießen hier die reinsten Kräutergärten. Die Schafe von Pag fressen kein Gras, sondern duftende Kräuter, die von den Böen der Bora zusätzlich mit feinem Salznebel aus dem Meer überstäubt werden. Das verleiht dem berühmten Pager Schafskäse (Paški Sir), aber auch dem Schafsbraten seine besondere Würze.

Blick auf das Städtchen Pag

NOVALJA – DAS TOURISTISCHE ZENTRUM

Die Inselstraße klettert in zwei Kehren den Hang hinauf und zieht sich dann schnurgerade über den steinigen Inselrücken. Nach 7 km ist die Abzweigung rechts zum Badeort Novalja erreicht, ein Ferienort wie aus dem Katalog und im Sommer entsprechend überfüllt. Die Stadt selbst bietet so ziemlich alles an Freizeiteinrichtungen – aber sonst fast nichts (abgesehen vom Heimatmuseum). Im Sommer parkt man lieber draußen und besucht sie zu Fuß – oder gar nicht.

Information
› **TZO Novalja**, Trg Brišćić 1, 53291 Novalja, Tel. 053 661404, www.visitnovalja.hr (auch auf Deutsch)

Fähren nach Pag
› **Prizna – Žgljen** (ca. 15 Min.), im Sommer tägl. zwischen 4 und 23 Uhr etwa stündlich. Info: Tel. 053 889600 (Prizna), Tel. 098 299133 (Žigljen/Pag). Jadrolinija Passagier-Fähren (keine Autofähre!) verkehren zwischen Rab (Insel Rab) und Novalja.

Aktivitäten

› Wer ein bisschen Einsamkeit sucht oder eine nette **Radtour** unternehmen will, kann auf der recht guten Asphaltstraße nördlich von Novalja durch die karge Steppen- und Buschlandschaft der schmalen Halbinsel von Lun bis fast zu ihrer Nordspitze fahren (ca. 24 km einfach).

Parken

🅿 **77 Arburoza Parking,** GPS 44.5573, 14.8818. Großer, gebührenpflichtiger Parkplatz am Hafen, aber im Sommer ist das Gedränge dort groß!

47 Camping Straško ★★★★

GPS 44.53878, 14.88596

Sehr großer, weitläufiger Platz mit Pinien, Eichen und Freiflächen, der nicht gedrängt wirkt; langer Fels-/Kiesstrand, Geschäft, Restaurant, Bungalows; großer FKK-Bereich; WLAN kostenlos; im Sommer Disco. **Lage/Anfahrt:** vor Novalja nach links den Schildern folgen (ca. 1,5 km); **Wasser:** ja, z. T. Stellplätze mit Strom-, Wasser- und Abwasseranschluss; **Abwasser:** tadellose Entsorgungsplattform gleich hinter der Rezeption; z. T. Entsorgung am Stellplatz möglich (mit geeignetem Schlauch oder Eimer); **Chemie-WC:** 3 Entleerungsstellen in Sanitärgebäuden; **Strom:** ja; **Preise:** ca. 68 €;

Geöffnet: Mitte April–Mitte Okt.; **Kontakt:** Zeleni put 7, 53291 Novalja, Tel. 053 661226, www.camping strasko.com/de (auch auf Deutsch)

Fährt man rechts (östlich) an Novalja vorbei, so gelangt man ca. 6,5 km hinter dem Ort nach **Stara Novalja** (Alt-Novalja), dem einstigen Fähranleger, dessen großer, schattenloser Parkplatz mit der Konoba Porat die Möglichkeit zu einer ruhigen und gebührenfreien Mittags- oder Kaffeepause bietet.

Parken, Baden und Picknick

🅿 **78 Stara Novalja, Planjka Trinćel Strand,** GPS 44.5707, 14.8882. Schattenloser, gebührenpflichtiger Platz am Ortseingang rechts gegenüber dem Planjka Trinćel Strand mit Toilette, Restaurant und Bar.

79 Stara Novalja, alter Hafen, GPS 44.6036, 14.8728. Großer, schattenloser Parkplatz am alten Fährhafen Konoba Porat.

🅿 **80 Stara Novalja, Jadra Strand,** GPS 44.6081, 14.8747. Ruhiger, schattenloser Parkplatz an einem abgelegenen Felsstrand nördlich der Stadt.

Der felsige Inselrücken von Pag ist reich an Blumen und Ausblicken

ÜBER DEN INSELRÜCKEN

Fährt man von Novalja auf der Inselstraße nach Süden, so sieht man ca. 1 km hinter der Abzweigung nach Žgljen links einen schmalen Asphaltweg abzweigen, der durch den Kiefernwald zum Kiesstrand an der **Zrće-Bucht** führt. Früher und evtl. noch außerhalb der Saison ein wahrhaft idyllisches Plätzchen mit Parkmöglichkeit direkt hinter dem Kiesstrand, im Sommer ein Riesen-Rummel mit teurem Parkplatz (GPS 44.54117, 14.91328).

Inzwischen ist der Strand Zrće eine der herausragendsten Festival und Clubbing Destinations in Kroatien. Die Saison geht von Ende Mai bis Anfang September. In dieser Zeit finden hier zahlreiche Events und Festivals mit Weltklasse-Line-up statt. Seit einigen Jahren ist der Strand jeden Sommer eine Woche lang Schauplatz des Loveweek Festivals. In Corona-Zeiten haben die Großveranstaltungen jedoch Pause.

Auf den folgenden 5 km klettert die Straße höher auf den Inselrücken empor und zieht sich durch die grafischen Linienmuster zahlloser Steinmauern. Nach links zweigen immer wieder kleine Sträßchen ab, an denen Täfelchen einen „Plaža" versprechen.

Mit einem kompakten Fahrzeug lässt sich hier manches Idyll entdecken (besonders außerhalb der Saison); für größere Mobile sind die teils engen und steilen Zufahrten kaum geeignet.

Schön und bislang ohne Verbotstafeln ist der feinkiesige **Strand Sv. Duh** mit kleinem Campingplatz, aber steiler und schmaler Zufahrt (GPS 44.5136, 14.9595).

Hinter dem Weiler **Kolan** schwingt sich die Straße zur Außenküste der Insel hinüber und eine kleine Stichstraße zweigt rechts zum fantastisch gelegenen Campingplatz „Šimuni" ab.

Einkaufen

› **Pager Schafskäse** bester Qualität (zahlreiche Auszeichnungen) und zu reellen Preisen bietet der Shop der Käserei Gligora in Kolan (44.50023, 14.95704, mit Parkplatz direkt an der Straße), auch Besichtigung der Käserei und Verkostung, Tel. 023 698052, www.gligora.com (auch auf Engl., mit Onlineshop), Mo–So 8–20.30 Uhr.

Wieder geht es über den kargen Inselrücken empor – mit weitem Blick übers Meer und zwischen Flächen blauer Salbeiblüten hindurch. Dann blickt man plötzlich wie aus der Vogelperspektive hinab auf die Bucht von Pag und auf das Gittermuster der Salinenbecken. Zwischen beiden liegt das Renaissancestädtchen Pag, das ebenfalls im Schachbrettmuster angelegt ist. Und gleich bietet sich ein großer Parkplatz an, von dem aus man dieses Panorama bei einer Kaffeepause genießen kann.

Parken und Picknick

▯ 81 **Pag, Aussicht**, GPS 44.4383, 15.0377. Unbefestigter, schattenloser Platz gleich nach der Linkskurve mit weitem Ausblick.

△ *Pager Schafskäse in der Käserei Gligora in Kolan*

48 Camping Village Šimuni ★★★

GPS 44.465229, 14.96710

Großer, reizvoll gelegener Platz (z. T. knappe Parzellen) mit Eichen und Pinien, der u. a. eine ganze Halbinsel umfasst; recht eigenwillig mit vielen originellen Details; langer Kies- und Sandstrand, viele Sportangebote; Fisch-/Lebensmittelladen, mehrere gute Restaurants, insbesondere das Fischrestaurant ist ausgezeichnet; kostenloses WLAN, hilfsbereites Personal; in der Hauptsaison viel Animation und Beschallung; nicht parzellierte Bereiche; Stellplätze mit Strom für eine Nacht nahe der Rezeption. **Lage/Anfahrt:** ca. 2,5 km hinter Kolan nach rechts den Schildern folgen; **Wasser:** ja, z. T. Stellplätze mit Strom- und Wasseranschluss; **Abwasser:** ja, („Trokadero"-)Plattform mit Deckel ohne Gitter, etwas enge Zufahrt (Vorsicht Bäume!) und falsches Gefälle; **Chemie-WC:** ja, in Sanitärgebäuden; **Strom:** ja; **Preise:** 55–83 €, Zuschlag für 1. Reihe 20 €; Stellplatz am Eingang mit Strom und Nutzung aller Einrichtungen 6,70–20 € (max. 1 Nacht); **Geöffnet:** ganzjährig; **Kontakt:** Šimuni 106, 23251 Kolan, Tel. 023 697441, www.camping-simuni.hr (auch auf Deutsch)

216kr Abb.: rh

PAG – RENAISSANCESTADT MIT SCHACHBRETTMUSTER

(Novalja – Pag 18 km)

Eine über 500 Jahre alte Stadt mit einem rechtwinkligen Straßenmuster wie Manhattan oder sonst eine US-Metropole – da schaut man doch überrascht. Doch tatsächlich ist das beschauliche Städtchen mit seinem unberührten Charme 1483 von Juraj Dalmatinac ganz am Reißbrett entworfen und planmäßig angelegt worden: rings um den weiten und prachtvollen Marktplatz, auf dem ein Denkmal des Baumeisters steht. Dahinter erhebt sich die Basilika Sv. Maria (1443–1488), an deren Fassade sich Elemente aus der Gotik und der Renaissance mischen. Südlich der Stadt bedecken riesige **Salinen** die flache Lagune, in denen schon seit 1215 Salz gewonnen wird und die noch heute zu den bedeutendsten des Landes zählen.

In den schattigen Gassen sitzen alte Frauen vor der Haustür und arbeiten an den berühmten **Pager Spitzen,** die nicht gestickt oder geklöppelt, sondern genäht werden. Sie sind so fein verästelt und zart wie Schneekristalle. Daher arbeiten die Frauen selbst an den kleinsten Deckchen tagelang von früh bis spät. Kein Wunder, dass diese Kunstwerke ihren Preis haben. In kühlen Gewölbekellern reift der berühmte Paški Sir (Schafskäse von Pag), sauber aufgereiht neben duftenden Schinken und alten Holzfässern, in denen der Wein lagert. Alle Köstlichkeiten bekommt man in **„Bepo Biles Konoba"** serviert. Schon das Lokal ist ein Erlebnis: ein uraltes Gemäuer, das Bepo mit viel Liebe und Geschmack auf rustikale Weise ausgestattet hat – mit wuchtigen Tischen und einem offenen Kamin, in dem ein Feuer flackert. Und die typische Konoba-Küche ist einfach, authentisch und ausgezeichnet.

Information
› **TZG Pag,** ulica od Špitala 2, 23250 Pag, Tel. 023 611301, www.tzgpag.hr (auch auf Deutsch)
› **Infocenter,** P. Kresimir IV Square, Tel. 023 611286

Gastronomie
› **Konoba Bile,** Juraj Dalmatinca 15, geöffnet (meist) 19–1 Uhr. Gute Küche bietet auch das Bistro Tamaris, Tel. 023 611127

Einkaufen
› **Spitzen:** bei den Herstellerinnen direkt in Pag oder Umgebung (die Preise sind hoch)
› **Pager Käse:** am besten direkt vom Hersteller z. B. in Kolan (s. S. 148); außerhalb der Stadt entlang der Straße oder in kleinen Orten abseits davon, wo Schilder „*Paški Sir*" oder einfach „*Sir*" („Käse") darauf hinweisen (ebenfalls nicht billig)

◸ *Blick auf die Stadt Pag*

Parken
🅿 **82 Pag, Supermarkt,** GPS 44.4412, 15.0586

Verlässt man Pag in Richtung Süden, so fährt man an den Salzwerken vorbei (leider versperrt meterhohes Rohrdickicht den Blick auf die Salzbecken) und folgt der Solana-Bucht mit ihren Salzbecken und kommt dann durch eine Reihe kleiner Ortschaften, in denen immer wieder „Paški Sir" angeboten wird. Nach 7 km kann man in Gorica rechts abbiegen, um einen Abstecher (6 km einfach) nach **Povljana** zu machen. Dort findet man außer vielen Obst- und Gemüseständen den schönsten **Sandstrand** der Insel (an der Kirche vorbei rechts) und den kleinen, privaten Campingplatz „Malo Dubrovnik" (die Zufahrt ist beschildert und problemlos).

Etwa 20 km von Pag entfernt erreicht man die 340 m lange Brücke **Paški-Most** (kostenlos), über die man von der Insel zurück aufs Festland gelangt. Auf einem kahlen, weißen Felsenriegel inmitten tiefblauer Fluten erheben sich die zerfallenden Mauern der **Most Fortica** (Brückenfestung). **Achtung:** Bei Bora kann die Brücke zeitweise gesperrt sein – manchmal für mehrere Tage!

Parken und Picknick

- **83 Paški-Most,** GPS 44.3237, 15.2611. Ein Parkplatz mit schöner Aussicht befindet sich unmittelbar hinter der Brücke links.
- **84 Most Fortica,** GPS 44.3231, 15.2552. Ca. 200 m vor der Brücke zweigt rechts ein Sträßchen ab, das zu einem zweiten, großen, ebenen, schattenlosen und meist ruhigen Parkplatz direkt bei der Ruine führt. Wenn Sie mit Kindern unterwegs sind, bitte Vorsicht: Es herrscht Absturzgefahr! Schöner Blick auf die Brücke; manche übernachten dort.

Auf der anderen Seite kann man entweder geradeaus weiterfahren bis man nach ca. 23 km auf die Straße Nr. 8 stößt und dann links zur Maslenika-Brücke und dem Paklenica-Nationalpark fahren (siehe Route 2, S. 115) oder rechts nach Zadar (s. S. 154). Man kann aber auch schon nach knapp 10 km gleich hinter dem Dorf **Škulići** rechts abbiegen (dort, wo es links nach Ražanac geht) und auf kleinen Sträßchen durch die fruchtbare Gartenlandschaft von **Ravni Kotari** mit riesigen Melonenfeldern in Richtung Zadar fahren. Unterwegs passieren Sie zahlreiche Obst- und Gemüsestände. Vergleichen Sie die Preise! Sie sind nicht angeschrieben, sondern werden von den Händlerinnen spontan festgelegt!

☐ *Die Ruinen der Brückenfestung*

NIN – WIEGE DER NATION UND DIE KLEINSTE KATHEDRALE DER WELT

(ca. 18 km von Zadar, 11 km von der Abzweigung bei Poljak)

Ehe man Zadar erreicht, lohnt sich unbedingt ein Abstecher in nördlicher Richtung nach **Nin**. Was heute ein unscheinbarer Fleck im Abseits ist, war einst Königsstadt, Bischofssitz und ein wichtiger Hafen; kurz: die „Wiege Kroatiens". 846 begründete hier Fürst Trpimir die erste kroatische Herrscherdynastie. 879 erklärte sein Nachfolger Fürst Branimir seine Treue zur Römischen Kirche und wurde im Gegenzug von Papst Johannes VIII. als Herrscher des ersten selbstständigen Staates Kroatien anerkannt. Wichtigste Sehenswürdigkeit des sympathisch verschlafenen Örtchens ist heute die **Kirche Sv. Križ (Heiligkreuz-Kirche).** Das im 10. Jh. errichtete vorromanische Kirchlein gilt nicht nur als die älteste Kirche des Landes, sondern auch als die kleinste Kathedrale der Welt. Diesen Titel verdankt sie dem Umstand, dass Nin Kroatiens erster Bischofssitz war. Hier residierte u. a. der von den Kroaten als Nationalheld verehrte Bischof Grgur Ninski, der im 9. Jh. durchsetzte, dass in der Kirche anstatt dem Latein die den Menschen verständliche Glagoliza (s. Exkurs

◹ *Sveti Križ – das Kleinod aus dem Mittelalter*

S. 78) verwendet wurde. An ihn erinnert eine von dem berühmten kroatischen Bildhauer Ivan Meštrović geschaffene Statue.

Information
> **TZO Nin,** Trg braće Radića 3, 23232 Nin, Tel. 023 265247, www.nin.hr (auch auf Deutsch)

Gastronomie
> **Restaurant Sokol,** Tartaro Hrvatskog Sabora 2, 23232 Nin, Tel. 023 264412. Das gute, sympathische und günstig gelegene Restaurant Sokol im historischen Zentrum Nins bietet einen schattigen Innenhof hinter dem Stadttor. Serviert werden diverse Spezialitäten der dalmatischen Küche wie beispielsweise Fisch-, Fleisch- und Grillgerichte oder auch die örtliche Spezialität *Šokol* (geräucherter Schweinenacken, konserviert in Meersalz und Gewürzen). Alle Gerichte gibt es zu passablen Preisen.

Parken
🅿 **85 Nin 1,** GPS 44.2411, 15.1812. An der Brücke rechts, 5 kn/Std.; Reihenparkplätze an der Brücke mit schönem Blick auf die Altstadt.

🅿 **86 Nin 2,** GPS 44.2411, 15.1836. Plätze auf der anderen Brückenseite entlang der Stadtmauer.

Fährt man von Nin weiter nach Zadar, erblickt man kurz vor der Abzweigung zum Campingplatz Zaton auf einem Hügel rechts der Straße – unübersehbar und dank zweier vom Wind geformter Pinien äußerst fotogen – die altkroatische Wehrkirche **Sv. Nikola.** Das kleine, eher einem Wachturm als einem Gotteshaus ähnelnde Rundkirchlein stammt aus dem 11. Jh.

Parken und Picknick
🅿 **87 Nin, Sv. Nikola,** GPS 44.2302, 15.1803. Ein kleiner Asphaltparkplatz befindet sich an der Abzweigung zur Kirche Sv. Nikola.

▷ *Die altkroatische Wehrkirche Sv. Nikola stammt aus dem 11. Jahrhundert*

◁ *Der freistehende Turm der Bischofskirche des Heiligen Anselm in Nin*

㊾ Camping Zaton ★★★★

GPS 44.234509, 15.16662

Vorbildlicher, recht ebener Platz mit hohen Pinien, großen Parzellen, nicht parzellierter Zone, sehr guter Ausstattung, langem Kies-/Sandstrand, Pool, Restaurants, Shopping-Straße, einer Bäckerei, Disco (von der man auf dem Platz zum Glück wenig hört!) u. v. a. m.; riesengroß, aber so angelegt, dass man sich nicht bedrängt fühlt. **Lage/Anfahrt:** von Zadar ca. 14 km nach Norden, dann links; **Wasser:** Wasserhahn und Abwasserschacht direkt am Stellplatz (Zone A und B), Schlauchadapter ist bei Bedarf kostenlos an der Rezeption erhältlich; **Abwasser:** Ver-/Entsorgungsstation außerhalb, nahe dem Nordende des Platzes; **Chemie-WC:** 6 Entsorgungsstellen in den Toiletten; **Strom:** ja; **Geöffnet:** 25.4.–30.9.; **Preise:** 75–97 € Parzelle, 58 € ohne Parzelle; **Kontakt:** Dražnikova 76 t, 23232 Nin, Tel. 023 280280, www.zaton.hr (auch auf Deutsch)

ZADAR – RÖMERFORUM UND DIE SCHÖNSTEN MÄRKTE DALMATIENS
(Nin – Zadar ca. 18 km)

Wie ein wuchtiger Keil ragt die Altstadt von Zadar auf ihrer Halbinsel ins blaue Meer hinaus. Seit Jahrtausenden ist sie die bedeutendste Marktstadt Kroatiens und in ihren Straßen herrscht daher vormittags ein Gedränge, als ob ganz Dalmatien hierher zum Einkaufen käme. Wer Parkprobleme vermeiden will, kommt daher sehr früh oder mit dem Bus.

Auch wenn das Geschiebe dort am dichtesten ist, lohnt sich der Besuch der **Märkte** von Zadar unbedingt. Denn der täglich abgehaltene Fisch- und Bauernmarkt ist nicht nur der größte Markt Kroatiens, sondern ein Erlebnis für alle Sinne! Übrigens: Zur Siestazeit, wenn der Markt vorbei ist, wird es in der Altstadt wieder deutlich ruhiger!

Zu den klassischen Sehenswürdigkeiten der im 4. Jh. v. Chr. von den Römern gegründeten Stadt zählt das antike **Römische Forum** mitten in der heutigen Altstadt. Von der einst 95 m langen und 45 m breiten Anlage sind noch das Pflaster, Säulenfragmente und Kapitelle, eine 14 m hohe korinthische Säule, Reste eines Tempels und die Treppe zum ehemaligen Portikus zu sehen. Daneben erhebt sich die Kirche **Sv. Donat,** die größte und kulturhistorisch bedeutendste altkroatische Kirche. An den im 9. Jahrhundert errichteten, vorromanischen Rundbau wurde im 12. Jahrhundert der prachtvolle Dom **Sv. Stošija** angebaut. Die dreischiffige Basilika ist ein Meisterwerk der Steinmetzkunst und heute das Wahrzeichen von Zadar.

Hie und da sollte man aber auch von der Hauptachse abweichen und durch die engen und schattigen Nebengassen bummeln, um die vielfältigen Sehenswürdigkeiten zu entdecken. Sie sind zu zahlreich, um hier auch nur einen Überblick geben zu können. Dafür müssen Sie schon einen Standard-Reiseführer bemühen. In diesen wiederum wird leider oft ein Hinweis auf die **Stadtmauer** vergessen, die einen großen Teil der Altstadt umrundet. Ein Spaziergang auf ihrer Krone eröffnet herrliche Blicke über Altstadt und Hafen. Sie ist zwar nicht so hoch und so berühmt wie die Stadtmauer von Dubrovnik, aber sogar noch länger als diese – und so dick, dass oben entlang eine Straße verläuft!

Zadar

Essen und Trinken
2 Restaurant Kornat
4 Foša

Einkaufen/Sonstiges
1 Jadrolinija-Hauptstelle & Agentur MIA Tours
3 MIA Tours

Parken
88 Zadar, Tomislava
89 Zadar, Branimira
91 Zadar, Ravnice 2 Parking

Information

> **TZG Zadar** (Stadt-Information), I. Smiljaniča 5, 23000 Zadar, Tel. 023 212222, www.zadar.travel
> **TZŽ Zadar** (Region Norddalmatien), Jurja Barakovica 5, 23000 Zadar, Tel. 023 315316, www.zadar.hr

Gastronomie

> **Restaurant Foša,** am Fischerhafen Foša, Kralja Dmitra Zvonimira 2, Tel. 023 314421, www.fosa.hr (auch auf Englisch). Direkt über dem malerischen Fischerhafen der Altstadt gelegenes, gutes Fischrestaurant mit großer Auswahl (auch gute Fleischgerichte). Von der Terrasse bietet sich ein sehr schöner Blick über den winzigen Hafen, auf die Altstadt und übers Meer.

> **Restaurant Kornat** (GPS 44.11856, 15.22293), Liburnska obala 6, 23000, Zadar, Tel. 023 254501, www.restaurant-kornat.hr (auch auf Englisch). Direkt am Kai, wo einst die Fähren ablegten, findet man heute das für mich beste Restaurant der Stadt (und

außerhalb der Saison vielleicht sogar einen kostenlosen Parkplatz!). Ein Slow-Food-Restaurant mit Herz und herausragender mazedonisch-kroatischer Küche, dessen Weinkarte sich sehen lassen kann. Wenn das Essen für Sie ein Fest ist, dann sind Sie hier richtig.

Einkaufen

> Auf dem **Bauernmarkt** von Zadar bekommt man u. a. auch *Paški Sir* (Schafskäse aus Pag) und *Pršut* (Schinken); vergleichen Sie die Preise und lassen Sie sich ggf. von Einheimischen helfen. Der **Fischmarkt** jeden Morgen bietet frisch und relativ günstig alles, was an Essbarem in der Adria gedeiht. Nahe dem Ausgang der Fischhalle beginnt eine Gasse mit guten Metzgereien.

Parken

🅿 **88 Zadar, Tomislava,** GPS 44.1142, 15.2302. Wer früh am Morgen kommt und/oder Glück hat, findet einen Parkplatz entlang dem Kai der Obala Tomislava bzw. ihrer Verlängerung, der Liburnska Obala, direkt vor den Mauern der Altstadt nahe dem Ende der Halbinsel bislang kostenlos und ohne Zeitlimit.

🅿 **89 Zadar, Branimira,** GPS 44.1158, 15.2308. In der Saison ist auch der Parkplatz auf der anderen Seite des Hafenbeckens an der Obala Branimira meist voll, von dem man über die Hafenbrücke rasch zur Altstadt gelangt.

> Weitere zentrumsnahe (und ebenfalls meist sehr volle!) Parkplätze:

🅿 **90 Zadar, Camper-Parkplatz,** GPS 44.1059, 15.2403 (gegenüber vom Busbahnhof). Keine Ein-

---

50 Stellplatz Marni

GPS 44.13319, 15.29311

Endlich ein Wohnmobil-Stellplatz bei Zadar! Der von einer sympathischen jungen Familie eröffnete Platz liegt nur 5 km vom Zentrum am nordöstlichen Stadtrand gleich hinter einer waldigen Parklandschaft. Er ist nicht weit von der Adria-Magistrale entfernt, aber doch etwas im Grünen und recht ruhig. Auf dem Platz selbst sind Grün und Schatten noch Mangelware und die Lage neben der Steinhandlung mag anfangs Zweifel wecken – aber die netten Betreiber bemühen sich, es ihren Gästen so angenehm wie möglich zu machen und einmal auf dem Platz merkt man von dem Betrieb nicht mehr viel. Zur Ausstattung zählen u. a. 3 Duschen und WCs, ein Grill und ein Pizzabackofen(!), Waschmaschinen und kostenloses WLAN sowie ein kleiner Swimmingpool. **Lage/Anfahrt:** nordöstlich an der Adria-Magistrale; von NO kommend etwa 3 km hinter Murvica rechts abbiegen und den Schildern folgen (Womo-Logo in rotem Punkt); **Wasser:** Schlauchanschluss am Platz; **Abwasser:** tadellose Entsorgungsplattform; **Platzanzahl;** 36; **Chemie-WC:** ja; **Strom:** ja, alle Plätze; **Preise:** Juni–Sept. 26 € sonst 19,50 € alles inkl.; zus. Pers. 5 € (Parken am Tag bis 4 Std. mit Nutzung aller Einrichtungen 13 €); **Sicherheit:** eingezäunt, beleuchtet, videoüberwacht **Geöffnet:** März–Okt.; **Kontakt:** Kralja Tomislava 102, Murvica, Tel. 091 6219303, www.campingmarni.com (auch auf Engl.); **Tipp:** Die Familie vermietet auch Fahrräder und Roller und bietet einen Shuttle-Service von und nach Zadar.

Pašman, Dugi Otok und Iž. Personenschiffe zu den Inseln Ist und Iž, jeweils mit Zwischenstopps auf kleinen Inseln. Tragflügelboot (nur Personen) nach Rijeka. Internationale Autofähre und Tragflügelschnellboote (nur Personen) nach Ancona/Italien.

› **Jadrolinija-Büro,** Liburnska obala 7, Tel. 023 254800, www.jadrolinija.hr
› **MIA Tours,** Vrata Sv. Krševana b.b., Tel. 023 254300, www.miatours.hr (u. a. Personenschnellfähre nach Premuda, Silba, Olib, aber auch Žirje–Kaprije–Šibenik und Pula–Mali Lošinj–Zadar)

Anschlüsse
› Von Zadar kann man entlang der Küste nach **Biograd** fahren (s. S. 162, Schildern „Split/Šibenik" folgen) oder mit einer der Fähren zur **Insel Ugljan** übersetzen, von dort über die Brücke zur **Insel Pašman** und dann von Tkon per Fähre nach **Biograd.**

ABSTECHER ZU DEN INSELN UGLJAN UND PAŠMAN

richtungen, ist aber offiziell als WoMo-Parkplatz ausgeschildert; Schranke öffnet sich bei der Einfahrt auf Knopfdruck; bei der Ausfahrt sind 8 kn zu bezahlen.
P 91 **Zadar, Ravnice 2 Parking,** GPS 44.1108, 15.2321, gebührenpflichtig
P 92 **Zadar, Gratis Parking,** GPS 44.1086, 15.2324
P 93 **Zadar, Kolovare,** GPS 44.1064, 15.2341, nahe dem Kolovare Strand
› Am stressfreiesten ist es in der Saison, sich auf einem Campingplatz oder dem neuen Womo-Stellplatz Marni 50 einzuquartieren und den Bus zu nehmen bzw. den Radweg zu nutzen.

Fähren
› Der Fährhafen befindet sich jetzt nicht mehr vor der Altstadt (nur die Personenschiffe legen noch hier ab), sondern weiter östlich im Stadtteil Gazenica. Regelmäßige Autofähren zu den Inseln Ugljan,

△ *Sv. Donat und der prachtvolle Dom Sv. Stošija*

Entfernungen:
Preko – Ugljan 12 km einfach, Preko – Brücke ca. 10 km, Preko – Pašman ca. 24 km, Pasman – Tkon 5 km

Die beiden „Garten-Inseln" Ugljan und Pašman, unmittelbar vor der Küste von Zadar, sind grüner und fruchtbarer als fast alle anderen kroatischen Inseln (da es im Hinterland keine Berge und daher auch keine Bora gibt) und zudem vom Tourismus bislang relativ wenig berührt.

Fähren von Zadar nach **Preko** auf der Insel Ugljan verkehren etwa jede halbe Stunde, da viele Ugljaner als Pendler in Zadar arbeiten. Nach kaum 30 Minuten geht man im Fährhafen südlich von Preko an Land. Eine etwas schmale und steile Stichstraße führt hinab in die Gassen der „Hauptstadt" mit ihrem malerischen kleinen Fischerhafen, an dem ein großer Platz die beste Parkmöglichkeit bietet.

Route 4: Norddalmatien

Information
› **Ugljan Tourist Board**, 23275 Ugljan, Šimuna Kožičića Benje 17, Tel. 023 288011
› **Fähre:** Tel. 023 286008 (Preko/Ugljan)

Parken
P 94 Preko, Fischereihafen, GPS 44.0801, 15.1879. Kostenloser, geschotterter Parkplatz in ruhiger Lage.

P 95 Preko, Fährhafen, GPS 44.0751, 15.1943. Außerhalb von Preko: großer befestigter und gebührenpflichtiger Parkplatz mit kleinem Kiesstrand.

Prekos Hauptsehenswürdigkeit, die winzige, kreisrunde **Klosterinsel Galovac,** schwimmt nur einen Steinwurf vom Ufer entfernt im Wasser. Ein Bootstaxi bringt die Gäste hinüber auf die von den Einheimischen wegen ihrer Liegewiesen geschätzte Badeinsel, auf der die Franziskaner im 15. Jahrhundert ein Kloster errichtet haben. Ein weiteres, reizvoll am Meer zwischen alten Kiefern gelegenes Franziskanerkloster (**Sv. Frane** aus dem Jahr 1430) findet man im 12 km entfernten Nachbardorf **Ugljan.** Dort gibt es auch einen kleinen Campingplatz.

Auf den über Preko aufragenden **Berg Sv. Mihovil** mit Festungsruine und einem grandiosen Ausblick über die ganze Insel und den halben Archipel von Zadar führt eine schmale Asphaltstraße hinauf, die sich besser für einen Spaziergang (ca. 1,5 Std.) eignet als für größere Fahrzeuge. Vorbei an Olivenhainen, Feigenbäumen und Zypressen zieht sich die Inselstraße über Kukljica nach Süden und über die elegant geschwungene Bogenbrücke hinüber nach **Pašman.** Eine Nebenstraße zweigt links zum gleichnamigen Hauptort ab, in dem man die rustikale Gaststätte Lanterna findet.

Gastronomie
› **Lanterna,** Pašman. Direkt am Ufer gelegene Gaststätte mit gutem und preiswertem Essen, https://lanterna.hr/home-de-de (auf Deutsch).

Ein kurzer Abstecher führt zum **Franziskanerkloster Kraj,** das wunderbar still am Meer liegt, frisch restauriert wurde und nun klösterlich schlichte Zimmer vermietet.

Aber das wohl schönste der vier Inselklöster ist das winzige, auf einem Gipfel des Berges Ćacovac gelegene, 1125 errichtete **Kloster Tkon.** Zwar führt auch zu ihm eine sehr schmale Asphaltstraße hinauf, Wohnmobilisten sollten jedoch unten an der Hauptstraße parken, da es beim Kloster weder Parkmöglichkeit noch Platz zum Wenden gibt.

Information
› **TZ Tkon,** Mulina 6, 23212 Tkon, Tel. 023 285213, www.tzo-tkon.hr (Tourismus), www.tkon.hr (Stadt)

Fähren
› **Tkon – Biograd** (ca. 15 Min.), zwischen 6 und 22 Uhr etwa 13 Verbindungen **Info:** Tel. 023 285201 (Tkon/Pašman), Tel. 023 384589 (Biograd)

Parken und Gastronomie
P 96 Kloster Kraj, GPS 43.9371, 15.3924. Beim Kloster befindet sich ein unbefestigter Platz direkt am Ufer. Im ehemaligen Speisesaal des Klosters ist ein sehr schönes Restaurant untergebracht.

P 97 Fährhafen Tkon, GPS 43.9215, 15.4201. Am Fährhafen Tkon befindet sich ein großer, teilweise befestigter Parkplatz mit dem Restaurant Sovinje.

ABSTECHER ZUR INSEL DUGI OTOK

Entfernungen:
Sali – Zaglav 4 km, Zaglav – Brbinj 20 km, Brbinj – Božava ca. 10 km, Bozava – Verunić ca. 5 km

Dugi Otok („Lange Insel") wird wenig besucht und noch viel seltener mit dem Wohnmobil angesteuert, da sie relativ weit draußen im Meer liegt und die Fährpassage (1½ Std.) nicht ganz billig ist. Trotzdem und gerade deshalb ist sie ein faszinierendes Ziel und meine kroatische Lieblingsinsel überhaupt.

Die gute, wenig befahrene **Inselstraße** durchzieht Dugi Otok auf ihrer gesamten Länge von 52 km und gilt als eine der schönsten Panoramastraßen auf den Inseln Kroatiens. Von vielen Stellen genießt man den herrlichen Blick über das Meer und die Inseln – manchmal schaut man aber leider auch auf rostige Autowracks und wilde Müllkippen. Berühmt ist die Insel für ihr kristallklares Wasser, für ihre einsamen Strände und als Taucherparadies.

Von **Sali**, dem Hauptort der Insel mit beschaulichem Hafen, schlängelt sich die Inselstraße meist in luftiger Höhe nach Nordwesten. Ein Stopp lohnt sich beim Weiler **Savar**, wo auf einer Halbinsel beim alten Friedhof die **Kirche Sv. Pelegrin** aus dem 13. Jahrhundert steht, einer der bedeutendsten altkroatischen Sakralbauten. Wunderschön gelegen, recht ursprünglich erhalten und meist überraschend ruhig ist auch **Božava**, der touristische Hauptort der Insel.

Parken
P **98 Božava**, GPS 44.1397, 14.9023. Vor dem Ort nahe der Bushaltestelle

Kurz hinter der Abzweigung nach Božava fährt man über eine Kuppe – und jenseits davon eröffnet sich einem plötzlich ein traumhafter Blick auf die „südsee-blaue" **Sakarun-Bucht** links und bis zur Pantera-Bucht und dem Leuchtturm am Nordkap der Insel. Dort kann man in Panoramalage eine Picknickpause mit weitem Ausblick genießen – und traumhafte Sonnenuntergänge über dem Meer erleben!

> ### Tauchparadies Božava
> Die einzigartigen Taucherparadiese von Dugi Otok und der abenteuerlichen Telašćica-Bucht erschließt der Diverclub Božava. Die Tauchbasis unter deutscher Leitung mit Schule, Flaschenfüllstation, Geräteverleih und eigenem Bootsanleger bietet Kurse für Anfänger, Fortgeschrittene und Tauchlehrerassistenten.
> › *Tauchschule Božava*, 23286 Božava, Tel. 023 318891, Mobil 00385 995912264, Büro Deutschland: Tel. 0162 6671553, www.bozava.de

Südsee-Flair: die Sakarun-Bucht

Route 4: Norddalmatien
Abstecher zur Insel Dugi Otok

Achtung: Strand-Launen!

Es kann passieren, dass Sie zum berühmten Sandstrand von Sakarun kommen – und er ist gar nicht da! Statt weißem Sand finden Sie dann nur Berge verfaulender Wasserpflanzen. Das ist jedoch kein Beweis mangelhafter Reiseführer-Recherchen, sondern eine Laune von Wellengang und Meeresströmungen, die zeitweise den Sand fortspülen und dafür tonnenweise Tang ans Ufer werfen. Nur Geduld: Früher oder später kommt der Sandstrand wieder zurück!

Information

> **TZO Sali,** Obala P. Lorinija, 23281 Sali, Tel. 023 377094, www.dugiotok.hr (auch auf Deutsch)
> **TZM Božava,** Božava 14, 23286 Božava, Tel. 023 377607, www.tzm-bozava.hr (auch auf Deutsch)

Fähren

> **Zadar – Brbinj** (95 Min.), tägl. drei Verbindungen, Sa. vier. Keine Verbindung ab Ugljan/Pašman. Jadrolinija-Büro, Zadar, Liburnska obala 7 (am Fährkai), Tel. 023 254800; Brbinj (Dugi otok), Tel. 023 378713

Tanken

> Es gibt auf der ganzen Insel nur eine Tankstelle am Hafen von Zaglav.

⑤¹ Camp Kargita ★★★★

GPS 44.154087, 14.823589

Ein erst vor wenigen Jahren eingerichteter kleiner Familiencampingplatz in einem traumhaften Naturpark im Nordwesten der Insel mit 50 Stellplätzen zwischen hohen Pinien direkt am Strand (einem der schönsten der Insel); teils Pinienwald, teils ohne Schatten. **Lage/Anfahrt:** an der nördlichsten Spitze der Insel; von Brbinj in Richtung Westen (Veli Rat) fahren; nach ungefähr 25 km erreicht man das Camp; **Wasser:** ja, am Stellplatz; **Abwasser:** ja, teils am Platz; **Chemie-WC:** ja; **Strom:** ja, alle Plätze; **Preise:** 38–45 €; **Geöffnet:** Mitte Mai–Mitte Sept.; **Kontakt:** Veli Klanac 105, 23287 Veli Rat, Tel. 098 532333, www.camp-kargita.hr (auf Englisch)

⑤² Camp Mandarino ★★★★

GPS 44.14040, 14.86689

Ein ebenfalls recht neuer, kleiner und moderner Familiencampingplatz am Strand nahe der berühmten Sandbucht von Saharun; Restaurant. **Lage/Anfahrt:** von der Straße 109 bei Soline nach NW in richtung Verunic fahren; **Wasser:** ja, am Stellplatz; **Abwasser:** ja, teils am Platz; **Chemie-WC:** ja; **Strom:** ja, alle Plätze; **Preise:** 42–65 € **Geöffnet:** Mai–Sept.; **Kontakt:** Soline 23287, Tel. 099 6622504, www.campmandarino.com (auf Deutsch)

Gegenüber der Sakarun-Bucht zweigt rechts eine Asphaltstraße nach **Verunić** ab, das malerisch an der **Pantera-Bucht** liegt und einen Abstecher lohnt.

Außerhalb der Saison wird man einen traumhaften Parkplatz direkt am Wasser finden (evtl. sogar über Nacht).

An einem milden Abend sollte man sich auf der Terrasse des sympathischen kleinen Ferien-Paradieses **Gorgonia Apartments** ein ausgiebiges Abendessen gönnen.

Gastronomie

> **Gorgonia Apartments,** 23287 Veli Rat, Verunić, Dugi Otok, Tel. 091 7379823, im Winter Tel. +41 763085441 (Schweiz), www.gorgonia.hr (auch auf Deutsch). Auf der lauschigen Terrasse mit Meerblick kann man sehr gut essen. Es gibt frischen Fisch aus den sauberen Gewässern der Region, Grillfleisch und Gemüse von der Insel. Wer einmal wieder in richtigen Betten schlafen will, dem bietet das traumhaft ruhig an der Pantera-Bucht gelegene Haus zudem nicht nur saubere und komfortabel ausgestattete Apartments mit Balkon, eine Terrasse mit Grillplatz und einen kleinen Laden mit einer guten Auswahl frischer Produkte, sondern die überaus sympathischen Inhaber (Miriam spricht perfekt Deutsch) sorgen auch für eine höchst angenehme Atmosphäre – und das alles zu sehr familienfreundlichen Preisen.

Kurz hinter der Abzweigung nach Verunić geht links ein Schotterweg ab, der durch einen

Busch- und Waldstreifen zum schneeweißen **Sandstrand von Sakarun** führt, einem der schönsten Strände Kroatiens. Allerdings gibt es an der Abzweigung kaum Parkmöglichkeiten. Der Sandstrand ist außerhalb der Saison meist völlig menschenleer und nach rechts zum Kap Lopata hin findet man traumhafte Felsbuchten.

Es lohnt sich, an der Abzweigung zum Weiler **Veli Rat** vorbei und weiter bis zum **Kap Veli Rat** zu fahren – auch wenn die Straße schmal wird und auf manchen Karten gar nicht mehr existiert. Sie führt durch eine faszinierende Buschlandschaft mit goldenem Ginster und verwilderten Olivenhainen, an der Pantera-Bucht entlang und zu einem großen, traumhaft gelegenen Parkplatz beim **Leuchtturm Veli Rat** am gleichnamigen Nordkap der Insel. Direkt am Leuchtturm dehnt sich ein großer, teils schattiger Wiesenplatz; nach rechts weg findet man in traumhaft abgeschiedener Natur zwischen den hohen Pinien den Campingplatz Kargita. Links und rechts des Kaps gibt es mehrere kleine, aber wunderschöne Kiesbuchten zwischen weißen Kalkfelsen.

Aber Achtung: Keinerlei offenes Feuer! Der trockene Waldboden ist extrem leicht entzündlich!

TELAŠĆICA-NATURPARK

Etwa auf halber Strecke zwischen Sali und Zaglav zweigt nach Westen eine kleine Asphaltstraße ab, die in Richtung **Telašćica-Bucht** durch eine dürre Steppenlandschaft mit herrlichen Meerblicken und einigen kleinen Parkplätzen führt – zeitweise hoch oben über dem blauen Wasser, dann wieder direkt am Ufer entlang. An einem Seitenarm befindet sich links der Straße in einsamer Lage ein gutes **Restaurant** mit herrlicher Terrasse. Nach einem steilen Aufstieg und kurz bevor man rechter Hand die Militärstation passiert, liegt rechts ein kleiner, unbefestigter Parkplatz auf einer rund 150 m hohen, senkrechten Klippe über dem Meer. Ein spektakulärer Ausblick! Die Straße reicht jedoch nicht – wie auf manchen Karten angegeben – bis zur Hauptbucht nahe dem See hinunter,

Klippenküste im Telašćica-Naturpark: Wer solche atemberaubenden Ausblicke genießen will, sollte keine Höhenangst haben

sondern endet knapp 2 km vorher bei einem kleinen, schattenlosen Parkplatz, von dem ein Fußweg durch Buschland bis zum **Naturpark-Zentrum** mit Restaurant verläuft. Keine Angst: Die „Schlangen", die Sie unterwegs sehen werden, sind überwiegend harmlose „Riesen-Blindschleichen" (Scheltopustik) – und in jedem Fall sehr scheu und rasch verschwunden! Vom Restaurant führt ein kurzer und breit ausgetretener Pilgerweg bis zum **Salzsee Mir** mit seinem warmen Wasser und schattigen Picknickplätzen.

Sehr lohnend – wenngleich etwas beschwerlich, da es keinen Pfad gibt – ist eine kleine **Wanderung** (2–3 km) entlang dem Steilabbruch der Klippen zwischen der Bucht und dem offenen Meer. Die Ausblicke sind atemberaubend! Aber Vorsicht: Es gibt keinerlei Geländer oder sonstige Absicherung!

Telašćica-Naturpark
> Sali X 1, 23281 Sali, Tel. 023 377 096, http://pp-telascica.hr (auch auf Engl.)

ZWISCHEN ZADAR UND ŠIBENIK

Entfernungen:
Zadar – Sukošan ca. 9 km, Sukošan – Sv. Petar 8 km, Sukosan – Sv. Filip i Jakov 14 km, Sukošan – Biograd 21 km

Auf der gut ausgebauten Küstenstraße in Richtung Šibenik ist man rasch aus der großen Stadt heraus und rollt weiter an der Urlaubsküste entlang. Keine 10 Kilometer weiter passiert man schon das hübsche Badestädtchen **Sukošan,** das von einer Reihe langer Sand- und Kiesstrände gesäumt ist. Südlich des Orts finden sich direkt an der Straße einige strandnahe Parkmöglichkeiten im Pinienwald, die nicht weit vom Strand entfernt sind.

Den besonders gut ausgestatteten, sympathischen und schön gelegenen Privat-Campingplatz „Filko" mit Strand erreicht man vor dem Ortseingang von Sveti Petar.

Parken
🅿 **99 Sukošan, Hafen,** GPS 44.05290, 15.3086. Großer, geschotterter Platz am Hafen (gebührenpflichtig); 15.06.–15.09. 8–22 Uhr, sonst 15–20 Uhr.

🅿 **100 Sukošan, Küste,** GPS 44.0322, 15.3402. Südlich von Sukošan gibt es eine Reihe kleiner Parkplätze unter Pinien und nicht weit vom Strand mit Bademöglichkeit, aber direkt an der Uferstraße: z. B. bei GPS 44.03215, 15.34018 (schattig, holperig, niedrige Äste, nicht gepflegt; 15.6.–15.9. 8–22 Uhr, 5 kn/Std.).

53 Camping Filko ★★★

GPS 44.004632, 15.367572

Sehr schöner, kleiner und bestens ausgestatteter Privatplatz zwischen Olivenbäumen am Strand mit großen schattigen Parzellen auf einer ebenen Wiesenfläche; Bar-Restaurant mit Fisch, Grillgerichten, Spaghetti; Bäckerei und Obst-/Gemüsestand; Terrasse mit schönem Meerblick; WLAN; sehr netter und hilfsbereiter Betreiber. **Lage/Anfahrt:** am Ortseingang rechts beim Badestrand; **Wasser:** ja, sehr gut, mit Schlauch; **Abwasser:** perfekte Station mit guter Zufahrt; **Chemie-WC:** perfekt und so schön gefliest, dass man sich kaum traut, die Kassette zu leeren!; **Strom:** ja; **Preise:** ca. 36,50 €, außerhalb der Saison bis 30 % ermäßigt; **Geöffnet:** ganzjährig; **Kontakt:** Tel. 023 391177, Mobil 091 5132311, www.autokamp-filko.hr (auch auf Deutsch)

BIOGRAD NA MORU
(Zadar – Biograd 26 km)

Die „Weiße Stadt am Meer" ist ein beliebter Badeort und der Ausgangspunkt für viele Bootsausflüge in die Inselwelt der Kornaten. Obwohl die Stadt auf eine sehr lange Geschichte zurückblicken kann, hat sie außer den Resten einer römischen Villa keine nennenswerten Baudenkmäler vorweisen. Dafür gibt es hier aber ein sehr sehenswertes Stadtmuseum mit Exponaten aus der umfangreichen Ladung eines gesunkenen venezianischen Handelsschiffes aus dem 16. Jahrhundert.

Sehenswertes
❯ **Stadtmuseum,** Krešimirova 22, gegenüber Pier 1, Tel. 023 383721

Information
❯ **TZG Biograd,** Trg hrvatskih velikana 2, 23210 Biograd, Tel. 023 383123, www.discover-biograd.com/en (auch auf Englisch)
❯ **Pakostane,** Kraljice Jelene 78, 23211 Pakoštane, Tel. 023 381892, www.pakostane.hr (auch auf Deutsch)

Gastronomie
❯ **Kornati,** Šetalište kneza Branimira 1, Tel. 023 384505, www.marinakornati.com (auch auf Deutsch). Marina-Restaurant mit gehobenem Service und guten Fisch- und Fleischgerichten (die Restaurants in den Marinas sind fast immer sehr gut!). Zu Fuß sind es von hier ca. 10 Min. zum Zentrum von Biograd.

Fähren
❯ **Biograd – Tkon** (ca. 20 Min.), zwischen 6 und 22 Uhr etwa 13 Verbindungen täglich **Info:** Tel. 023 384589 (Biograd), Tel. 023 285201 (Tkon/Pašman)

Biograd, die weiße Stadt am Meer

54 Camping Park Soline ★★★★

GPS 43.928181, 15.45514

Großer, parzellierter Platz im Pinienwald, der bis zum Kiesstrand reicht; wurde gut ausgebaut; auf dem ganzen Platz kostenloses WLAN; Restaurant mit Terrasse und schönem Meerblick; in der Nebensaison war ich immer sehr gern dort, doch für die Hauptsaison hört man leider viel Kritik wegen Lärm und Überlastung. **Lage/Anfahrt:** nach Biograd hinein und dann links den Schildern folgen; **Wasser:** ja; **Abwasser:** tadellose Plattform am Rand des Platzes; **Chemie-WC:** ja; **Strom:** ja; **Kontakt:** Put Kumenta 16, 23210 Biograd na Moru, Tel. 023 383351, www.campsoline.com (auch auf Deutsch); reizvolle Uferpromenade zur Stadt (10 Min.).

Parken

P 101 Strand Soline, GPS 43.9307, 15.4523. Nördlich des gleichnamigen Campingplatzes 54. Im Sommer Schranke; außerhalb der Saison ein sehr schöner, ebener Schotterplatz mit Sandstrand.

☐ *Strand Soline: So kann man dort sicher nur außerhalb der Saison parken!*

VRANER SEE (VRANSKO JEZERO)

Entfernungen:
Biograd – Pakoštane 5 km, Pakoštane – Pirovac 16 km, Pirovac – Tisno 7 km

Der Abstecher in die Seitenstraße 2 km hinter Biograd rechts lohnt sich nicht – sie führt zum gesicherten Gelände eines privaten Klubs. Hingegen sollte man 5 km hinter Biograd bei **Pakoštane** links abbiegen, um den ungewöhnlichen und grasgrünen Vraner See (Vransko Jezero) zu erreichen. Der ca. 12 km lange und nur durch eine schmale Landbrücke vom Meer getrennte See ist sehr fischreich und deshalb in Anglerkreisen weltbekannt. An seinem moorigen Schilfufer erstreckt sich ein Vogelschutzgebiet, in dem zahlreiche Sumpf- und Wasservögel leben, darunter die einzige Kolonie von Purpurreihern. Leider sind See und Fauna durch die Klimaveränderung bedroht. In den letzten Jahren ist der Wasserspiegel gefallen und einstige Sumpfgebiete trocknen aus. Neben Angeln und Vogelbeobachtungen gibt es vor Ort inzwischen weitere Möglichkeiten wie einen Kajakverleih, einen Abenteuerpark und einen Elektrozug.

Information

› **Park Prirode Vransko Jezero,** Kralja Petra Svačića 2, 23210 Biograd, Tel. 023 383181, www.pp-vransko-jezero.hr (auch auf Engl.), geöffnet tägl. 7–20 Uhr; 40 kn

Gastronomie

› **Tri Ferala,** Pakostane Ivana Mestrovica 9, Tel. 023 381107. Sehr gute Küche mit großer Auswahl und gutem Service; zu den Spezialitäten des Restaurants zählen Tintenfisch und Scampi und wer besonders großen Hunger hat bestellt ein Steak nach Art des Hauses!

55 Camping Kozarica ★★★★

GPS 43.91113, 15.49965

Mittelgroßer, sehr gut ausgestatteter Platz im dichten Pinienwald mit eigenem Strand (teils FKK), nur einen Spaziergang von Pakostane entfernt; gutes Restaurant, WLAN auf dem ganzen Platz; Sportmöglichkeiten, Kinderschwimmbad sowie Wellnessoase mit Sauna, Jacuzzi und Massage. **Lage/Anfahrt:** etwa 500 m nördlich der Petrol-Tankstelle von der Straße 8/E65 meerwärts abbiegen und ca. 800 m den Schildern folgen.; auch für größere Fahrzeuge problemlose Zufahrt; **Untergrund:** Kies; **Wasser:** ja (z.T. am Stellplatz); **Abwasser:** ja; **Chemie-WC:** ja; **Strom:** ja; **Preise:** ca. 37–67 €, **Geöffnet:** 8.4.–31.10.; **Kontakt:** Brune Bušića 43, 23211, Pakoštane, Tel. 023 381070, https://adria-more.hr/de/camping-kozarica (auch auf Deutsch); **Besonderheiten:** Wellness, Wohnmobilvermietung, Flughafenabholung

Ab Pakoštane sind es rund 16 km durch eine kaum besiedelte Region mit Kiefernwald, über den hinweg sich einmal Blicke auf den grünen See, dann auf das blaue Meer eröffnen – unterbrochen nur von dem Weiler **Drage** und einer Abzweigung rechts zum Meer.

Am grünen Vraner See

Parken

▻ **102 Drage,** GPS 43.8939, 15.5308. Nördlich von Drage: schöner Felsstrand mit klarem Wasser, aber vielen Seeigeln. Der Parkplatz ist schattig, aber sehr holperig und ungepflegt.

56 Autocamp Oaza Mira ★★★

GPS 43.886131, 15.53305

Außergewöhnlich schöner, vorbildlich gestalteter und relativ ruhiger Platz, etwas abseits der Hauptroute. Eigene feinkiesige Bucht, schön angelegte Terrassen mit hohen Pinien, einzigartige Sanitäranlagen mit Wasserspiel; Sportangebote, Exkursionen, Auto- und Wohnmobil-Vermietung; trotz allem leger und unprätentiös. Einer der Toptipps in ganz Kroatien. **Lage/Anfahrt:** am nördlichen Ortsrand von Drage Richtung Meer, völlig problemlose Zufahrt; **Wasser:** ja; **Abwasser:** vorbildliche Plattform am Rand des Platzes; **Chemie-WC:** perfekt; **Strom:** ja; **Preise:** 66 €; **Geöffnet:** 1.4.–31.10.; **Kontakt:** Dr. Franje Tuđmana 2, 23211 Drage, Tel. 023 635419, www.oaza-mira.hr (auch auf Deutsch)

INSEL MURTER

Abzweigung – Tisno 4 km (einfach),
Tisno – Murter 5 km (einfach)

Hat man Pirovac passiert, so erreicht man bald eine Kreuzung, an der es rechts zur Insel Murter geht. Die fruchtbare Insel mit schönen Badebuchten 25 km nordwestlich von Šibenik ist für Badeurlauber und Segler

57 Jezera Village ★★★

GPS 43.79184, 15.62771

Wenig parzellierter Familienplatz um eine große Bucht mit sehr schönen, schattigen Bereichen; teils terrassiert; gute Ausstattung, breites Sportangebot und Aktivitäten für Kinder, gutes Restaurant mit großer Auswahl und ordentlicher Küche, Bungalows, Bootshafen, WLAN kostenpflichtig. **Lage/Anfahrt:** bei Jezera rechts den Schildern folgen; **Wasser:** ja, mit Schlauch; **Abwasser:** bislang leider immer noch mangelhafte Ver-/Entsorgungsstation; Plattform mit Schacht; grüner Deckel für Abwasser und Chemie-WC; **Chemie-WC:** in allen Sanitäranlagen; **Strom:** ja (teils blaue, teils alte Steckdosen); **Preise:** 35 €; **Geöffnet:** Mitte April–Mitte Oktober; **Kontakt:** Put Zaratića 1, 22242 Jezera, Tel. 022 439600, www.jezeravillage.com, **Tipp:** im Juli/August fährt ein kleiner Zug vom Platz nach Murter

223kr Abb.: rh

Kornaten-Nationalpark

Der insgesamt rund 100 Inseln und Riffe umfassende Kornaten-Archipel erstreckt sich zwischen den Inseln Dugi Otok und Zirje. Er wurde 1980 zum Nationalpark erklärt und zieht seitdem jährlich viele Besucher an. Die atemberaubende Inselwelt der Kornaten mit ihren einsamen Buchten und Stränden ist sowohl bei Naturliebhabern als auch bei Aktivtouristen beliebt und begeistert vor allem Taucher, Segler und sonstige Bootsfahrer. Die größten Inseln neben der Hauptinsel Kornat sind Kurba Vela, Lavsa, Levrnaka und Piskera. Wer kein eigenes Boot hat, kann an Exkursionen teilnehmen, die vor allem von der Insel Murter aus, aber auch von Biograd und anderen Orten auf dem Festland angeboten werden.

› *Information:* Kornati National Park, Butina 2, 22243 Murter, Tel. 022 435740, www.np-kornati.hr (auch auf Engl.)
› *Tickets:* Informationen über online erhältliche Eintrittskarten unter www.np-kornati.hr/en/tourism/informacije-o-ulaznicama-en
› *Exkursionen:* ARTA, Podvrtaje 65, 22243 Murter, Tel. 022 436544, www.murter-kornati.com/de, GPS 43.8090, 15.5945. Bietet mit verschiedenen Booten (auch historische Segler) und auf verschiedenen Routen Ausflüge zu den Kornati-Inseln. In der Saison (Juli, August) fahren alle Schiffe fast jeden Tag, in der Vor- und Nachsaison (Mai, Juni, Sept., Okt.) werden Ausflüge auf Anfrage organisiert.

ein beliebter Anlaufpunkt. Sie hat den Vorteil, auch ohne Fähre erreichbar zu sein, da sie durch eine Klappbrücke mit dem Festland verbunden ist. Die Brücke ist in der Saison täglich von 17 bis 17.30 Uhr geöffnet und die Straße ist dann gesperrt!

Nahe **Tisno,** kurz vor der Brücke, geht es zum Campingplatz „Hostin" und der Inselort **Jezera** bietet Besuchern das große Camp „Jezera-Lovišća".

Information
› **TZO Tisno,** Istočna Gomilica 1a, 22240 Tisno, Tel. 022 438604, 022 438603, www.tz-tisno.hr

Parken und Picknick
🅿 **103 Insel Murter, Tisno,** GPS 43.8014, 15.6489. Bootshafen vor der Brücke; kostenloser, unbefestigter Parkplatz

58 Autocamp Slanica (Murter) ★★★

GPS 43.816849, 15.576735
Sehr schöner und ruhiger Platz mit langer Felsküste. Wer sich durch die teilweise sehr enge Zufahrt nicht abschrecken lässt, findet hier Stellplätze mit traumhaftem Meerblick. Für mich eine der reizvollsten Lagen Dalmatiens – inzwischen aber zeitweise sehr voll.
Lage/Anfahrt: via Tisno nach Stari Murter und kurz davor links zur Slanica Bucht, teilweise sehr eng, aber machbar; **Wasser:** ja; **Abwasser:** nicht optimal, aber machbar; **Chemie-WC:** ja; **Strom:** ja; **Preise:** ca. 38 € **Geöffnet:** 15.4.–15.10.; **Kontakt:** Podvršak 8, 22243 Murter, Tel. 022 434205, Mobil 098 336636, www.murter-slanica.hr (auch auf Deutsch)

VODICE
(Pirovac – Vodice 11 km)

Hinter dem Abzweig nach Murter folgen 8 km „dürre", küstenlose Strecke, ehe man schließlich den beliebten Badeort Vodice erreicht. Das reizvolle einstige Fischerstädtchen hat zwar inzwischen ganz auf den lukrativeren Tourismus umgesattelt, doch im alten Zentrum konnte es viel von seinem eigentlichen nostalgischen Charme bewahren, da sich Hotels und Marina außerhalb des Stadtkerns zwischen Bäumen verstecken. Sehenswürdigkeiten bietet es sonst keine, dafür aber eine sehr gute touristische Infrastruktur und vielfältige Sportangebote. Zudem ist es ein beliebter Ausgangspunkt für Törns im Archipel von Šibenik und den Kornaten. Mit dem Wohnmobil biegt man am besten gleich nach links in Richtung Hotels und Marina, wo man auch den Campingplatz und Strände findet.

Information
› **TZO Vodice,** Obala Vladimira Nazora bb, 22211 Vodice, Tel. 022 443888, 022 442111, www.vodice.net, www.visit-vodice.com (auch auf Deutsch)

Parken
🅿 **104 Krka-Brücke,** GPS 43.7624, 15.8463. Hinter Vodice, vor der Krka-Brücke rechts, liegt ein großer, ebener Asphaltplatz mit Blick auf den tief in die Landschaft eingeschnittenen Fluss. In der Saison wird hier Bungee-Jumping angeboten!

ŠIBENIK
(Vodice – Šibenik 11 km)

Die alte Königsstadt mit ca. 40.000 Einwohnern liegt etwas vom offenen Meer zurückgesetzt nahe der Krka-Mündung und besitzt dennoch einen großen Hafen. Ihre terrassenförmig am Steilhang über einer fjordartigen Bucht aufgebaute Altstadt gilt als eine der schönsten der dalmatinischen Küste. In ihrem malerischen Labyrinth gibt es auf Schritt und Tritt etwas zu entdecken.

Irgendwann öffnet sich dann plötzlich die schattige Enge der Gassen und man tritt auf den weiten, sonnenüberfluteten Domplatz, auf dem das prachtvollste Bauwerk der Stadt mit seiner mächtigen Kuppel in den tiefblauen Himmel ragt: die weltberühmte, monumentale **Kathedrale Sveti Jakov.** Das Meisterwerk der Steinmetzkunst wurde vom berühmtesten Baumeister Dalmatiens Juraj

Sonstiges
1 Fährgesellschaft Jadrolinija
59 Camping Resort Solaris

P Parken
105 Šibenik, Hafen

Information

› **TZO Šibenik** (Stadt-Info), Fausta Vrančića 18, 22000 Šibenik, Tel. 022 212075, 022 214411, www.sibenik-tourism.hr (auch auf Deutsch)

› **TZŽ Šibenik-Knin** (Region Šibenik-Knin), Fra N. Ružića bb, 22000 Šibenik, Tel. 022 219072, https://dalmatiasibenik.hr/de (auch auf Deutsch)

› **Touristisches Infozentrum,** Obala Palih Omladinaca 3, Tel. 022 214448, 214411

› **Jadrolinija,** Obala dr. Franje Tuđmana 7, Tel. 022 213468, www.jadrolinija.hr

Parken

P 105 Šibenik, Hafen, GPS 43.7301, 15.8951. Sehr große, gebührenpflichtige Parkflächen befinden sich nahe dem Ortsende jenseits von Fährhafen und Bahnhof – etwas südlich des Zentrums.

59 Camping Resort Solaris ★★★★

GPS 43.699299, 15.87937

Ein großer Platz mit Wald- und Wiesenflächen nahe dem Strand. Es gibt zwei sehr saubere Sanitärgebäude, einen schön angelegten Pool und Spielanlagen für Kinder sowie zahlreiche Restaurants. Parzellen mit Strom, Wasser, Abwasser, WLAN und Sat-TV. **Lage/Anfahrt:** am südlichen Stadtrand nach rechts (Westen) in Richtung Zablaće den Schildern folgen; **Wasser:** teils am Stellplatz; **Abwasser:** teils an den neuen Stellplätzen, sonst „Plattform" im hintersten Winkel der Marina; **Chemie-WC:** ja, teils neu angelegt und gut, sonst bei der Abwasserplattform; **Strom:** ja, zum Teil; **Preise:** 53–72 €; **Geöffnet:** 24.4.–20.10.; **Kontakt:** Hotelsko naselje Solaris, Tel. 022 361017, 022 364001, www.campingsolaris.com (auch auf Deutsch); **Achtung:** Ein Engpass ist die Rezeption, an der es keinen Parkplatz gibt, sodass Fahrzeuge die Zufahrt blockieren, keine Wendemöglichkeit außerhalb. **Tipp:** Für ein besonderes kulinarisches Erlebnis ist das Restaurant „Dalmatinisches Dorf" (s. S. 170) absolut einmalig.

Dalmatinac geschaffen, der in Bronze verewigt vor seinem Werk steht. Vom Domplatz steigen verwinkelte Treppen und Gassen hinauf zur **Festung Sv. Ana,** die einst von den Venezianern zur Türkenabwehr erbaut wurde. Der Ausblick von diesem Adlerhorst über die Dächer der Altstadt und auf den engen Meereskanal ist umwerfend.

Das **Urlauberzentrum** von Šibenik liegt 6 km außerhalb der Stadt auf der Zablaće-Halbinsel. Neben dem Camping Solaris 59 findet man dort inzwischen zahlreiche Restaurants und Hotels, Badestrände und Pools, einen riesigen Aquapark, den Solaris Beach Club und das Solaris Pirate Adventure. Von all dem mag man halten, was man will, aber lohnend ist ein Besuch im „Dalmatinischen Dorf" (s. Kasten S. 170).

◁ *Blick von der Festung auf die Dächer von Šibenik*

Reigen der Geizhälse

Rings um die Chorapsiden der Kathedrale zieht sich ein Fries aus 71 Köpfen, die den Besucher mit ihren unterschiedlichen Gesichtern erheitern. Allesamt sind sie Zeitgenossen des Baumeisters, mit individuellen Zügen und teilweise in Form witziger Karikaturen: Bürger, Bauern und Adelige, Fischer, Mädchen und Matronen. Sie glotzen, gaffen, granteln oder ziehen Grimassen. Der Überlieferung zufolge sind es Geizhälse, die ihren Beitrag zum Bau der Kirche verweigerten und dafür nun seit Jahrhunderten am Pranger stehen.

Restaurant „Dalmatinisches Dorf" („Dalmatinsko Selo")

Auf der Zablaće-Halbinsel, nur wenige Schritte außerhalb des Campingplatzes Solaris ⑨ liegt inmitten von schattigen Bäumen, Wasserläufen und traditionellen Gärten ein authentisches, dalmatinisches Dorf mit zahlreichen historischen Steinbauten, das genauso ein ethnografisches Museum sein könnte. Dort erwartet Sie ein Erlebnis, das weit über das Kulinarische hinausgeht: hervorragende Fisch- und Fleischgerichte in historischem Ambiente, serviert von freundlichem Personal in traditioneller Tracht. Das Brot kommt direkt aus dem Holzofen – vor dem ein Bäcker wie aus dem Bilderbuch werkelt – und das Mehl dazu aus der Wassermühle gleich gegenüber. Zudem gibt es zahlreiche Vorführungen, Klapa-Chöre, Weinproben, eine Brennerei, eine Ölpresse und vieles mehr. Gewiss ist der Andrang im Sommer groß, aber durch zahlreiche kleinere Gebäude, Räume, Nebenhöfe etc. hat man auch das gut im Griff. Für mich ist es eine der größten Entdeckungen der letzten Jahre und eines der besten Restaurants. Es ist es durchaus wert, extra einen Abstecher zu machen. Geöffnet Mo–Fr 8–16 Uhr, Tel. 022 361051, Führungen ab 10 €.

KRKA-NATIONALPARK
(Šibenik – Skradin 18 km)

Nur wenige Kilometer von Šibenik landeinwärts hat der tief eingeschnittene Fluss Krka eine fantastische Wunderwelt geschaffen, die mit zum Schönsten gehört, was die vielfältige Natur an Kroatiens Küste zu bieten hat. 10 Kilometer nachdem man von der Adria-Magistrale Richtung Drniš abgebogen ist, geht es bei Lozovac links in den Nationalpark hinein. Wenige hundert Meter weiter gabelt sich die Straße zu den beiden Eingängen. Links gelangt man nach einer landschaftlich ungemein reizvollen Fahrt hinab ins tiefe Flusstal zu dem hübschen, kleinen Örtchen **Skradin.** Am Ortseingang steht ein großer, ebener Parkplatz zur Verfügung und am Kai des malerischen Örtchens wartet eine rustikale, sehr empfehlenswerte Weinstube auf Besucher. Von Skradin fahren auch Ausflugsboote flussaufwärts zu den weltberühmten Wasserfällen.

▷ *Wie weiße Vorhänge schäumt das Wasser über die unteren Kaskaden im Krka-Nationalpark*

Information
› **TZG Skradin,** Trg Male Gospe 3, 22222 Skradin, Tel. 022 771329, www.skradin.hr (auch auf Engl.)

Gastronomie
› **Prstać,** Obala bana Pavla Šubića, Tel. 022 771128. Das nette Restaurant liegt bei der ACI Marina mit schattiger Terrasse, Blick auf den Hafen und sehr guten Fisch- und Muschelgerichten.

Parken
P 106 Skradin, Ortseingang, GPS 43.8173, 15.9251. Großer, gebührenpflichtiger und in der Saison recht voller Parkplatz mit wenig Schatten.

P 107 Skradin, Krka Parking, GPS 43.8227, 15.9206, ca. 500 m außerhalb von Skradin. Kleiner, schattenloser und ebenfalls kostenpflichtiger Wiesenplatz neben dem Privat-Camping Skradinske Delicije ⑥⓪.

⑥⓪ Camping Skradinske Delicije

GPS 43.822586, 15.920582
Kleiner, schattiger Privatplatz am Ortsrand von Skradin und nahe dem Eingang zum Krka-Nationalpark (500 m vom Bootsanleger). **Lage/Anfahrt:** auf der Straße 56 am Parkplatz von Skradin vorbei und ca. 500 m weiter zum nördlichen Ortsende; **Platzanzahl:** 20; **Wasser:** direkt am Stellplatz; **Abwasser:** am Stellplatz; **Chemie-WC:** ja; **Strom:** ja; **Preise:** 23,40 €; **Geöffnet:** März–November; **Kontakt:** Skradinskih svilara 8, 22222 Skradin, Tel. 091 520 9330, https://skradinske-delicije.hr/de

⑥① Camp Marina ★

GPS 43.79982, 15.94324
Sehr ruhiger und netter Privatplatz – mit kleinem Pool und etwa 70 % Schattenflächen; kleines, einfaches, aber gutes Restaurant mit solider Küche (Wein aus eigenem Anbau, Köstlichkeiten vom Grill sowie dalmatinischer Schinken); WLAN kostenlos; sehr nette Leute und viele positive Kommentare auf diversen Internetportalen. **Lage/Anfahrt:** direkt an der Straße nach Skradin links; **Wasser:** ja; **Abwasser:** ja; **Chemie-WC:** ja, im Sanitärgebäude; **Strom:** ja; **Preise:** 19 €, ADAC-Rabatt 10 %; organisiert verschiedenste Exkursionen in den Park per Kleinbus und Boot, bei denen man das eigene Fahrzeug nicht braucht und sicher manches entdecken wird, was man sonst versäumt; **Geöffnet:** April–Okt.; **Kontakt:** Skočići 6, 22221 Lozovac, Tel. 091 3683323, www.camp-marina.hr (auch auf Deutsch); **Beachten:** Da mehrere Leser zu Unrecht enttäuscht waren, weise ich darauf hin, dass Marina der Vorname der freundlichen Gastgeberin ist und nicht etwa auf einen Hafen hindeutet.

Vorzeitliche Waschmaschine

In einer Felsenkammer hinter der Mühle rauscht das Wasser direkt aus der Wand in ein rundes Becken: eine ebenso alte wie geniale Waschmaschine, die seit Jahrhunderten schon störungsfrei läuft! Die schmutzige Kleidung wird einfach hineingeworfen. Da der Wasserstrahl seitlich in das Becken schießt, erzeugt er einen starken Strudel, der die Wäsche sofort in die Tiefe zieht und dort im Kreis herumwirbelt. Eine halbe Stunde später ist sie sauber und wird mit einer Holzstange wieder herausgefischt. Verloren gehen kann dabei nichts, da die Strömung stets zur Mitte hin zieht.

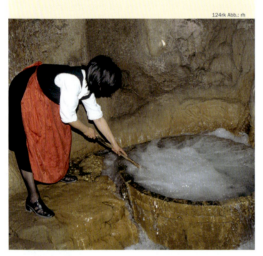

124rk Abb.: rh

Hält man sich an der Gabelung rechts, so erreicht man kurz darauf den Haupteingang des Nationalparks, der oberhalb des Tales auf dem Plateau liegt. Daneben erstreckt sich ein sehr großer, schöner Parkplatz bis zum Waldrand. Von hier aus bringen Shuttlebusse die Besucher zu den **Wasserfällen**. Drunten klappert inmitten üppig grüner Natur eine museale Mühle, in der hübsche Trachten-Mädchen die uralte, aber höchst effiziente Technik vorführen. Zwischen rauschendem Wasser lockt ein zauberhaftes Café. Wenige Schritte weiter kommt man auf einen Felsvorsprung, von dem man den besten Blick auf die Hauptwasserfälle hat. Über 17 Felsstufen stürzen hier gewaltige Wassermassen insgesamt 46 m in die Tiefe – eine gischtende, weiße Wasserwand von fast hundert Metern Breite. Nicht zu Unrecht werden die Wasserfälle als die „schönsten Travertin-Wasserfälle Europas" gepriesen.

Durch die verwirrend verwobene Wasserwelt schlängelt sich ein schmaler Pfad, der über kleine Brückchen und Stege quer durch die urwaldhafte Natur führt. Überall gluckst, plätschert und rauscht es. Hier quillt ein Minifall aus dem Dickicht, dort stürzt sich ein mächtiger Strom über die Felsen. Blühende Seerosen bedecken einen stillen Tümpel, mannshohe Pflanzen mit riesigen Blättern verwandeln den Weg in einen Dschungelpfad. Dann steht man unterhalb der Fälle in einem grünen Wiesengrund vor einem kleinen Lokal, nahe dem sich die unteren Fälle in breiter Front über die Felsstufen ergießen. Eine erquickliche Oase, auf deren Terrasse man sich herrlich ausruhen kann.

Information
› **Nationalpark-Verwaltung,** Trg Ivana Pavla II br. 5, 22001 Šibenik, Tel. 022 201777, www.np-krka.hr (auch auf Engl.)

Parken
108 **Krka-Nationalpark, Lozovac,** GPS 43.7957, 15.9677. Ein riesiger, ebener, teils schattiger und kostenloser Parkplatz liegt direkt am Haupteingang des Nationalparks; kostenlos, Nachtpark-Verbot.

ROUTE 5
DIE KÜSTE MITTELDALMATIENS: ŠIBENIK BIS PLOČE

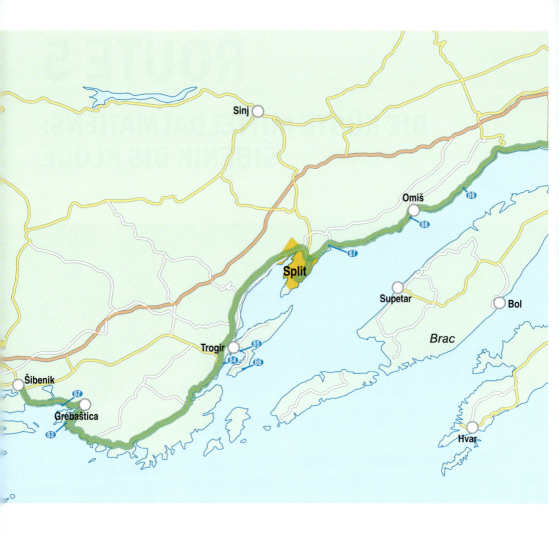

Strecke:

Šibenik – **Trogir** (62 km, s. S. 179) – **Split** (ca. 20 km, s. S. 185) – **Omiš** (22 km, s. S. 189) – **Vrulja Bucht** (23 km, s. S. 191) – **Makarska** (19 km, s. S. 192) – **Drvenik** (29 km, s. S. 196) – **Gradac** (12 km, s. S. 196)

Streckenlänge: 187 km

« *Kapitelstartseite: Das Peristyl ist das Highlight des Diokletian-Palasts in Split*

ROUTENÜBERSICHT

Sandstrände und bizarre Felsenküsten, bunter Ferientrubel und stille Buchten, klares Wasser und Robinson-Inselchen – die Küste Mitteldalmatiens bietet jedem seinen Traumstrand. Und dazwischen liegen malerische, alte Städte voll römischer, byzantinischer und venezianischer Baudenkmäler. Nach der mittelalterlichen Museumsstadt Trogir folgt die Straße der Kastelle mit einer ganzen Perlenkette lauschiger Küstenstädtchen und dann Solin mit einem faszinierenden Ruinenfeld riesiger Ausdehnung. Zentrum der Region ist die Metropole Split, die zweitgrößte Stadt des Landes und wohl die einzige Stadt der Welt, die aus einem römischen Kaiserpalast hervorgegangen ist. Zugleich dient ihr Hafen als Sprungbrett zu den ebenso zahlreichen wie unterschiedlichen Inseln: Brač, Hvar und Korčula (s. Route 6). An der Küste folgt die einstige Piratenfestung Omiš mit Sandstränden und der wildromantischen Cetina-Schlucht. Dann steigen steil aus dem Meer empor die weißen Kalkwände des Omiško-Gebirges und jenseits davon erreicht man die berühmte Makarska Riviera, die sich fast bis zum Delta der Neretva erstreckt.

Route 5: Die Küste Mitteldalmatiens

ZWISCHEN ŠIBENIK UND SPLIT

Hinter Šibenik endet das fruchtbare Tiefland Ravni Kotari und die Küste wird wieder buchten- und abwechslungsreicher. Auf dem klaren Wasser schaukeln Fischerboote und an Kiesstränden sonnen sich Badegäste. Dicht am Meer entlang passiert man **Brodarica** und weitere winzige Fischerdörfer, dann geht es um die Grebaštica-Bucht herum und etwas höher empor. Immer wieder weisen Schilder auf Campingplätze hin – meist winzige Privatplätze im Vorgarten mit enger Zufahrt.

Parken
- **P 109 Brodarica**, GPS 43.6937, 15.9009. Hinter Brodarica gelegener, großer, schattenloser und kostenfreier Parkplatz an einem Kiesstrand.
- **P 110 Morinje-Bucht**, GPS 43.6716, 15.9298. Wenig weiter folgt direkt hinter der Brücke über den Ausgang der Morinje-Bucht ein asphaltierter Parkplatz mit Tischen, Pinien und Meerblick.

62 Camping Jasenovo ★★★

GPS 43.650879, 15.95188

Idyllisches, kleines Familiencamp mit 50 Plätzen zwischen Pinienwald und Feinkiesstrand; sauber, gut ausgestattet und erfrischend anders – ein kleines Paradies. Gepflegte Anlage mit eigenem Strand; gemütliches Café mit Meerblick (abends Fisch- und Grillgerichte). Begeisterte Kommentare auf Internetportalen.
Lage/Anfahrt: beim winzigen Ort Jasenovo, nahe Brodarica (zwischen Šibenik und Primošten); Schild an der Straße beachten; problemlos erreichbar. **Wasser:** ja; **Abwasser:** Entsorgungsplattform; **Chemie-WC:** ja; **Strom:** ja; **Preise:** 39 €; **Geöffnet:** 1.5.–10.10.; **Kontakt:** Uvala Jasenovo, Žaborić, Tel. 098 9063250, www.jasenovo.hr (auch auf Deutsch)

INSELSTÄDTCHEN: PRIMOŠTEN UND ROGOZNICA

(Šibenik – Primošten ca. 28 km, Primošten – Rogoznica ca. 8 km, Šibenik – Trogir ca. 62 km)

Um das Kap herum mit Ausblick auf eine schmale Landzunge erreicht man ca. 28 kurvenreiche Kilometer hinter Šibenik das malerisch auf einer Insel gelegene Fischerstädtchen Primošten. Errichtet wurde es im frühen 16. Jahrhundert von Flüchtlingen aus dem Landesinneren, die sich auf der Insel vor den anrückenden Türken in Sicherheit bringen wollten. Inzwischen ist die Insel durch einen Damm mit dem Festland verbunden und offen für die Invasion der Urlauber. Trotzdem hat sich Primošten viel von seiner altertümlich-beschaulichen Atmosphäre bewahrt. Vom lauschigen Dorfplatz führen steile Sträßchen zum Kirchberg hinauf und unterwegs sieht man die ersten Dächer aus Kalksteinplatten, die für Dalmatien so typisch sind. Die Ferienanlagen und ein großer Campingplatz liegen auf einer Halbinsel nördlich des Orts; den schönsten Postkartenblick auf das Inselstädtchen genießt man rückblickend auf der Weiterfahrt nach Süden.

Information
> **TZO Primošten,** Trg Biskupa Josipa Arnerića 2, 22202 Primošten, Tel. 022 571111, www.tz-primosten.hr (auch auf Deutsch)

Parken
- **P 111 Primošten,** GPS 43.5885, 15.927. Großer, asphaltierter Parkplatz am Ortseingang, nicht ganz eben, kaum Schatten, nachts beleuchtet.

63 Camping Adriatiq ★★★

GPS 43.606571, 15.92210

Sehr großer, moderner, gut ausgestatteter Platz mit langem Kiesstrand, Pinienwald, Tauchcenter, Taxiboot, Sportanlagen u. v. a. m.; im Sommer sehr voll.

▷ *Das alte Inselstädtchen Primošten*

Lage/Anfahrt: vor Primošten gleich rechts der Küstenstraße; **Wasser:** ja, sehr gut, Schlauch; **Abwasser:** vorbildliche Ver-/Entsorgungsstation; **Chemie-WC:** ja, an der Ver-/Entsorgungsstation; **Strom:** ja; **Preise:** ca. 49–52 €; **Geöffnet:** April–Oktober; **Kontakt:** Huljerat bb, 22202 Primošten, Tel. 022 571223, www.autocamp-adriatiq.com (auch auf Deutsch)

Nur 6 km weiter erreicht man die Abzweigung nach **Rogoznica,** das etwas mehr abseits der Touristenströme liegt, aber wegen seiner Marina bei Skippern beliebt ist. Wie Primošten ist es ein Inselstädtchen mit ganz ähnlicher Geschichte und wenigstens ebenso reizvoller Lage. Die hübsche und selbst im Sommer überraschend ruhige Uferstraße ist eine Einbahnstraße. Um wieder zurück zum Ausgangspunkt zu gelangen, wird man durch einen Pinienwald und die Gassen am Ortsrand gelotst, wo man sich mit großen Fahrzeugen etwas schwer tut.

Information

› **TZO Rogoznica,** Obala kneza Domagoja 56, 22203 Rogoznica, Tel. 022 559253, http://loverogoznica.eu (auch auf Deutsch)

Die Weinberge von Primošten

Die weltberühmten Weinberge von Primošten wurden auf zahllosen Fotos verewigt – ein riesiges Bild dieser einzigartigen Rebenhänge ziert sogar das UN-Gebäude in New York. Generationen von Winzern haben in mühevoller Arbeit Steine abgesammelt und die Hänge mit einem faszinierenden Grafikmuster winziger Karrees überzogen – Tausende und Abertausende von kleinen Vierecken. Dabei sind die freigelegten Nutzflächen kaum breiter als die Mauerwälle selbst: handtuchgroß, beinahe im wahrsten Wortsinn. Sie haben zudem einen dreifachen Nutzen: sie halten den Wind ab, reflektieren die Sonnenstrahlen auf die Reben und speichern die Wärme. Von weitem sehen die Hänge wie überdimensionale Seiten eines Rechenheftes aus, in dessen weißen Kästchen das frische Grün der Reben strahlt. Hier gedeiht der Babić, ein trockener Rotwein, der ebenso bekannt ist wie die dekorativen Steinwälle, zwischen denen er wächst.

Parken
🅿 **112 Rogoznica,** GPS 43.5298, 15.9691. Es gibt einige wenige Parkplätze gleich hinter der Brücke direkt am Wasser.

Die Straße verlässt vorübergehend die Küste und führt etwa 10 km durch ein trockenes Tal mit Steinmauern und Olivenbäumen zur **Marina-Bucht** mit dem gleichnamigen Ort, der tatsächlich eine Marina besitzt, wie es sein Name besagt – zudem aber auch einen trutzigen Festungsturm, der direkt aus dem Wasser der Bucht aufragt. Die fünfhundert Jahre alte Schutzburg gegen die Türken wurde inzwischen zum Hotel umgebaut. Heute flüchtet man hierher nicht mehr vor wilden Reiterheeren, sondern vor Alltagsstress und Hektik – und im Hotelrestaurant kann man sich mit traditionellen Fisch- und Fleischgerichten stärken.

Information
❯ **TZO Marina,** Trg Stjepana Radića 1, 21222 Marina, Tel. 021 889015, www.tz-marina.hr (auch auf Engl.)

Gastronomie
❯ **Hotel Marinska Kula,** Obala kardinala Alojzija Stepinca 1, 21222 Marina, https://marinska-kula-hr.book.direct/de-de.com, Tel. 021 889178. Außergewöhnliches Hotel im Bischofsturm mit nostalgischem Erlebnisrestaurant; umfangreiche Speisekarte mit Pasta, Fisch und Meeresfrüchten

Parken und Picknick
🅿 **113 Marina,** GPS 43.5134, 16.1633. Der kostenlose Park- und Picknickplatz folgt ca. 4 km östlich von Marina; auf der Straßenseite gegenüber befindet sich ein Strand mit überwiegend Fels und etwas Kies.

🅿 **114 Marina, Strand,** GPS 43.5159, 16.1166. Eine kostenlose Parkmöglichkeit direkt an der Straße und über dem Strand findet man am anderen Ortsende von Marina; schattenlose Schotterfläche mit Strand und Dusche.

◸ *Gelber Ginster säumt die Küstenstraße, von der sich immer wieder ein Blick auf das blaue Meer bietet*

◸ *Die mittelalterlichen Mauern von Trogir – und davor die Jachten der Milliardäre*

TROGIR – SPAZIERGANG DURCH DAS MITTELALTER

(Šibenik – Trogir ca. 62 km,
Rogoznica – Trogir ca. 26 km)

Information
› **TZG Trogir,** Trg Ivana Pavla II. Br. 1, 21220 Trogir, Tel. 021 885628, www.tztrogir.hr (auch auf Engl.), www.trogironline.com (auch auf Deutsch)

Nirgends in Dalmatien wird man eine zweite Stadt finden, die ein so geschlossenes mittelalterliches Bild bewahrt hat wie Trogir. Abseits wichtiger Heerstraßen und Handelsrouten gelegen, hat die Stadt im Windschatten der Weltgeschichte ein halbes Jahrtausend ohne nennenswerte Veränderung überdauert. Ein mittelalterliches Museumsstädtchen, aber es wirkt nicht verstaubt, sondern von Leben erfüllt.

Wie Primošten und Rogoznica wurde Trogir auf einer Insel erbaut. Ihre Mauern und Befestigungen sind jedoch nie geschleift worden. Alles ist noch wie vor Jahrhunderten, nur dass jetzt anstelle venezianischer Patrizier eine bunte Touristenschar durch die engen Pflastergassen pilgert. Von 1992 an trug die Hauptgeschäftsstraße Trogirs einige Jahre lang den Namen „Ulica Kohl-Genschera" als Dank dafür, dass Deutschland als erster Staat die Unabhängigkeit Kroatiens anerkannt hat. Heute heißt sie wieder schlicht „Gradska ulica" (Stadtstraße)".

Schmuckstück der Stadt ist ihr **Dom,** um dessen romanisches Westportal sich ein wahrer Bilderreigen spannt. Das Kirchendach überragt ein eleganter Campanile, den spitzenfeines Maßwerk ziert. Zusammen mit dem **Patrizierpalast Ćipico,** dem Rathaus, der Loggia sowie der dahinter aufragenden Basilika Sv. Barbara macht er das Geviert zu einem der schönsten Stadtplätze Kroatiens. Ein verzweigtes Netz enger Pflastergässchen erschließt von hier aus die Reize der weiteren Altstadt, in der man auf Schritt und Tritt kostbare Baudenkmäler, romantische Winkel und lauschige Restaurants entdeckt. Im Kloster Sveti Nikola kann man ein griechisches Relief des Gottes Kairos bewundern, den Gott des günstigen Augenblicks mit seiner Stirnlocke, an der man ihn im sprichwörtlichen Sinne packen kann (aber nur von vorn!). Und die malerische Palmenpromenade auf der Seeseite der Altstadt führt zur Festung Kamerlengo.

Das schönste Panorama der Gesamtanlage bietet sich jedoch von der Nachbarinsel **Čiovo,** die man über eine schwankende Klappbrücke erreicht. Von dort blickt man über stolze Jachten hinweg auf eine stattliche Palmenallee und die hohen Festungsmauern, die von roten Ziegeldächern und zierlich-filigranen Kirchtürmen überragt werden. Neben dem Seetor haben die Stadtherren eine kleine Loggia an die Außenseite der Mauer geklebt — als Obdach für Reisende, die Trogir erst nach Torschluss erreichten. Heute dient das Gebäude als Fischmarkt.

Trogir

Straßen
A Gradska Ul.
  (ehem. Kohl-Genschera)
B Šubičeva
C Matije Gupča
D Augustina Kažotica
E Obrova
F Duknovica
G Mornarska
H Ribarska
J Matice Hrvatske
K Vukovarska
L Budislavićeva
M Šubičeva
N Hrvatskog Proljeća 1971

Essen und Trinken
1 Restaurant Idro

64 Camping Vranjica Belvedere
65 Camping Rožac
66 Camping Labaduša

Parken
115 Trogir
116 T4 Parking
117 T1 Parking

Gastronomie

> **Restaurant Idro,** Matije Gupca 6, Tel. 021 882609, 099 4054528. Lauschiges, kleines Lokal mit schattigem Innenhof, das etwas verborgen an einer Nebengasse liegt (vom Kirchplatz nach Westen und dann gleich rechts). Es werden sehr gute Fisch- und Fleischgerichte serviert, aus frischen Zutaten, die der Koch und Inhaber früh am Morgen auf dem Markt einkauft. Besonders lecker fanden wir die dalmatinische Spezialität Brujet mit Polenta! Bei Reservierung kostenlose Abholung im Umkreis von 15 km.

Parken

- **115 Trogir,** GPS 43.5183, 16.2525. Fast direkt gegenüber der Altstadt an der Straße in Richtung Split (meist sehr voll!).
- **116 T4 Parking,** GPS 43.5199, 16.2581. Sehr großer, gebührenpflichtiger Parkplatz etwas weiter in Richtung Split.
- **117 T1 Parking,** GPS 43.5183, 16.2481. Sehr großer, gebührenpflichtiger Parkplatz kurz vor der Altstadtbrücke.

In der Kathedrale von Trogir

64 Camping Vranjica Belvedere ★★★

GPS 43.511929, 16.19421

Relativ schattiges Terrassen-Camp mit schönem Kiesstrand, Bootshafen, Tennisanlage und einem sehr guten Restaurant (Tipp: gehen Sie von der Terrasse durch den Gastraum zur zweiten Terrasse!) und günstigen Bootsverbindungen nach Trogir; WLAN kostenlos. **Lage/Anfahrt:** bei Seget Vranjica, ca. 6 km westlich von Trogir; **Wasser:** ja; **Abwasser:** z. T. am Stellplatz, sonst Plattform mit Schacht (keine WC-Kassetten entleeren!); **Chemie-WC:** 2 bei den Toiletten; **Strom:** ja; **Preise:** ca. 54–72 €; **Geöffnet:** 24.4.–20.10.; **Kontakt:** Kralja Zvonimira 62, 21218 Seget Vranjica, Tel. 021 798228, www.vranjica-belvedere.hr (auch auf Deutsch)

65 Camping Rožac ★★★

GPS 43.505138, 16.258169

Ein traumhafter und zu Recht sehr gefragter Platz in toller Lage mit dynamischem Team; 2 km von Trogir auf einer eigenen, bewaldeten Halbinsel; Feinkiesstrand auf der einen, Felsstrand auf der anderen Seite. Sehr gute, behindertengerechte Ausstattung; freundliche Atmosphäre; WLAN kostenlos. **Lage/Anfahrt:** Bei Trogir über die Brücke nach Čiovo, danach rechts und den Schildern folgen; enge Straßen und meist dichter Verkehr. **Wasser:** ja, am Platz; **Abwasser:** tadellose Plattform, teils auch am Stellplatz; **Chemie-WC:** ja; **Strom:** ja; **Preise:** 40–50 €; **Geöffnet:** 27.3.–6.11.; **Kontakt:** Šetalište Stjepana Radića 56, 21223 Okrug Gornji, Tel. 021 806105, www.camp-rozac.hr (auch auf Deutsch). **Tipp:** Für den Fußweg in die Stadt gibt es eine Abkürzung, die ein Stück der nervzehrenden Straße abschneidet (Info an der Rezeption); außerdem fahren in der Saison alle 30 Min. Boote zur Altstadt, die nur 50 m vom Campinplatz entfernt ab- und anlegen; und von der Brücke zur Altstadt verkehren Schiffe von Bora Line regelmäßig nach Split.

66 Camping Labaduša ★★

GPS 43.481598, 16.245703

Kleiner, naturnaher Privatplatz auf der Insel Čiovo westlich der Ortschaft Okrug Gornji. **Lage/Anfahrt:** Um langwierige Ortsdurchfahrten auf ein Minimum zu reduzieren, empfiehlt es sich, östlich von Trogir bei der INA-Tankstelle auf die neue Brücke (Novi Čiovski most) zu fahren, danach links und dann gleich wieder rechts landein zur Straße 6136, auf der man Gornji Okrug durchquert, um ca. 300 m nach Ortsende links in Richtung Labaduša zu biegen; **Wasser:** teils direkt am Stellplatz; **Abwasser:** ja; **Chemie-WC:** ja; **Strom:** ja; **Preise:** 36 bzw. 41 €; **Geöffnet:** Mai–Okt.; **Kontakt:** Uvala Duboka bb, 21223 Okrug Gornji, Čiovo, Tel. 091 9847959, www.labadusa.com (auch auf Deutsch).

KAŠTELA – STADT DER KASTELLE
(Trogir – Split ca. 20 km)

Zwischen Trogir und Split verläuft die gut ausgebaute Adria-Magistrale etwas vom Meer zurückgesetzt. Näher am Meer und teils direkt am Strand entlang führt die „Straße der Kastelle" durch den lang gestreckten Ort Kaštela, der aus einer Kette von sieben Fluchtburgen hervorgegangen ist, die sich Adel und Klerus aus Split im 16. Jahrhundert auf Küstenfelsen oder kleinen Inseln errichten ließen, als die Türken das Land bedrohten. Um jede der Burgen entstand ein kleiner Ort – und inzwischen sind sie alle zu einem großen Konglomerat aus Altstadtkernen, Wohnvierteln und ausufernder Industrie zusammengewachsen. Hinter gesichtslosen Vierteln und grauen Schloten lässt sich noch immer kleinstädtische, ja teils mittelalterliche Idylle entdecken: Bilderbuchburgen und kleine Kirchlein, Natursteinhäuser, Palmenpromenaden mit beliebten Restaurants, flache Strände sowie lauschige Häfen. Für größere Fahrzeuge kann das unübersichtliche Straßengewinkel allerdings mühsam werden!

Information
> **TZG Kaštela,** Dvorac Vitturi, Brce 1, 21215 Kaštel Lukšić, Tel. 021 227933, www.kastela-info.hr (auch auf Engl.)

Gastronomie
> **Konoba Sv. Jure,** Kaštel Novi, Obala kralja Tomislava 21, Tel. 021 232759. Diese sehr reizvoll ausgestattete, rustikale **Konoba** am Meer serviert traditionelle dalmatinische Küche, u. a. stehen Muscheln, Scampi und Hummer aus dem Holzbackofen auf dem Menü.

SALONA – RUINEN EINER ANTIKEN GROSSSTADT

Bei Solin, 5 km nördlich von Split, liegen die ausgedehnten Ruinen von Salona, der einst 50.000 Einwohner zählenden **römischen Hauptstadt Dalmatiens.** Auf der fruchtbaren Küstenebene hatten schon die Griechen eine Kolonie gegründet, die unter den Römern rasch expandierte. Im 7. Jahrhundert zerstörten Slawen und Awaren die Metropole für immer. Außerhalb der antiken Mauern entstand das neue Solin, das vom 9. bis 11. Jh. Hauptort des kroatischen Königreichs war.

Schilder weisen den Weg (zuerst in Richtung Klis, dann links) zum Parkplatz bei der archäologischen Zone, die touristisch kaum erschlossen ist. Von dort aus kann man im 160 Hektar großen Ausgrabungsgebiet

◨ In Salona brodelte einst hauptstädtisches Leben

selbst auf Entdeckertour gehen. Zwischen Olivenbäumen und Gestrüpp schlummern die Überreste der antiken Metropole mit Tempeln, Thermen und Theater, Grundmauern, Säulenresten, Gräberfeldern und Resten aus frühchristlicher Zeit. Viele der Funde sind in den Museen von Split ausgestellt.

Information

› **TZG Solin,** Kralja Zvonimira 69, 21210 Solin, Tel. 021 210048, www.solin-info.com (auch auf Deutsch)

Parken

🅿 **118 Solin,** GPS 43.5419, 16.4814. Kostenloser Parkplatz direkt bei der Ruinenanlage; nicht sehr groß und ohne Schatten; in Richtung Klis fahren und dann links den Schildern folgen.

Abstecher zur Felsenfestung Klis

Zu dem ca. 8 km nördlich von Split auf 360 m Höhe gelegenen Pass-Städtchen Klis schlängelt sich die E 71 in Richtung Sinj hinauf. Auf dem Felsen, der den Ort überragt, entstand schon im frühen Mittelalter eine Festung, die den Pass ins Landesinnere kontrollierte. Sie fiel 1537 an die Türken, die von hier aus Vorstöße gegen Split unternahmen.

Erst 1648 eroberte ein venezianisches Heer die Burg zurück. Das heutige Aussehen der Festung wurde von den Venezianern und Österreichern geprägt. Aus türkischer Zeit ist nur eine Moschee erhalten, die später in eine Kirche umgewandelt wurde. Auch heute noch bietet die Ruine einen imponierenden Anblick (nicht umsonst hat sie als Drehort für die Serie „Game of Thrones" gedient) – und einen noch eindrucksvolleren Ausblick über die Bucht von Split.

Parken und Picknick

🅿 **119 Klis,** GPS 43.5582, 16.5095. Fährt man von der Ruine nicht wieder zurück zur Straße Klis-Sinj, sondern folgt weiter der schmalen Straße nach links, so findet man in einer Rechtskurve einen kleinen Parkplatz. Von dort hat man einen herrlichen Blick auf die Festung und bis hinunter nach Split.

◨ Die Felsenfestung Klis wurde über hundert Jahre lang von den Türken gehalten

SPLIT – DIE STADT IM RÖMERPALAST

Split ist wahrhaft einmalig! Eine Stadt, die man sich nicht entgehen lassen sollte – auch wenn man zu jenen gehört, die Städte sonst lieber meiden. Aber wo sonst könnte man eine Stadt erleben, die in die Mauern eines riesigen römischen Palastes hineingebaut wurde?!

Zugleich ist Split aber auch die Metropole Dalmatiens und neben Rijeka die mit Abstand größte Küstenstadt Kroatiens mit ausufernden Wohnvierteln und Industriegebieten. Am einfachsten umfährt man sie zunächst auf der mehrspurigen Adria-Magistrale und nimmt erst die letzte Ausfahrt (Wegweiser „Zentrum/ Fährhafen") in Richtung Zentrum, ab der man dann fast immer geradeaus bis zum Palast gelangt. Dort folgt man nach links den Schildern zum nahen Fährhafen, um einen Parkplatz zu finden.

Nur wenige Schritte vom Hafen erreicht man bereits die große Attraktion der Stadt: den einmalig gut erhaltenen, weltberühmte **Diokletian-Palast.** Der vom Römerkaiser Diokletian zwischen 295 und 305 nahe seiner Geburtsstadt Salona direkt am Meer errichtete, gewaltige Palast ist 180 Meter breit und 215 Meter lang und hatte mit seinen kaiserlichen Gemächern und Repräsentationsräumen, mit Tempeln, Kasernen und Wohnungen für die Dienerschaft fast 100.000 m² Wohnfläche. Dass die kolossale Anlage zu erheblichen Teilen praktisch im Original erhalten ist, verdankt man nicht zuletzt dem Einfall der Awaren. Als sie 614 Salona in Schutt und Asche legten, flohen dessen Bewohner in die schützenden Mauern des Römerpalastes und richteten sich dort häuslich ein. Die einstige Kaiserresidenz verwandelte sich so in eine Art Stadt in einem einzigen Gebäude. Ihren Müll entsorgten die neuen Palastbewohner, indem sie ihn einfach durch ein Loch im Boden in die Gewölbe-Räume der Keller-Etage warfen. So füllte sich im Laufe von Jahrhunderten das gesamte Untergeschoss mit Unrat und alles blieb original erhalten. Noch immer ist man dabei, weitere Gewölbe freizulegen – und aus ihren Mauern ließen sich auch die Räume darüber exakt rekonstruieren.

Glanzstück des Palasts ist das zentrale **Peristyl,** ein säulenumkränzter Hof, von dem Eingänge in die kaiserlichen Gemächer führten. Heute dienen seine Stufen als Treff der Jugendlichen und im Café Luxor kann man Espresso genießen, wo einst das Volk dem Kaiser zujubelte. Eine Treppe führt in die **Katakomben,** über Gassen erreicht man den **Jupitertempel,** der später zur christlichen Taufkapelle umfunktioniert wurde. Direkt neben dem Peristyl erhebt sich die **Kathedrale Sv. Duje** (einst Mausoleum des Christenverfolgers Diokletian!) mit einer kostbar verzierten Holztür und reichen Schätzen im dämmerigen Inneren. Der Aufstieg zum Turm ist kos-

☐ *Der venezianisch geprägte Trg Republike von Split*

tenpflichtig und schweißtreibend, aber der Blick auf den Palast lohnt die Mühe!

Allein in seinem dicht gedrängten Geviert gibt es so viel zu entdecken, dass es einen eigenen Reiseführer bräuchte, um alles zu beschreiben. Und daneben schließen sich das mittelalterliche Zentrum um den **Narodni Trg** und die venezianische Altstadt am **Trg Republike** an. Und schließlich lohnt sich auch ein Spaziergang zum **Marjan-Berg** hinauf. Keinesfalls verpassen sollte man die von ausladenden Palmen beschattete **Hafenpromenade,** die übrigens erst durch Auffüllungen entstanden ist, während hier vorher die Palastmauern direkt aus dem Meer aufstiegen. Heute flanieren auf der Promenade am Abend die Einheimischen und es lohnt sich unbedingt, in einem der vielen Straßenlokale gemütlich beim Wein zu sitzen, um die Prozession zu bewundern. Dabei werden Sie feststellen, dass Split nicht zu Unrecht den Ruf genießt, die Stadt mit den schönsten Frauen Kroatiens zu sein!

Information

› **TZG Split** (Stadt-Information), Hrvatskog narodnog preporoda 9, 21000 Split, Tel. 021 348600, www.visitsplit.com (auch auf Deutsch)
› **TIC Peristil** (Infozentrum), Peristil bb, 21000 Split, Tel. 021 345606, 021 339899
› **TIC Riva** (Infozentrum), Obala HNP 9, 21000 Split, Tel. 021 360066
› **TZŽ Split-Dalmatien** (FVA der Region), Prilaz braće Kaliterna 10/I, p.p. 430, 21000 Split, Tel. 021 490032, 490033, 490036, www.dalmatia.hr (auch auf Deutsch)

Fähren

› **Jadrolinija**, Gat. Sv. Duje 4, Tel. 021 338333, www.jadrolinija.hr; zahlreiche Autofähren zu den großen Inseln Brač, Hvar und Korčula, zu kleineren Inseln wie Vis, Šolta und Lastovo und eine Verbindung täglich nach Ancona, Italien. Zwischen Brač und Hvar gibt es keine Autofähre. Um von einer Insel zur anderen zu gelangen, muss man zunächst zurück aufs Festland!

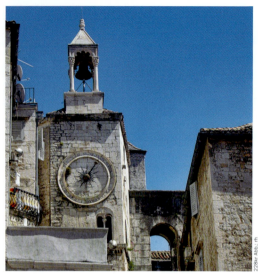

Parken

🅿 **120 Split Parking,** GPS 43.5038, 16.4432. Wenige Schritte vom Zentrum befinden sich einige gebührenpflichtige Parkplätze hinter dem Busbahnhof (Achtung: z. T. enge Ausfahrten).

🅿 **121 Fährparkplätze,** GPS 43.5022, 16.4427. Wer zu einer der Inseln will, kann auch auf den großen Fährparkplätzen kostenlos stehen. Aber ruhig ist es natürlich nicht! Besser ist es, auf den Campingplatz Stobreč ❻❼ zu gehen und von dort mit dem Bus in die Stadt zu fahren oder auf dem Camping Rožac ❻❺ bei Trogir zu stehen und mit dem Boot einen Ausflug nach Split zu machen.

◁ *Der Uhrturm am Zugang vom Narodni Trg zum Palastbereich*

❻❼ Camping Stobreč ★★★★

GPS 43.5042, 16.52598

Sieben Kilometer vom Diokletian-Palast entfernt; auf einer Halbinsel mit schattigem Wald und mit schönem Feinkiesstrand. Es herrscht eine angenehm entspannte und recht ruhige Atmosphäre, wenngleich die Adria-Magistrale nicht ganz außer Hörweite ist. Bushaltestelle (Linie 25) gleich vor der Rezeption mit guter Verbindung ins Zentrum (die Linien 30 und 60 fahren jenseits der Adria-Magistrale ab). Der ideale Platz, um Split zu besichtigen, und das sollte sich niemand entgehen lassen! Gute Ausstattung, schattige Parzellen, kostenloses WLAN. Gut, preiswert und reizvoll auf der Landspitze gelegen, ist das Restaurant Horus mit dalmatinischer und italienischer Küche sehr zu empfehlen. **Lage/Anfahrt:** Auf der Adria-Magistrale an Split vorbei in Richtung Dubrovnik und bei Strobeč rechts ab via Put Svetog Lovre den Schildern folgen (nicht zu früh abbiegen); für alle Fahrzeuge problemlos. **Wasser:** ja; **Abwasser:** tadellose Plattform an der Ausfahrt; **Chemie-WC:** ja; **Strom:** ja; **Preise:** ca. 50 €, im Winterhalbjahr ca. 20 €; **Geöffnet:** ganzjährig; **Kontakt:** Sv. Lovre 6, Stobreč, Tel. 021 325426, www.campingsplit.com (auch auf Deutsch). **Tipp:** Für Aufenthalte in der Saison unbedingt reservieren. Es ist der einzige Platz, den ich selbst in der Nachsaison schon randvoll erlebt habe!

VON SPLIT ZUR MAKARSKA RIVIERA

Hinter Split verändert sich die Küstenszenerie bald dramatisch. Kaum hat man die letzten Vororte hinter sich, rücken weiße Felswände dicht an die blaue Adria heran: zunächst das **Mosor-** und das **Omiško-Gebirge,** dann das mächtige **Biokovo-Gebirge.**

Dennoch zeigt die Küste hier kein abweisend kahles Gesicht wie bei Karlobag unterhalb des Velebit. Ganz im Gegenteil! Palmen und mediterrane Gärten säumen lange Kies- und Sandstrände. Kleine Ortschaften versinken in üppigem Grün. Der Fuß des Gebirges ist überzogen von herbgrünen Pinienwäldern oder vom goldenen Gelb des Ginsters. Und unmittelbar dahinter ragen die weißen Kalkfelsen steil empor. Der Kontrast ist einfach überwältigend!

Parken

P 122 **Dugi Rat,** GPS 43.4394, 16.6453. Zwischen Dugi Rat und Omiš gibt es eine ganze Reihe kleiner, kostenloser Parkstreifen nur wenige Schritte vom Sandstrand und einen etwas größeren Platz mit ein wenig Distanz zur Straße (nahe den oben genannten Koordinaten).

OMIŠ – PIRATENFESTUNG AN DER CETINA-SCHLUCHT

(Split – Omiš 22 km)

Unmittelbar am Meer entlang schlängelt sich die Adria-Magistrale nach Omiš an der malerischen Mündung der Cetina, deren Wasser in einem Canyon aus den Kalkbergen hervorbricht. Eingeschlossen zwischen Felsen, Fluss und Meer, war das Städtchen schon immer eine natürliche Festung — ideal für Freibeuter, die es im Mittelalter durch Stadtmauern und eine Burg zu einem wehrhaften Seeräubernest ausbauten. Mit ihren schnellen, wendigen Booten attackierten sie unerschrocken byzantinische und venezianische Handelsschiffe. Selbst vor den vorübersegelnden Kreuzfahrern machten sie nicht Halt. Schließlich bereiteten die Venezianer dem skrupellosen Korsarentreiben ein Ende: 1444 unterwarfen sie das Piratennest und machten es zu einem Bollwerk gegen die Türken.

Im Stadtteil Priko (vor der Brücke links) verbirgt sich das kleine Kirchlein **Sveti Petar** – nur 10 m lang und 6 m breit, aber über tausend Jahre alt! Mit seinem Tonnengewölbe und einer Kuppel in der Mitte verkörpert es eine Mischung byzantinischer, westlicher und altkroatischer Einflüsse und zählt zu den am besten erhaltenen Kirchen dieser Art.

Flache Sandstrände direkt vor dem Ort, von der Cetina angespült, locken zum Bade-

▷ *Schroff zeigt sich die Cetina-Schlucht*

Das Omisko-Gebirge hoch über der Vrulja-Bucht

urlaub. Und hinter der Brücke links gelangt man in die wildromantische **Cetina-Schlucht** mit dem beliebten Ausflugslokal **Radmanove Mlinice** (s. rechts). In der Schlucht kann man klettern, wandern, eine stille Bootspartie oder eine weniger stille Rafting-Tour erleben. Kurz nach der Mühle steigt die Straße in vielen Serpentinen aus der Schlucht heraus und führt durch einsame und streckenweise reizvolle Landschaft nach Zadvarje bei den häufig gepriesenen **Gubavica-Wasserfällen**, die aber einen Besuch kaum lohnen.

Information

› **TZG Omiš**, Trg kneza Miroslava bb, 21310 Omiš, Tel. 021 861350, www.visitomis.hr (auch auf Deutsch)

Gastronomie

› **Radmanove Mlinice**, 6 km von Omiš in der Cetina-Schlucht, GPS 43.43934, 16.6453, Tel. 021 862073, www.radmanove-mlinice.hr (auch auf Deutsch). Das beliebte Ausflugslokal mit idyllischer Gartenwirtschaft wurde inmitten grüner Natur in einer alten Wassermühle eingerichtet. Neben dalmatinischen Spezialitäten wie Schinken, Schafskäse und Lamm am Spieß werden frische Forellen, selbstgebackenes Holzofenbrot und guter Wein serviert. Allerdings ist es in der Saison durch zahlreiche Bootsgruppen recht voll und hat kaum noch Atmosphäre.

Parken

P **123 Omiš, Kletterfelsen,** GPS 43.4471, 16.6948. Nach der Cetina-Brücke links Richtung Schlucht abbiegen; hinter dem ersten Tunnel. Großer, ebener und kostenloser Platz mit wenig Schatten zwischen Fluss und Kletterfelsen.

P **124 Omiš, Badestrand,** GPS 43.44248, 16.6883. Nach der Cetina-Brücke gleich rechts abbiegen und ca. 500 m weiterfahren. Großer, teils schattiger Schotter- und Wiesenplatz nahe dem feinkiesigen Badestrand.

68 Camping Galeb ★★★

GPS 43.440731, 16.67979

Sehr großer, ebener, weitgehend schattiger Platz mit langem, flachem Sandstrand, wie man ihn weiter südlich selten findet, parzelliert; in der Saison meist sehr voll; das Restaurant Brguja direkt am Sandstrand mit Meerblick serviert eine gute Auswahl an Fleischspeisen, Pizza und Nudelgerichten. **Lage/Anfahrt:** am Ortseingang von Split her rechts; beim Stadion; **Wasser:** ja, Schlauch; **Abwasser:** tadellose Plattform mit guter Zufahrt; **Chemie-WC:** ja; **Strom:** ja; **Preise:** ca. 38–54 €; **Geöffnet:** ganzjährig; **Kontakt:** Tel. 021 864430, www.kamp.galeb.hr (auch auf Deutsch)

Hinter Omiš folgt die Straße noch ein Stück weit dicht der Küste. Hier findet man eine ganze Reihe kleiner Parkplätze, von denen es nur wenige Schritte bis zum Kiesstrand sind. Bei **Celina** wird der Platz zwischen Meer und Bergen langsam knapp. Die Straße klettert hi-

69 Autocamp Sirena ★★★

GPS 43.406361, 16.777781

Reizvoller, erfreulich preisgünstiger und sympathischer Platz an einem steilen Hang mit schöner Felsbucht, eigenem Kiesstrand, herrlichem Ausblick und sehr netten Leuten. Kleines Restaurant mit täglich wechselnden, landestypischen Angeboten; Fischernächte mit dalmatischer Livemusik und Bombenstimmung! Wer gerne feiert, findet an der ganzen Küste kaum etwas Besseres. Nur begeisterte Stimmen auf diversen Internetportalen. **Lage/Anfahrt:** bei Lokva Rogoznica; Achtung: Zufahrten biegen gleich an beiden Enden eines Tunnels ab; **Wasser:** ja, Schlauch; **Abwasser:** Plattform mit Schacht, steile Zufahrt; **Chemie-WC:** ja; **Strom:** z. T. ja; **Preise:** ca. 28,60 €; **Geöffnet:** ganzjährig; **Kontakt:** Lokva Rogoznica, Omiš, Tel. 021 862415, www.autocamp-sirena.com (auch auf Deutsch)

nauf in die weiße Karstwelt. Tief unten liegen malerische Buchten und kleine Städtchen, deren rote Dächer sich vom dunklen Blau des Meeres abheben. Steil fallen die Felsen in das klare Wasser der **Vrulja-Bucht** ab (s. Foto rechts). Der reinste Aussichtsbalkon. Und als die Straße hier neu ausgebaut wurde, hat sie einen großen Park- und Rastplatz erhalten, damit man den grandiosen Ausblick auf die Felsen und bis zu den Inseln Brač und Hvar bei einem Picknick genießen kann.

Parken, Baden und Picknick

125 Lokva Rogoznica, GPS 43.4057, 16.7957. Am Ortseingang von Lokva Rogoznica, unmittelbar westlich von Mirnice: zwei große, schattenlose Schotterplätze (kostenlos) beidseits der Straße mit Tischen und Bänken, WC und Telefon; oberhalb einer herrlichen Kiesbucht, leider zeitweise sehr vermüllt.

126 Vrulja-Bucht, GPS 43.4025, 16.8792. Hoch über der Vrulja-Bucht, kurz vor der Abzweigung zur Passstrecke ins Landesinnere liegt ein schöner, nicht ganz ebener Asphaltplatz mit Mülltonnen und weiter Aussicht (150 m ü. d. M.).

MAKARSKA RIVIERA – PERLENKETTE DER BADEORTE

Entfernungen:
Split – Vrulja-Bucht 45 km, Vrulja-Bucht – Makarska 19 km, Makarska – Podgora 9 km, Podgora – Drvenik 20 km, Drvenik – Gradac 12 km, Gradac – Ploče 10 km

Hinter der Vrulja-Bucht verkündet eine große Tafel den Beginn der Makarska Riviera. Sie reicht bis hinunter nach Gradac. Hier reiht sich ein Ferienort an den anderen wie Perlen einer Kette: Brela, Baška Voda, Makarska, Podgora und so weiter. Überall reichen die Pinienwälder bis an den Strand heran, sodass man zwischen Sonne und Schatten wählen kann. Und es sind alles Ferienorte, so wie man sie sich wünscht: mit langen, feinen

Kies- oder Sandstränden, Palmenpromenaden, üppiger Vegetation und zwanglos mediterraner Atmosphäre.

BRELA
(Vrulja-Bucht – Brela ca. 5 km)

Das erste Seebad ist das unterhalb der Küstenstraße gelegene und daher vom Verkehr nicht beeinträchtigte Brela, bekannt für seine langen Kiesstrände und seine Strandpromenade, für sauberes Wasser und vor allem für sein Wahrzeichen: einen von Kiefern bewachsenen Felsen nahe dem Strand, von dem man mehrere Meter tief ins Meer springen kann.

Information
> **TZG Brela,** Trg A. Stepinca bb, 21322 Brela, Tel. 021 618455, www.brela.hr (auch auf Deutsch)

Parken und Picknick
> **Brela – Makarska:** Entlang der gesamten Strecke gibt es zahlreiche schön angelegte Park- und Picknick-Plätze mit Meerblick; teils Schotter, teils befestigt; einige mit Tischen und Bänken; alle direkt an der Straße.

BAŠKA VODA
(Brela – Baška Voda ca. 5 km)

Wenige Kilometer weiter folgt schon der nächste Badeort, der bei einer Quelle gegründet wurde und daher den Name Baška Voda (= sprudelndes Wasser) trägt. Wie Brela ist er ein beliebtes Ziel der Badeurlauber mit Pinienwäldern und einem langen Kiesstrand. Wanderpfade führen hinauf in das wilde Biokovo-Gebirge und ein bequemerer Spazierweg zieht sich direkt an der Küste entlang zu dem traditionellen Fischerdorf Bratuš. Etwa 2,5 km weiter lohnt ein Abstecher zum kleinen Ort **Promajna,** der einen recht großen, gebührenpflichtigen Parkplatz besitzt und einen langen, flachen Kiesstrand mit Pinien, Strandduschen und Umkleidekabinen.

Information
> **TZG Baška Voda,** Obala Sv. Nikole 31, 21320 Baška Voda, Tel. 021 620713, www.baskavoda.hr (auch auf Deutsch)

MAKARSKA
(Vrulja-Bucht – Makarska 19 km, Baška Voda – Makarska ca. 9 km)

Durch ausgedehnte Pinienwälder senkt sich die Straße hinunter nach Makarska. Wie in einem riesigen Amphitheater schmiegt sich das hübsche Städtchen in eine Bucht am steilen Hang des Biokovo-Gebirges. Seine schmucken Steinhäuser leuchten aus dem

Grün der Palmen. Davor glitzert verlockend das Meer und dahinter ragt als dramatische Kulisse der Gipfel des Sveti Jure in den Himmel. 1762 Meter ist er hoch, aber da er direkt an der Küste emporsteigt, wirkt er spektakulärer als mancher der höchsten Alpengipfel. Wer vom Strandleben genug hat, der kann in die Biokovo-Berge hinaufwandern. Ein markierter Pfad zum Gipfel des Sveti Jure beginnt gleich am Ortsrand. Dort oben gibt es ein Naturschutzgebiet mit zahlreichen Wildblumen und wenn man Glück hat, kann man sogar Gämsen oder Mufflons beobachten.

Markierte Wanderwege führen u. a. von **Makar** und **Veliko Brdo** (3 km nördlich von Makarska) bis zum **Gipfel des Sveti Jure** hinauf (Aufstieg: ca. 5 Std.). Bequemere und ebenfalls schöne Spaziergänge und Wanderungen kann man von der Berghütte „**Vrata Biokova**" (s. S. 195) aus unternehmen, von der ein alter Karrenweg fast ohne Steigung durch die malerische Bergwelt führt. Hauptsächlich jedoch ist **Makarska** ein Badeort, flankiert von herrlichen Kiesstränden mit schattigem Pinienwald. Einen Campingplatz gibt es derzeit nicht, dafür aber eine ganze Reihe (mehr oder weniger!) gebührenpflichtiger Strandparkplätze.

Information

› **TZG Makarska,** Franjevacki put 2, 21300 Makarska, Tel. 021 612002, www.makarska-info.hr

Route 5: Die Küste Mitteldalmatiens — Makarska Riviera

Fähren zur Insel Brač
› **Makarska-Sumartin** (ca. 1 Std.), tägl. 4 Abfahrten (27.6.–31.8.: 5 Abfahrten) in beiden Richtungen
› **Jadrolinija Agencija Makarska,** Obala kralja Tomislava 15, Tel. 021 679515

Parken
P **127 Makarska, Hafen,** GPS 43.2912, 17.0199. Großer, gebührenpflichtiger Parkplatz am Hafen.

ABSTECHER AUF DER BIOKOVO-PANORAMASTRASSE

(Makarska – Gorni Tučepi ca. 8 km,
Gorni Tučepi – Vrata Biokova ca. 7 km,
Gorni Tucepi – Straßenende ca. 20 km)

Wer will, kann die wilde Bergnatur hinter Makarska sogar mit dem Fahrzeug erreichen – aber er sollte schwindelfrei und ein sicherer Fahrer sein und zudem ein möglichst kompaktes Reisemobil steuern, denn die Panoramastraße zum **Sveti Jure** hinauf ist wahrhaft abenteuerlich! Gegenüber von Makarska beginnt sie als eine landschaftlich reizvolle Asphaltstraße (Nr. 512), die bis **Gornji Tučepi** (ca. 8 km) problemlos zu befahren ist. Der Ort ist auch von **Podgora** aus gut zu erreichen. Dahinter setzt sie sich dann als eine ca. 20 km lange Mautstrecke fort, die sich in Schwindel erregenden Serpentinen steil durch die Felsen windet.

Auf dem Kamm erreicht man (ca. 15 km von Makarska und auf rund 900 m Höhe) die traumhaft gelegene, bewirtschaftete **Berghütte „Vrata Biokova".** Die Mautstrecke bis zur Berghütte ist nichts für empfindliche Gemüter: Streckenweise windet sie sich in engen Kehren an nahezu senkrechten Felswänden empor und an kritischen Stellen fehlt oft jegliche Absicherung, sodass man frei über den Abgrund blickt – tausend Meter in die Tiefe! „Atemberaubende Ausblicke" im wahrsten Wortsinn! Weiter folgt die Panoramastraße (nun weniger Schwindel erregend) dem Kamm und erklimmt schließlich am Rand des Biokovo-Naturparks den **Sveti Jure** bis fast zum 1762 m hohen Gipfel. Allerdings ist auch diese Strecke sehr eng und wegen fehlender Ausweichbuchten nur für kompakte Fahrzeuge geeignet (im Sommer öfter Stau).

Blick über den Hafen auf Makarska

Die **Gebirgswelt westlich des Sveti Jure** ist zugleich eines der schönsten und ursprünglichsten Wandergebiete Kroatiens. Wegen ihrer einzigartigen Pflanzenwelt mit über 2000 Arten, ihrer Karstphänomene und ihrer grandiosen Landschaft wurde sie als **Biokovo-Naturpark** unter Schutz gestellt.

Information
› **Naturpark Biokovo,** Marineta – mala obala 16, 21300 Makarska, Tel. 021 616924, https://pp-biokovo.hr/en/20/home (auch auf Englisch)

Gastronomie
› **Vrata Biokova,** Tel. 021 613902, Mobil 098 9245051, http://vratabiokova.hr (nur Kroatisch), tgl. 8–23 Uhr. Die Berghütte hat eine wirklich **traumhafte Lage!** Angeboten werden hier eine sehr gute dalmatinische Hausmannskost (Peka-Gerichte) und Kräuterschnaps aus 48 Heilkräutern. Außerdem gibt es Kräutertees, Berghonig, **Reit-Exkursionen** und Wanderungen.

Podgora bietet neben einem Badestrand auch ein vielfältiges Freizeitangebot

TUČEPI
(Makarska – Tučepi ca. 5 km)

Hinter Makarska folgt als nächste Perle der Badeort Tučepi mit bis an die Küste reichenden Kiefernwäldern, einer Marina und kilometerlangen Sand- und Kiesstränden. Sehenswert ist die romanisch-gotische Kirche Sv. Jure (12./13. Jh.) im alten Zentrum. Daneben befindet sich ein archäologischer Park mit Resten einer römischen Villa Rustica, eines spätantiken Oratoriums, einer mittelalterlichen Kirche und eines Klosters.

Information
› **TZG Tučepi,** Donji ratac 30, 21325 Tučepi, Tel. 021 623100, www.tucepi.com (auch auf Englisch)

PODGORA UND IGRANE
(Makarska – Podgora 9 km,
Podgora – Igrane 7 km)

Ins Grün der Küstenwälder eingebettet, folgt kurz dahinter der Ort **Podgora** mit seinem Badestrand und einem vielfältigen Freizeitangebot. Von hier führt auch eine Straße nach **Gornji Tučepi** und zur **Biokovo-Panoramastraße** (s. S. 194).

Igrane ist ein etwas kleinerer Badeort mit Kiesstrand und barockem Landhaus. Das wohl bedeutendste Kulturdenkmal der Makarska Riviera ist die frühchristliche Kirche Sv. Mihovil (12./13. Jh.) auf einem Hügel über dem Dorf Igrane mit ihrem vorromanischen Tonnengewölbe.

Information
- **TZG Podgora,** A. Kačića Miošića br. 2, 21327 Podgora, Tel. 021 678942, www.tz-podgora.hr (auch auf Deutsch)
- **TZG Igrane,** 21329 Igrane, Tel. 021 627801, www.igrane.com (auf Engl.)

⑦⓪ Camping Male Čiste ★★★

GPS 43.168362, 17.209089

Sehr ruhiger und reizvoll gelegener Privatplatz mit schattigen Pinien, schöner Kiesstrand; freitags Grillfisch; ab 23 Uhr geschlossen. **Lage/Anfahrt:** ca. 3 km nordwestlich von Drvenik; gute Asphaltzufahrt; **Wasser:** ja, Schlauch; **Abwasser/Chemie-WC:** tadellose Ver-/Entsorgungsstation mit Plattform, Schacht und Entsorgung für Chemie-WC; **Strom:** ja, z. T. alte Anschlüsse; **Preise:** 27 €; **Geöffnet:** ganzjährig; **Kontakt:** Mobil 0917319090

DRVENIK UND GRADAC
(Makarska – Drvenik ca. 29 km, Drvenik – Gradac 12 km)

Drvenik ist der Fährhafen für Sućuraj auf Hvar und bietet einige schöne Sandbuchten. Südlichster Ort der Makarska Riviera ist Gradac mit einem der schönsten und längsten Strände ganz Dalmatiens, der sich südlich des Hafens in der Bucht **Gornja Vala** erstreckt.

Weiter in Richtung **Ploče** mit dem Fährhafen zur **Halbinsel Pelješac** gelangt man bereits nach Süddalmatien (s. Route 7, S. 226).

Information
- **TZO Gradac,** Stjepana Radica 1, 21330 Gradac, Tel. 021 697511, www.gradac.hr (auch auf Deutsch)
- Info: Tel. 021 628100 (Drvenik); Tel. 021 773433 (Sućuraj/Hvar)

Fähren nach Hvar
- **Drvenik – Sućuraj** (ca. 35 Min.), im Sommer tägl. 11 Fähren; Drvenik: Donja Vala bb, Tel. 021 628100; Sućuraj (Hvar): Trajektna 1, Tel. 021 773433

Parken
- 🅿 **128 Drvenik,** GPS 43.1562, 17.2483. Am Fährhafen links; mit Kiesstrand, Toilette, Wasser und Kiosk.

ROUTE 6

DIE INSELWELT MITTELDALMATIENS: BRAČ, HVAR UND KORČULA

Strecken:

Insel Brač: Supetar – Postira (10 km, s. S. 203) – Pučišća (15 km, s. S. 203) – Pražnica (7,5 km, s. S. 204) – Bol (15,5 km, s. S. 204)
Streckenlänge: 48 km einfach (mit Abstecher Postira-Dol-Postira 55 km)

Abstecher Milna (s. S. 200): Supetar – Sutivan (7 km) – Ložišća (6,5 km) – Milna (6,5 km)
Streckenlänge: 40 km hin und zurück

Abstecher Vidova Gora (s. S. 203): Supetar – Splitska (5,5 km) – Škrip (4 km) – Nerežišća (4,5 km) – Vidova Gora (10 km)
Streckenlänge: 24 km

Insel Hvar: Sućuraj – Jelsa (50 km, s. S. 209), Jelsa – Vrboska (6 km, s. S. 209), Jelsa – Stari Grad (8 km, s. S. 210), Stari Grad – Hvar (via Tunnel 16 km, über die Berge 20 km, s. S. 211)
Streckenlänge: 84 km

Insel Korčula: Dominče – Korčula (2 km, s. S. 213) – Vela Luka (48 km, s. S. 215)
Streckenlänge: 50 km

Halbinsel Pelješac: Orebić – Lovište (15 km, s. S. 218), Orebić – Potomje (22 km, s. S. 219), Potomje – Ston (43 km, s. S. 219)
Streckenlänge: 80 km

ROUTENÜBERSICHT

Vor der Küste von Split liegen drei große Inseln – die „drei schönen Schwestern", wie sie auch genannt werden: Brač, die „Dicke", Hvar, die „Lange" und Korčula, die „Romantische". Jede von ihnen hat ihren ganz eigenen Charakter. Und jede ist groß und abwechslungsreich genug, sodass sich auch mit dem Wohnmobil der Sprung übers Wasser lohnt. Die Split am nächsten gelegene Insel Brač ist bergig, karg und rau. Neben etwas Wein und anspruchslosen Schafen gedeiht hier nicht viel. Doch ihr Stein hat die Insel weltbekannt gemacht – aus dem berühmten „Bračer Marmor" wurde nicht nur der Diokletian-Palast in Split erbaut, sondern auch der Berliner Reichstag und das Weiße Haus in Washington. Das „Goldene Horn" von Bol gilt als einer der schönsten Strände Kroatiens. Weit touristischer und lieblicher ist Hvar, die Lavendel-Insel, auf der es den ganzen Sommer hindurch nach Kräutern duftet. Ihr Schmuckstück ist die gleichnamige Inselhauptstadt, einer der charmantesten kroatischen Badeorte überhaupt. Ihre Nachbarin Korčula ist bekannt für die malerische Festungsstadt Korčula, die nicht zu Unrecht als „Klein-Dubrovnik" bezeichnet wird, sowie für ihre wilden, farbenprächtigen Schwerttänze.

◁ S. 197: Blick von der Festung über die Stadt Hvar auf die „Höllen-Inseln"

Route 6: Die Inselwelt Mitteldalmatiens

Alle drei Inseln sind von Split aus mit der Fähre zu erreichen; außerdem hat jede von ihnen eine weitere Fährverbindung zum Festland (Brač von Sumartin nach Makarska, Hvar von Sućuraj nach Drvenik und Korčula von Dominče zur Pelješac-Halbinsel), sodass man sie in eine Rundstrecke integrieren kann. Leider gibt es jedoch bislang keine Autofähre zwischen Brač und Hvar. Um von der einen zur anderen zu gelangen, muss man zurück zum Festland.

BRAČ – MARMORINSEL UND GOLDENES HORN

Mit 395 km² ist Brač die drittgrößte Insel der Adria, und ihr 778 m hoher Vidova Gora ist der höchste Berg aller adriatischen Inseln. Verwaltungszentrum und wichtigster Fährhafen ist Supetar. Der schönste Badeort ist Bol, der einzige Ort an der steilen Südküste, mit dem berühmten „Goldenen Horn". Die meisten übrigen Ortschaften liegen an der Nordküste der Insel. Das bergige, nur dünn besiedelte Inselinnere ist überwiegend von Wäldern und Macchia bedeckt.

SUPETAR

(Supetar – Postira 9 km, Supetar – Ložišće 14 km, Ložišće – Milna 6 km einfach, Ložišće – Nerežišća 10 km, Nerežišća – Supetar 8 km)

Von Split kommend, legt die Fähre im Hauptort der Insel an, der nicht gerade wie ein Badeort aussieht, aber außerhalb, in Richtung Leuchtturm, einen langen feinkiesigen Strand besitzt (mit Strandduschen) – und am Leuchtturm selbst einen FKK-Bereich. Dahinter liegen im Pinienwald Hotels, Surf- und Tauchschulen etc. Als Wohnmobilist wird man sich hier allerdings nicht sehr lange aufhalten, sondern nach links in Richtung Postira fahren.

Alternativ kann man zunächst an der Küste entlang nach Westen via Mirca, Sutivan und dem hübschen Ložišće nach **Milna** fahren, das in einer reizvollen Bucht liegt, bei Skippern beliebt ist und am Hafen einen schönen Parkplatz unter Palmen besitzt.

Information

› **TZG Supetar,** Porat 1, 21400 Supetar, Tel. 021 630551, www.supetar.hr (auch auf Englisch)
› **TZO Milna,** 21405 Milna, Riva 5, Tel. 021 636233, www.visitmilna-brac.com

Gastronomie

OTOK im Hotel Osam, Vlačica 3, 21400 Supetar, Tel. 021 552 333, www.hotel-osam.com (auf Englisch). Erstklassiges Hotelrestaurant direkt an der Promenade mit gediegen-entspannter Atmosphäre, „offener" Küche, exzellenten Fisch- und Fleischgerichten und einer guten Weinkarte. Das Restaurant ist fraglos eines der Spitzenlokale in ganz Kroatien und ein Essen dort krönt jeden Urlaub.

Fähren

› **Supetar – Split,** im Sommer 14 Fähren täglich (Fahrtdauer 50 Min.), Tel. Supetar 021 631357, Tel. Split 021 338333

Parken

🅿 **129 Supetar, Hafen,** GPS 43.3849, 16.5577. Kurz nach dem Fähranleger Supetar erstreckt sich links an der Straße ein ebener Parkplatz mit Bäumen, Toilette, Mülltonnen und einem kleinen Strand; im Sommer gebührenpflichtig.

🅿 **130 Supetar, Babin Laz Strand,** GPS 43.3801, 16.5791. Kostenlose kleine Parkmöglichkeit mit etwas Schatten bei einem Kies-/Felsstrand.

Waterman Beach Resort

GPS 43.38070, 16.56461

Neu gestalteter, ruhiger und autofreier Platz mit hohen Bäumen, kleinem Pool, Büfetrestaurant und eigenem Strand, der nur einen Spaziergang von Supetar entfernt liegt. Kostenloses WLAN. **Lage/Anfahrt:** von der Fähre im Kreisverkehr links ca. 1 km in Richtung Postira, dann links zur Rezeption; für alle Fahrzeuge problemlos. **Wasser:** am Stellplatz; **Abwasser:** noch keine Grauwasserplattform; **Chemie-WC:** ja; **Strom:** ja; **Preise:** ca. 40 €; **Geöffnet:** 26.4.–6.10.; **Kontakt:** 21400 Supetar, Vrilo 7, Tel. 021 554666, www.beach-village.com (auf Englisch); **Tipp:** Die Gäste können die Anlagen des nahen Waterman Beach Resort nutzen, Transfers dorthin werden angeboten; schöner Uferweg, auf dem man in 15 Min. nach Supetar gelangt. Wer sich einen besonderen Abend gönnen will, sollte im Restaurant OTOK im Hotel Osam (s. links) essen. **Kurz-Stop:** bis zu 8 Std. ohne Strom 5 €/Person

ABSTECHER ZUR VIDOVA GORA
(Supetar – Splitska 5 km – Škrip 3 km – Nerežišća 5 km – Vidova Gora 6 km)

Knapp fünf Kilometer hinter Supetar zweigt rechts ein schmales und von hohen Steinmauern begrenztes Sträßlein zum nur wenige Kilometer entfernten Museumsdörfchen **Škrip** ab. Etwas weiter (nahe Postira) geht es ebenfalls rechts in eine Sackgasse zu dem Dörfchen **Dol** – und der Abstecher lohnt sich! Das kleine Dol am Ende der Straße ist einer der am besten erhaltenen Orte der Insel und immer einen Besuch wert – schon für einen gemütlichen Abend in der **Konoba Toni** (s. S. 202). Größere Wohnmobile sollten gleich am Ortseingang links parken, denn am Ende der Straße ist wenig Platz zum Wenden – und der Ort ist eh nur wenige Schritte lang.

◁ *Das Dörfchen Dol fügt sich malerisch in die Landschaft*

◁ *Die Konoba Toni in Dol lockt mit stimmungsvoller Atmosphäre und vielerlei Köstlichkeiten*

Route 6: Die Inselwelt Mitteldalmatiens

Felsenkloster Blaca

Das 1588 in wilder Bergeinsamkeit gegründete Kloster klebt wie ein Schwalbennest unterhalb einer steilen Felswand. Die verschachtelte, museale Eremitenstätte ist nur noch von einem Verwalterehepaar bewohnt. Besonders sehenswert ist die original erhaltene, historische Sternwarte des Astronomen und letzten Mönches von Blaca, Don Milićević. Zu erreichen ist das Kloster allerdings bis heute nur zu Fuß. Entweder von Nerežišća aus (zunächst auf der Asphaltstraße nach Süden in Richtung Dragovoda bis GPS 43.30319, 16.57613, dann auf einer rauen Schotterpiste ca. 7 km nach W bis zum Parkplatz GPS 43.30139, 16.53637 und schließlich ca. 2,5 km einen steinigen Pfad hinunter) oder ab Bol (mit dem Boot zur Uvala Blaca und dann ungefähr 30 Minuten zu Fuß die Schlucht hinauf). Nach Rekonstruktion und Sanierung ist das Eremitage-Museum Blaca wieder für Besucher zugänglich; geöffnet Juni–Oktober Di–So 8–17 Uhr; die Besichtigung beginnt allerdings erst, wenn der nur Kroatisch sprechende Führer aufgestanden ist und in Ruhe gefrühstückt hat (bei meinem Besuch war das gegen 10.30 Uhr!), Info: Tel. 021 637092.

Gastronomie

› **Konoba Toni**, Dol, Tel. 021 632693, Mobil 091 5166532, www.toni-dol.info (auch auf Deutsch). Die sympathische Familien-Konoba in einem historischen Gebäude mit einer schattigen, ruhigen Terrasse und kühlen Räumen ist perfekt, um einen schönen Tag ausklingen zu lassen – aber auch für ein kräftiges Mittagessen. Mit ihrer entspannten Atmosphäre ist sie auch bei den Dorfbewohnern beliebt. Auf der Karte stehen lokale und dalmatische Spezialitäten, selbsterzeugte Weine und verschiedene hausgemachte Schnäpse und Liköre, die man auch zum Mitnehmen erwerben kann. Unbedingt probieren sollte man den hausgemachten Mandel-Kuchen *(Hrapoćuša)*, eine Spezialität von Dol, ausgesprochen köstlich und sonst kaum zu finden!

Auch Škrip sieht noch fast aus wie vor Jahrhunderten: mit grauen Steinmauern, ganz aus Naturblöcken errichteten und mit Steinplatten gedeckten Häusern, einer altkroatischen Kirche aus dem 9. Jahrhundert mit Fürstengruft, illyrischen Mauerresten und einem wuchtigen Wehrturm, in dem heute ein sympathisches kleines Museum untergebracht ist. Auch ein sehenswertes kleines Oli-

◰ *Ein fantastischer Blick zum Goldenen Horn belohnt den Wanderer auf dem Vidova-Gora-Gipfel*

Öltröge

Aus dem Stein von Brač wurden nicht nur berühmte Bauwerke gefertigt, sondern in überaus mühsamer Arbeit auch mannshohe Steintröge gehauen, die mehrere tausend Liter Olivenöl fassten. Inzwischen wurden diese riesigen Behälter durch Metall- und Kunststoff-Tanks verdrängt – und zum Teil einfach in die Landschaft der Vidova Gora entsorgt. Einer von ihnen (einer der kleineren!) wurde bei der Konoba „Vladimir Nazor" zur Telefonzelle umfunktioniert!

venölmuseum mit historischer Presse wurde dort eingerichtet.

Hinter Škrip geht es weitere 5 km auf einem sehr schmalen Sträßchen durch einsame Berglandschaft, ehe man auf 400 m **Nerežišća** erreicht, ein unscheinbares Bergdorf, das jedoch im Mittelalter Sitz der Fürsten von Brač war. Hier biegt man links auf die Straße Nr. 113 in Richtung Sumartin.

Etwa 4 km weiter zweigt rechts ein einspuriges, aber gut asphaltiertes Sträßlein ab, das in die einsame Bergwelt der **Vidova Gora** hineinführt. Diese Strecke durch das unter Naturschutz stehende, wilde Hochplateau bis hinauf zum mit ca. 780 m höchsten Berggipfel aller Adria-Inseln ist eine der landschaftlich eindrucksvollsten Routen Kroatiens. Sie führt zunächst durch herrlichen Wald aus mächtigen, steinalten Schwarzkiefern. Dann wird der Wald immer lichter, die Bäume werden zerzauster, kleiner und verkrüppelter. Die Straße endet beim Sendemast direkt an der Schwindel erregenden Abbruchkante hoch über der Südküste. Der Ausblick auf Bol, Hvar und das aus dem blauen Wasser leuchtende „Goldene Horn" ist wahrhaft atemberaubend. Einen schöneren Picknickplatz kann man kaum finden. Wenige Schritte entfernt lockte früher die rustikale Konoba „Vladimir Nazor" mit Wein, Oliven, Käse und Schinken. Derzeit ist sie leider geschlossen und sehr heruntergekommen – aber eine Neueröffnung ist geplant.

Parken und Picknick

› Entlang der ca. 6 km langen Stichstraße gibt es mehrere herrliche Parkplätze in wildromantischer Natur.

▸ **131 Vidova Gora,** GPS 43.2826, 16.6211. Besonders schön ist der Wiesenplatz kurz vor dem Ende der Straße mit einigen Steintrögen (s. Exkurs „Öltröge" oben).

POSTIRA UND PUČIŠĆA

(Supetar – Postira 9 km,
Postira – Pučišća 14 km)

An einer Bucht etwas abseits der Küstenstraße Supetar – Postira liegt das stille Dörfchen **Splitska** mit wenigen Parkmöglichkeiten am Strand.

Dann klettert die Straße etwas höher den Hang empor und hinter **Postira** verlässt sie schließlich die Küste und zieht sich durch das karge Innere der Insel, ehe man hoch über **Pučišća** schließlich wieder das Meer erblickt. Die mit 1700 Einwohnern „größte Stadt" der Insel liegt an einer tief eingeschnittenen Bucht und ist das Zentrum des Kalkstein-Abbaus sowie der Steinmetzkunst. Links des Hafens liegt die Steinmetzschule, in der man den angehenden Meistern bei der Arbeit zusehen kann. Eine gute Parkmöglichkeit für den Stadtbesuch findet man gleich am Ortseingang links (Parkplatz Pučišća, s. S. 204).

Information

› **TZG Pučišća,** Trg Hrvatskoga skupa 1, 21412 Pučišća, Tel. 021 633555, www.tzo-pucisca.hr (auch auf Deutsch)

› **TZG Postira,** Tel. 021 632966, www.dalmacija.net/postira (auch auf Deutsch)

Parken

🅿 **132 Splitska, Zastup Strand,** GPS 43.3774, 16.5963. Sehr kleiner, sonniger und kostenloser Parkplatz bei einer schönen Kiesbucht am Ortseingang von Splitska. Kurz danach folgt ein schattiger Parkplatz an der Bucht

🅿 **133 Pučišća,** GPS 43.3485, 16.7298. Am Ortseingang liegt gleich links ein sehr großer, ebener, relativ ruhiger, aber nicht sonderlich schöner Kiesplatz (inzwischen teilweise asphaltiert) ohne Schatten, von dem es nur wenige Schritte zum Hafen sind.

◲ *Die Hafenfront von Pučišća*

▷ *Das Kloster Blaca ist nur per Boot und zu Fuß zu erreichen (s. S. 202)*

BOL UND DAS GOLDENE HORN
(Pučišća – Pražnica 7 km, Pražnica – Bol 14 km)

Von Pučišća windet sich die Straße landeinwärts zum Inselrücken empor und erreicht nach 7 km **Pražnica.** Unmittelbar danach stößt man auf die Inselstraße Nr. 113, auf der man nach rechts biegend ebenfalls das Sträßchen zur Vidova Gora (s. S. 203) erreichen kann. Man folgt ihm jedoch 3 km nach links und biegt bei **Gornji Humac** rechts auf die Straße Nr. 115, die sich bald (breit und gut ausgebaut) die steile Südküste der Insel hinunterzieht. Drunten lockt **Bol,** das touristische Zentrum der Insel, mit dem berühmten **Zlatni rat** (Goldenes Horn). Diese – tatsächlich wie ein Horn – 600 m weit ins kristallklare Wasser hinausragende Landspitze aus feinem Kies und Sand ist ein Bade- und Surferparadies – und ein Produkt eigenartiger, gegenläufiger Meeresströmungen in der Engstelle zwischen den Inseln Brač und Hvar. Je nach momentaner Strömungsrichtung ist die Spitze des Horns in die eine oder andere Richtung gekrümmt! Auch der Ort selbst ist ganz auf den Strandtourismus ausgerichtet und doch ein reizvoller Ort mit einer hübschen Uferpromenade und gemütlichen Cafés. Allerdings auch mit einer Enttäuschung: Es gibt keine Stellplätze am Meer und nicht einmal einen Campingplatz mit Strandzugang, denn abgesehen vom „Horn" selbst ist die Küste einfach zu steil. Dafür gibt es oberhalb des Goldenen Horns einen großen, schattigen und im Sommer gebührenpflichtigen Parkplatz.

Sehenswert ist das reizvoll auf einer Landzunge am östlichen Rand von Bol gelegene **Dominikanerkloster** aus dem 15. Jh. mit Klostermuseum. Daneben steht eine schöne altkroatische Kirche aus dem 10. Jh. Ein lohnender Ausflug kann zum Felsenkloster Blaca führen (s. S. 202).

Information

› **TZO Bol,** Porat bolskih pomoraca bb, 21420 Bol, Tel. 021 635638, www.bol.hr (auch auf Deutsch)

Aktivitäten

› Sehr schöne, markierte **Wanderwege** führen von Bol hinauf zum ca. 780 m hohen Gipfel **Vidova Gora** (s. S. 203; Aufstieg ca. 2 Std.; Wanderstiefel erforderlich). Oder man lässt sich mit dem Boot zur Badebucht Uvala Blaca südöstlich von Bol fahren, von wo man in etwa einer halben Stunde durch Weinberge und Wald zum **Kloster Blaca** (s. S. 202) hinaufwandern kann. Außerdem gibt es auf der Insel ein weites Netz faszinierender **Mountainbike-Trails** durch wilde Landschaften. **Tipp:** Beste Möglichkeiten, die großartige Bergnatur der Insel zu entdecken, eröffnet **Aldura Sport,** eine kleine Gruppe einheimischer Outdoor-Fans, die geführte Wanderungen, Radtouren, Kletter- und Seekajak-Exkursionen anbietet und auch Ausrüstung vermietet (21403 Sutivan, Porat bb, Tel. 021 638512, Mobil 098 423689, www.aldura-sport.hr, auf Engl.).

› **Surfschule Big Blue,** Podan Glavice 2, 21420 Bol, Mobil 098 212419, www.bigbluesport.com (auf Engl.). Bol ist dank günstiger Windbedingungen ein Mekka der Windsurfer. Und einen besseren Lehrer als den Leiter der Surfschule Big Blue auf Brač wird man kaum irgendwo sonst an der Adria finden, denn Professor Ivica Dolenc, genannt „Johnny", ist einer der Spitzen-Surfer des kroatischen Surfcups und Coach des Nationalteams. Seine Schule liegt direkt am Strand von Bol und hat nicht nur Kurse für Anfänger und Fortgeschrittene mit neuestem Equipment im Programm, sondern außerdem spezielle Funboard-Kurse. Daneben bietet die Schule übrigens auch Tauchkurse und andere Sportangebote.

Parken

P **134 Zlatni Rat,** GPS 43.2592, 16.6334. Großer, schattenloser Schotterplatz nahe dem Zlatni Rat – ohne sonstige Einrichtung und im Sommer sehr voll; Mai–Okt.; gebührenpflichtig (Womo tagsüber 70 kn, 170 kn/24 Std.). Vom Parkplatz aus sind es nur wenige Schritte zu den Stränden am Goldenen Horn.

Route 6: Die Inselwelt Mitteldalmatiens

Brač

⑫ Camping Mario ★★★

GPS 43.264759, 16.65098

Nahe dem Ortseingang am Hang, nicht am Strand und weit vom Goldenen Horn gelegen und kaum Schatten; WLAN auf dem ganzen Platz; als Urlaubsplatz weniger geeignet. **Lage/Anfahrt:** vor dem Ortseingang links; **Wasser:** ja, aber ungünstig gelegene Zapfstelle; **Abwasser:** Entsorgungs-Plattform mitten in der Einfahrt; **Chemie-WC:** ja; **Strom:** ja; **Geöffnet:** 15.4.–15.10.; **Preise:** ca. 21 €; **Kontakt:** Gospojica 2, 21420 Bol, Tel. 021 635028, www.kampmario-bol.com (auch auf Deutsch).

⑬ Autocamp No 1

GPS 43.25987, 16.6299

Der erste Campingplatz bei Bol, der in bester Lage direkt am Strand und nur 50 m vom Goldenen Horn entfernt liegt; zu Fuß nur 15 Min. vom Zentrum unter schattigen Pinien; ca. 30 Stellplätze. **Lage/Anfahrt:** westlich von Bol und dem Goldenen Horn; von der Straße 115 nach W den Schildern zum Goldenen Horn folgen; **Wasser:** ja, teils am Stellplatz; **Abwasser:** ja, etwas originelle Plattform; **Chemie-WC:** ja; **Strom:** ja, teils am Platz; **Preise:** ca. 28 €; **Geöffnet:** 1.5.–30.9.; **Kontakt:** Put Zlatnog Rata bb, 21420 Bol, Tel. 021 635028, 098 229501, www.kampmario-bol.com (auch auf Deutsch).

Da Bol am Ende einer Sackgasse liegt, muss man zurück den Berg hinauf bis Gornji Humac fahren. Dort biegt man rechts auf die Straße Nr. 113 und erreicht nach ca. 16 km durch das karge Binnenland den kleinen Hafenort **Sumartin** mit Verbindungen zum Festland (Fortsetzung ab **Makarska**, s. S. 192). Wer weiter nach Stari Grad auf der Insel Hvar möchte, der muss zurück nach Supetar und von dort mit der Fähre zunächst nach Split fahren!

Fähren

› **Sumartin – Makarska**, im Sommer täglich fünf Verbindungen in beide Richtungen; die Fahrtdauer beträgt 60 Min. **Info:** Porat 1, Tel. 021 718553 (Sumartin/Brač), Obala kralja Tomislava 15, Tel. 021 679515 (Makarska).

› **Sućuraj – Drvenik** (s. S. 196)

Am Goldenen Horn lässt es sich hervorragend surfen

HVAR – DIE LAVENDEL-INSEL

Hvar ist mit 300 km² die viertgrößte Adria-Insel und hat 11.000 Einwohner. Sie ist 68 km lang und maximal 10,5 km – über lange Strecken sogar kaum 5 km – breit. Die schönsten Badeorte sind Hvar, Jelsa und Stari Grad.

Dank ihrer geschützten Lage (durch ihre Nachbarin Brač gegen kalte Festlandswinde abgeschirmt) besitzt sie das mildeste Klima aller Adria-Inseln und wird deshalb auch häufig im Winter besucht. Der Fremdenverkehr konzentriert sich auf den Westteil zwischen Jelsa und Hvar. Die restlichen zwei Drittel zwischen Jelsa und Sućuraj hingegen sind nur sehr dünn besiedeltes Buschland.

Tanken

› Tankstellen befinden sich in Hvar, Jelsa und Vrboska; die in Hvar liegt nicht an der Zufahrtsstraße, sondern etwas abseits in einem Ortsteil vor dem Zentrum links (beschildert).

SUĆURAJ
(Sućuraj – Jelsa ca. 50 km)

Wer von Split die Küste herunterkommt oder von Brač nach Makarska übergesetzt hat, um als nächstes Ziel Hvar anzusteuern, folgt der Route 5 bis zum kleinen Fährhafen von **Drvenik** (Fähren s. S. 196). Eine halbe Stunde später ist bereits Sućuraj nahe der östlichsten Spitze von Hvar erreicht und man kann nun gut 50 km weit der recht guten Straße folgen, die sich auf dem Rücken der lang gestreckten Insel durch den kaum besiedelten Ostteil zieht.

Information

› **TZG Sućuraj,** 21469 Sućuraj, Tel. 021 717288, www.sucuraj.com (auch auf Deutsch)

Parken

P 135 Sućuraj, GPS 43.1249, 17.1879. Großer Asphaltplatz am Fähranleger mit schönem Blick auf Bucht und Dorf.

P 136 Velika Stiniva, GPS 43.1559, 16.8142. Ca. 1 km hinter Zastražišće zweigt rechts ein kleines, aber in recht gutem Zustand befindliches Sträßchen nach Velika Stiniva ab, das ca. 2,5 km weiter an einer traumhaften Kiesbucht mit ebenem, aber schattenlosem Asphaltparkplatz endet.

74 Camping Mlaska ★

GPS 43.137058, 17.143629

Schön gelegener Platz inmitten einsamer Natur mit schattigen Terrassenplätzen nahe dem Meer (z. T. FKK), gutem Restaurant und schönem Sandstrand; Vorsicht: Nach Regen kann das Gelände morastig sein! **Lage/Anfahrt:** ca. 4 km nach Sućuraj rechts eine schmale, aber gute Straße hinunter; **Wasser:** ja; **Abwasser:** ja, Schacht; **Chemie-WC:** Abwasserschacht, Zufahrt nicht ideal; **Strom:** ja; **Preise:** ca. 24–27 €; **Geöffnet:** ganzjährig; **Kontakt:** Tel. 098 425661, www.mlaska.com/de

Nachdem man über eine Stunde lang nicht viel mehr als ödes Buschland gesehen und sich schon längst gefragt hat, warum Hvar wohl als Ferien- und Lavendel-Insel gepriesen wird, senkt sich die Straße zur Nordküste hinunter und der „Ferien-Teil" beginnt. Man

---

Abstecher zur Hirtensiedlung Humac

An der Hauptstraße etwa 8 km östlich von Jelsa und ca. 6 km nach dem Weiler Poljica zeigt ein Schild den kurzen Weg (zuerst Asphalt, dann noch einige Meter Schotter) zur archaischen Hirtensiedlung Humac. Die seit dem 14. Jahrhundert von Hirten und Bauern immer nur zeitweise bewohnte Siedlung ist eine Art Freilichtmuseum, das mit seinen grauen Feldsteinhütten und historischen Gerätschaften das schwere Leben der Hirten anschaulich macht. Der Weiler, der während der Weinlese noch heute zum Übernachten genutzt wird, steht vollständig unter Denkmalschutz. In der Saison bietet das Touristbüro Jelsa Führungen an. Info: Tel. 021 761017 fährt durch grünen Pinienwald an kleinen Badebuchten vorüber, passiert einen einladenden Parkplatz und kurz vor **Jelsa** die ersten sehr belebten Campingplätze.

Parken

P **137 Jelsa, Bucht,** GPS 43.1566, 16.7195. Großer, flacher und bislang kostenloser Beton-Parkplatz für die Gäste eines längst geschlossenen Hotels; schöne Badebucht mit Kai, WC-Ruine. Vorsicht: Der Platz ist teils unterspült! Inzwischen ist die Zufahrt leider durch eine Höhenbegrenzung für die meisten Wohnmobile nicht mehr passierbar.

75 Camping Grebišće ★★★★

GPS 43.15844, 16.71093

Platz in einer kleinen Felsbucht mit sehr engen Wegen; in der Saison überlastet; mir hat das nahe gelegene Camp Holiday 76 besser gefallen. **Lage/Anfahrt:** an der Zufahrt nach Jelsa von Osten her erster Platz; **Wasser:** ja; **Abwasser/Chemie-WC:** nach Auskunft der Rezeption soll es eine Ver-/Entsorgungsstation geben; ich konnte sie nicht finden; **Strom:** ja; **Preise:** 39–57 €; **Geöffnet:** 25.5.–31.10.; **Kontakt:** Tel. 021 761191, www.grebisce.hr (auch auf Deutsch)

76 Camp Holiday ★★

GPS 43.160728, 16.708191

Sehr schöner privater Platz im Kiefernwald mit sehr freundlichem, hilfsbereitem Personal und gutem Restaurant; Womo-Plätze direkt über dem Strand (schöner Felsstrand mit Platten und Badeleiter); leider verläuft direkt hinter den Womo-Plätzen eine (noch öffentliche) Straße durch den Platz (nachts relativ wenig befahren); Top-Sanitär-Anlagen. Nur begeisterte Stimmen auf entsprechenden Internetportalen. **Lage/Anfahrt:** östlich von Jelsa direkt an der Zufahrtstraße; **Wasser:** Wasseranschluss und Ausguss direkt am Stellplatz; **Abwasser:** Entsorgungsplattform am oberen Ausgang; **Chemie-WC:** tadellose Entsorgungsstellen in den Sanitäranlagen; **Strom:** ja; **Preise:** 39–44 €; **Geöffnet:** 1.5.–1.10.; **Kontakt:** Mala banda b.b., 21465 Jelsa, Tel. 021 761140, http://campholiday.eu/?lang=de (auch auf Deutsch)

◰ *Von der Festung genießt man einen fantastischen Blick über die Altstadt von Hvar und die vorgelagerten "Höllen-Inseln" (s. S. 211)*

▷ *Seine Lage macht Jelsa zu einem bevorzugten Touristenort*

JELSA UND VRBOSKA
(Jelsa – Vrboska ca. 6 km)

Das romantische, einst für seinen Schiffsbau berühmte Küstenstädtchen **Jelsa** ist dank seiner schönen Strände und seines geschützten Hafens neben Hvar der beliebteste Touristenort auf der Insel. Zahlreiche Restaurants und Cafés säumen den Dorfplatz und die palmenbeschattete Hafenpromenade, dennoch ist die Atmosphäre angenehm ruhig und entspannt. Taxiboote fahren zu den vorgelagerten Badeinseln und an der Küste entlang führt ein schöner Spazierweg zum Nachbarort Vrboska.

Mit dem Fahrzeug muss man einen weiten Bogen um die Bucht herum machen, um nach **Vrboska** zu gelangen. Das einfache Fischer- (und zunehmend auch Ferien-)dorf mit nur 500 Einwohnern birgt hinter seinen Häusern versteckt eine Sehenswürdigkeit, die einzigartig an der gesamten Adria ist: Die wuchtige **Festungskirche Sv. Marija** mit 15 m hohen, fensterlosen Mauern (Mo–Sa 10–12 Uhr). Sie wirkt wie ein trutziger Festungsbau – nur ein kleiner Glockenturm verrät, dass es sich tatsächlich um ein Gotteshaus handelt. Der hervorragend erhaltene Renaissancebau wurde nach dem türkischen Angriff von 1571 als Fluchtburg für die Dorfbewohner errichtet. Sehenswert ist auch das Fischereimuseum mit vielen Exponaten und einem rekonstruierten Fischerhaus (Tel. 021 77021, geöffnet tägl. 10–12.30 und 18.30–21 Uhr).

Information
› **TZG Jelsa,** Trg Tome Gamulina 1, 21465 Jelsa, Tel. 021 761017, www.tzjelsa.hr (auch auf Englisch)
› **TZG Vrboska,** Vrboska bb, 21463 Vrboska, Tel. 021 774137, www.vrboska.info (auch auf Deutsch)

Fähren
› **Jelsa – Bol – Split** (nur Personenfähre!), Juni–Sept. wochentags 6 Uhr, sonntags 13 Uhr ab Jelsa; in Gegenrichtung tägl. 16 (Fr 16.30) Uhr ab Split; Fahrzeit mit dem schnellen Katamaran 1¾ Std.

Parken
🅿 **138 Jelsa,** GPS 43.1621, 16.6907. Gebührenpflichtiger Parkplatz am Ortseingang links.
🅿 **139 Vrboska,** GPS 43.1821, 16.6705. Außerhalb der Saison einige sehr schöne Plätze direkt am Hafenbecken; während der Saison besser nicht versuchen.

Achtung Tunnel! Gegenüber der Abzweigung nach Jelsa führt eine schmale Holperstraße via Pitve nach **Zavala** an der Südküste. Versuchen Sie es nicht! Es sei denn, Sie haben ein Fahrzeug, das maximal 2,20 m hoch ist, denn der ca. 1,8 km lange Tunnel ist nur 2,20 m breit und auch nur 2,20 m hoch! Ein Hinweis an der Zufahrt fehlt und das etwas verblasste Schild am Tunnel ist leicht zu übersehen. Wer mit einem höheren Fahrzeug hineinfährt, kommt etwa bis zur Tunnelmitte, steckt dann fest und muss fast einen Kilometer rückwärts fahren! Ich weiß, wovon ich rede – ich hab's gemacht!

STARI GRAD
(Jelsa – Stari Grad 8 km, Vrboska – Stari Grad 9 km)

Von Jelsa führt die breit und gut ausgebaute Straße durch fruchtbares Tiefland nach Westen zur Abzweigung nach Stari Grad. Der Name bedeutet „alte Stadt" – und tatsächlich gilt die bereits von den Griechen gegründete Siedlung als die älteste der Insel. Dank der Autofähre von Split, die hier anlegt, ist Stari Grad heute das Verkehrs- und Wirtschaftszentrum der Insel. Doch es wäre schade, die Stadt nur als Durchgangstor zu betrachten. An der Uferpromenade laden gemütliche Bars und Cafés zum Verweilen ein und am palmengesäumten Platz steht das **Tvrdalj Schloss,** der Renaissancepalast des kroatischen Dichters Petar Hektorović mit einem Fischteich und Laubengang im stillen Innenhof.

Der Fährhafen liegt etwas außerhalb in Richtung Hvar. Im Sommer stauen sich davor oft lange Autoschlangen und lassen erkennen, dass man gut daran tut, sich zeitig einzureihen, um noch einen Platz auf dem Schiff zu bekommen.

Information
> **TZG Stari Grad,** Obala dr. F. Tuđmana 1, 21460 Stari Grad, Tel. 021 765763, www.visit-stari-grad.com/en (auch auf Engl.)

Fähren
> **Stari Grad – Split** (2 Std). Im Sommer gehen täglich nur sieben Fähren in beide Richtungen, doch die Nachfrage ist groß. Es ist daher ratsam, 1–2 Stunden vor Abfahrt in der Reihe zu stehen. Information: Trajeknto pristanište 1, 21460 Stari Grad, Tel. 021 765048

HVAR – MONDÄNER KURORT UNTER PALMEN

(Stari Grad – Hvar via Tunnel ca. 16 km, über die Berge ca. 20 km)

Von Stari Grad führt die Straße Nr. 116 durch einen (ausreichend hohen und breiten!) Tunnel zur Südseite der Insel und dann an der Küste entlang über Milna. Sie ist bestens ausgebaut und bietet schöne Ausblicke aufs Meer – nur fehlen leider geeignete Parkplätze für ein Picknick mit Meerblick.

Fast an der Westspitze der Insel erreicht man ihre Hauptstadt Hvar, die sich in das behagliche Flair eines Kurorts der Jahrhundertwende hüllt und als einer der charmantesten Orte der gesamten Adria gilt. Eine elegante Hafenpromenade, gesäumt von Palmen und mondänen Hotels, ziert ihre Seeseite und der große **Hauptplatz** ist eingefasst von historischen Bauten: der romanischen Kathedrale Sv. Stjepan, dem Bischofspalast und dem venezianischen Arsenal, das einst als Parkgarage für die Handelsschiffe diente. Darüber befindet sich das Theater von 1612, eines der ältesten Stadttheater ganz Europas. Durch enge Gassen mit steilen Treppen und zwischen subtropischen Gärten, die in üppigem Grün und Blumenschmuck versinken, gelangt man dann hinauf zur **Spanischen Festung.** Umweht von frischer Luft und Blumenduft genießt man von dort einen wirklich traumhaften Blick über die Stadt und hinaus auf die **Pakleni Otoci,** die „Höllen-Inseln", die vor der Bucht von Hvar im Wasser schwimmen (s. Foto S. 197). Diese kleinen Eilande mit ihren herrlichen Wäldern, Sandstränden und Buchten zählen zu den schönsten Badeinseln der Adria.

Information

› **TZG Hvar,** Trg Sv Stjepana 16, 21450 Hvar, Tel. 021 741059, www.tzhvar.hr (auch auf Englisch)
› **Jadrolinija,** 21450 Hvar, Tel. 021 741132

◁ *Keine Burg, sondern eine Kirche: Sv. Marija*

Parken

P 140 Stadtparkplatz, GPS 43.17219, 16.44685. Außerhalb der Altstadt liegen mehrere große, gebührenpflichtige, meist schattenlose Parkplätze mit Toilette. Näher am Zentrum werden Sie keine Parkmöglichkeiten finden.

P 141 Festungsparkplatz, GPS 43.1758, 16.4393. Einen schöneren und ruhigeren Parkplatz findet man nahe der Festung, wenn man der Straße Nr. 116 ein kurzes Stück weiter in Richtung Vira folgt. Sie zieht sich nach links den Berg hinauf; nach weniger als einem Kilometer geht es links ab. Über der Altstadt, nur einen kurzen Spaziergang von der Festung entfernt, liegt der teils schattige, nicht ganz ebene, kostenlose Parkplatz etwas abseits der Straße an einer schmalen (fahrbaren) Zufahrt zur Festung. Man kann von hier aus auch zu Fuß zur Altstadt hintersteigen.

Wer über die neue Straße in die Inselhauptstadt gekommen ist, sollte wenigstens für die Rückfahrt die alte Strecke durch die Berge via **Brusje** nehmen (am Ortsausgang in Richtung Vira gleich rechts hinauf). Das kleine, kurvige Sträßchen schlängelt sich der Länge nach über den Inselrücken – zwischen Olivenhainen, Feigenbäumen, Weingärten und Kräuterwiesen.

Unterwegs kann man weite Ausblicke genießen, Ziegenhirten begegnen und Eseln, die am Straßenrand grasen. Und vor allem wird man dann vielleicht endlich verstehen, warum Hvar die „Lavendel-Insel" genannt wird – und dass es diese Blüten auf Hvar doch nicht nur in Säckchen an Touristenständen gibt! Im Sommer fährt man im Hochland hinter Brusje tatsächlich durch weite Flächen von blühendem Lavendel – teils wild oder verwildert – und zudem durch Kräuterwiesen, die nach Rosmarin, Basilikum und Majoran duften.

Parken

P 142 Kažuni-Ruine, GPS 43.1674, 16.5371. Kostenloser, kleiner Parkplatz auf dem Kamm nahe einer Kažuni-Ruine; schöner Ausblick; Fußweg zur Kapelle Sv. Nikolai.

KORČULA – ROMANTISCHE INSEL DER WILDEN SÄBELTÄNZE

Mit 276 km² ist die 47 km lange und höchstens 8 km breite Insel Korčula die kleinste, aber bevölkerungsreichste des Trios. Die gleichnamige Inselhauptstadt (4000 Einw.) ist eine wunderschöne, oft als „Klein-Dubrovnik" gerühmte Festungsstadt und das überragende Urlaubszentrum der Insel. Größter Ort ist aber die Hafenstadt Vela Luka (4500 Einw.) an der Westküste. Das Inselinnere ist nur spärlich besiedelt. Berühmt ist Korčula für seine lebendigen Traditionen mit farbenprächtigen Ritterspielen und weltbekannten Klapa-Chören. Die meisten Besucher kommen von der Halbinsel Pelješac via Orebić (Anschluss an Route 7, s. S. 226). Es gibt aber auch eine Autofähre von Split (Anschluss an Route 5, s. S. 185) nach Vela Luka, sodass man die Insel in eine Rundstrecke einbauen kann. Außerdem wird die Stadt von der Küstenschnellfähre Dubrovnik – Rijeka angelaufen (Vorbuchung obligatorisch!), welche die einzige Möglichkeit bietet, von Hvar aus direkt nach Korčula zu gelangen.

Information

› **TZŽ Dubrovnik-Neretva,** Šipčine 2, 20000 Dubrovnik, Tel. 020 324999, www.visitdubrovnik.hr (auch auf Deutsch)

› **Beachten Sie:** Korčula ist aus praktischen Gründen der Streckenführung in diese Route integriert. Verwaltungsmäßig gehört es – ebenso wie die Halbinsel Pelješac – zur Region Dubrovnik-Neretva (Süddalmatien).

Korčula gilt nicht zu Unrecht als Kleinausgabe der weltberühmten Festungsstadt Dubrovnik

KORČULA – RITTERSPIELE UNTER PALMEN

(Dominče – Korčula ca. 2 km)

Am einfachsten und günstigsten erreicht man sowohl die Stadt als auch die Insel Korčula mit der Fähre von Orebić (s. S. 217) aus, die wenige Kilometer außerhalb von Korčula bei Dominče anlegt.

Die Stadt Korčula gilt vielen als eine Art Taschenausgabe der weltberühmten Festungsstadt Dubrovnik – etwas kleiner, vielleicht etwas weniger berühmt, aber mindestens ebenso schön! Nur durch einen schmalen Damm mit der übrigen Insel verbunden, schiebt sich die von wuchtigen Mauern, Türmen und Zinnen beschützte Altstadt in den schmalen Meereskanal hinaus, der Korčula von der Halbinsel Pelješac trennt.

Im Meeresblau leuchten die weißen Segel der im Hafen vertäut liegenden Jachten. Und jenseits des Kanals erhebt sich kahl und schroff der fast 1000 Meter hohe Gipfel des Sveti Ilija.

Faszinierend sind jedoch nicht nur die Lage und das perfekt erhaltene, **mittelalterliche Stadtbild** von Korčula, sondern auch die planmäßige und durchdachte Anlage der Stadt: Alle wichtigen Gebäude liegen an der vom Landtor ausgehenden Hauptachse, von der wie Blattrippen die Seitengassen abzweigen, die so angeordnet sind, dass sie kalte Winterwinde abhalten, kühlende Sommerbrisen hingegen in die Häuser leiten.

Da ganz Korčula eine **Museumsstadt** und fast jeder Stein darin eine Sehenswürdigkeit ist, wage ich hier keinen Versuch, auch nur die wichtigsten Attraktionen zu umreißen, sondern verweise auf einschlägige Reiseführer. Wichtig ist es hingegen, in einer halbwegs ruhigen Zeit zu kommen (möglichst nicht, solange ein Kreuzfahrtschiff am Kai liegt, dessen in die Tausende gehende Passagiere durch die engen Gassen flanieren) und sich Zeit zu lassen für einen geruhsamen Entdeckungs-Bummel.

Marco Polo – ein Korčulaner?

Die strategisch günstige Lage an dem schmalen Pelješki-Kanal, durch den seit der Antike eine der wichtigsten Handelsrouten in der östlichen Adria führt, machte Stadt und Insel Korčula zu einem oft und heftig umkämpften Ort. Einer der blutigsten Kämpfe war die Seeschlacht von 1298 zwischen Genua und Venedig, nach der dem siegreichen Genua nicht nur die Stadt und große Reichtümer in die Hände fielen, sondern auch ein unbekannter venezianischer Seemann, der einem Mithäftling abenteuerliche Reiseberichte in die Feder diktierte. Sein Name: Marco Polo. Geboren sei der frühe Fernreisende, so behaupten die Korčulaner, nirgends anders als in Korčula. Tatsächlich hat man in alten Taufregistern der Stadt eine Eintragung mit dem Namen Polo gefunden. Und so besitzt denn Korčula heute ein ausgeschildertes Marco-Polo-Geburtshaus, von dessen Turm man den schönsten Blick über die Dächer der mittelalterlichen Museumsstadt genießt. Dass das Haus erst gut 200 Jahre nach dem Tod des erwiesenermaßen 1324 in Venedig verstorbenen Marco Polo gebaut wurde, stört weder die Aussicht noch die Korčulaner – ebenso wenig wie die Tatsache, dass ihr „Beweistäufling" erst im Jahr 1520 eingetragen ist ...

Information

› **TZG Korčula,** Trg 19. travnja 1921. br. 40, 20260 Korčula, Tel. 020 715701, www.visitkorcula.eu (auf Englisch), www.korculainfo.com (auf Englisch)

Gastronomie

› **Adio Mare,** ulica Marko Pola 1, Tel. 020 711253. Rustikales und sehr beliebes Restaurant im Konoba-Stil in einem Kellergewölbe nahe dem Marco-Polo-Haus mit Dachterrasse und schönem Blick.

› **Restaurant Filippi,** Šetalište Petra Kanavelića, Tel. 020 711690, www.restaurantfilippi.com (auf Englisch). Exzellentes Restaurant mit gehobener Küche und traumhafter Lage direkt am Wasser, perfekt für einen lauschigen Abend.

Route 6: Die Inselwelt Mitteldalmatiens

Fähren

› **Orebić – Dominče** (ca. 15 Min.), im Sommer 18 Fähren täglich
› **Info:** Jadrolinija Korčula, Plokata 21, Tel. 020 715410; Obala pomoraca 32, Tel. 020 714075 (Orebić/Pelješac)

Parken

🅿 **143 Parken Dominče**, GPS 42.9528, 17.1496. Großer, ebener Asphaltplatz am 5 km außerhalb von Korčula gelegenen Fährhafen Dominče.

🅿 **144 Parken Korčula**, GPS 42.9567, 17.1324. Am Ortseingang wurde ein größerer Parkplatz angelegt, der allerdings im Sommer längst nicht ausreicht.

Beste Option für Wohnmobile ist jedoch eine Übernachtung auf dem Camping Port 9 **77**, von dem man in ca. 15 Min. auf einem schönen Fußweg am Meer und durch einen Park zur Altstadt gelangt.

Ausflug nach Mljet

› Von Korčula werden Tagesausflüge zur Insel Mljet (siehe Route 7, S. 235) angeboten, die von hier aus schneller und günstiger zu erreichen ist als ab Dubrovnik. Die Ausflugsboote legen dienstags bis samstags um 9 Uhr von Korčula ab und brauchen für die Überfahrt nach Pomena etwa eine Stunde. Gegen 16 Uhr ist man zurück in Korčula. Information: TZG Korčula (s. S. 213)

Moreška – der wilde Säbeltanz von Korčula

Im Rahmen des großen Festtages für den Stadtheiligen Sv. Theodor (29. Juli) findet in Korčula seit fast 400 Jahren Ende Juli eine große Moreška-Aufführung statt. Das farbenprächtige Ritterspiel, bei dem in komplizierten, akrobatischen Tanzformationen mit klirrenden Säbeln gefochten wird, geht auf ein Ereignis aus dem 16. Jahrhundert zurück. In den nicht ungefährlichen Zweikämpfen wird um die Königsbraut Bula gestritten. Entführt hat sie der schwarz kostümierte Königssohn Moro, Anführer der in türkischen Diensten kämpfenden Mauren. Der rot kostümierte König Osman, der zugleich das christliche Abendland verkörpert, besiegt nach langen Gefechten die Streiter aus dem Orient und erobert seine Braut zurück. Die Moreška wird in der Saison mehrfach wiederholt. Kleinere Programm-Auszüge kann man öfters im Park neben dem Hotel „Park" erleben.

⓱ Camping Port 9 ★★

GPS 42.950756, 17.144288

Großer Platz 2 km südöstlich der Altstadt mit Sportanlagen, Fahrrad-, Surfbrett-, Bootsverleih, Tennis-, Segel-, Tauchschule; langer Strand mit etwas Sand und flachem Wasser; Busse und schöner Fußweg (ca. 15 Min.) zur Altstadt. **Lage/Anfahrt:** vom Fähranleger nach ca. 600 m rechts zum Hotel „Bon Repos". **Wasser:** ja; **Chemie-WC:** ja, aber es muss ein schwerer Eisendeckel für die Grauwasser-Entsorgung geöffnet werden; **Strom:** ja; **Preise:** ca. 38–45 €; **Geöffnet:** Mitte Mai–Mitte Sept.; **Kontakt:** Dubrovačka cesta 19, Tel. 020 726801, www.port9resort.com/en (auf Engl.); **Tipp:** Sicher nicht der Platz für einen Badeurlaub – aber perfekt als Basis, um stressfrei Korčula zu besuchen. Eine gute Möglichkeit bieten Taxiboote dorthin (15 kn/Pers. einfach).

VON KORČULA NACH VELA LUKA
(Korčula – Vela Luka 48 km)

Durch malerischen Zypressenwald zieht sich die Inselstraße von der Festungsstadt den Hang hinauf nach **Žrnovo,** wo im Ortsteil Postrana das Kastell des Humanisten Jakov Baničević (1466–1532) steht. Dahinter fährt man durch Weinberge, in denen noch viele der traditionellen, mit Steinplatten gedeckten Häuschen zu sehen sind.

Einige Kilometer nach dem Dorf **Pupnat** führt eine schmale, aber inzwischen asphaltierter Geländepiste hinab zu der wenig besuchten Traumbucht **Pupnatska Luka:** türkisgrünes, kristallklares Wasser und weißer Strand, dahinter Feigen- und Johannisbrotbäume, eine lauschige Konoba inmitten der Natur und eine Handvoll Wochenendhäuschen und Fischerhütten. Nach Auskunft eines Lesers soll an der Abzweigung neuerdings ein Schild die Zufahrt für Wohnmobile verbieten.

Parken
🅿 **145 Pupnatska Luka,** GPS 42.9286, 17.0041. Größerer Parkplatz an der Straße oberhalb der Bucht, von dem ein kurzer Fußweg zum Strand führt; im Sommer evtl. sehr voll.

Blato, die größte Stadt im wenig besiedelten Inselinneren, ist bekannt für ihr Ritterspiel Kumpanija, das noch älter ist als die Moreška und alljährlich am 23.4. ausgetragen wird.

Mit Blick auf das grafische Muster der Gärten im fruchtbaren Blatsko Polje geht es weiter zur Hafenstadt **Vela Luka,** deren Name durch den Ohrwurm „Vela Luka" in ganz Kroatien zu einem Begriff geworden ist. Hübsch ist die Hafenpromenade mit hohen Palmen, Cafés und Restaurants, überragt vom Turm der Pfarrkirche Sv. Josip (19. Jh.), aber sonst hat die Stadt wenig Charme.

In der Umgebung findet man einige sehr schöne **Badebuchten,** Boote fahren zu den vorgelagerten Inselchen **Ošjak** (ein Naturschutzgebiet mit Wald und reicher Vegetation) und **Proizd** (mit einem FKK-Strand und Restaurant). Und in der Grotte **Vela Špilja,** die 1974 nordöstlich des Orts entdeckt wurde, bietet sich die wohl romantischste Möglichkeit, die Melodie „Vela Luka" zu genießen: dargebracht vom berühmten Klapa-Chor des Ortes in dieser akustisch und atmosphärisch einzigartigen Kulisse.

▷ *Am Hafen von Vela Luka*

Route 6: Die Inselwelt Mitteldalmatiens

Information
❯ **TZG Vela Luka,** Obala 3 br. 19, 20270 Vela Luka, Tel. 020 813619, www.tzvelaluka.hr (auch auf Deutsch)

Fähre
❯ Von Juni bis Sept. gehen täglich je zwei Fähren von **Vela Luka nach Split** und zurück; die Überfahrt dauert etwa 2 ¾ Stunden; Info: Obala 4 bb, 20270 Vela Luka, Tel. 020 812015; der Hafen liegt etwas westlich der Stadt.

⑦⑧ Camping Mindel ★★★

GPS 42.983929, 16.67062

Einfacher, aber sympathischer Privatplatz mit ca. 120 Stellplätzen unter schattigen Mandel- und Olivenbäumen; zu Fuß 5–20 Minuten von verschiedenen Kies- und Felsstränden entfernt. Netter und hilfsbereiter Betreiber; enge Zufahrt; Stellplätze nur für kompakte Mobile. **Lage/Anfahrt:** ca. 5 km westlich von Vela Luka; **Wasser:** ja; fragen Sie an der Rezeption und man wird Ihnen helfen; **Abwasser:** noch keine Entsorgungsplattform (geplant); **Chemie-WC:** ja, neben der Sanitäranlage; **Strom:** ja; **Preise:** 16 €; **Geöffnet:** ganzjährig; **Kontakt:** Stani 192, 20270 Vela Luka, Tel. 020 813600, www.mindel.hr (auch auf Engl.); **Tipp:** Fußpfade führen zu traumhaften Buchten.

PELJEŠAC – HALBINSEL DER WEINBAUERN UND AUSTERNZÜCHTER

Die maximal 7 km breite, aber 70 km lange Halbinsel hat kaum 8000 Bewohner und ist zudem vom Tourismus relativ wenig berührt. Sie besteht aus einem mächtigen Gebirgszug, dessen höchster Gipfel, der 960 m hohe Sv. Ilija, vor allem bei Wanderern, Jägern und Naturfreunden beliebt ist. An den kargen Karsthängen wird hauptsächlich Wein angebaut. Besonders berühmt sind die schweren Rotweine Dingač und Postup (s. Exkurs S. 220). Die einzige touristische Region auf der Halbinsel ist die äußerste Nordwestküste zwischen Orebić und Lovište.

Information
❯ **TZŽ Dubrovnik-Neretva** (s. S. 212)
❯ **Beachten Sie:** Die Halbinsel Pelješac ist aus praktischen Gründen der Streckenführung in diese Route integriert; verwaltungsmäßig gehört sie – ebenso wie Korčula – zu Süddalmatien (Region Dubrovnik-Neretva).

Fähren
❯ Neben der Straßenanbindung bei Ston gibt es eine Fähre **zwischen Ploče und Trpanj**: im Sommer in beide Richtungen täglich je 7 Verbindungen (Fahrzeit: ca. 1 Std.). Die Fähre **Orebić – Dominče** (5 km außerhalb der Stadt Korčula) verkehrt in der Saison nahezu rund um die Uhr 18-mal täglich (Fahrzeit: ca. 15 Min.). **Information:** Jadrolinija Ploče, Neretljanskih gusara 4, Tel. 020 679321; Jadrolinija (Korčula), Plokata 21. travanj bb, Tel. 020 715410; Jadrolinija Trpanj (Pelješac), Ribarska obala 1, Tel. 020 743911

Strand auf der Halbinsel Pelješac

⑲ Camping Nevio ★★★★★

GPS 42.981164, 17.198505

Ein wunderschön und sehr gelungen angelegter Platz an der steilen Küste, der zu meinen Favoriten zählt. Einige Mobile können direkt am Strand stehen, die Zufahrt ist steil, aber problemlos. Herrlicher Meerblick von den meisten Plätzen; exzellenter Pool; kostenloses WLAN; viele Sportangebote; sehr sauber! Und ein empfehlenswertes Restaurant in traumhafter Lage. Einer der absoluten Spitzenplätze. **Lage/Anfahrt:** kurz vor Orebić links; gut beschildert; **Wasser/Abwasser:** alle Stellplätze mit Wasser, Abwasser und Strom; topmoderne Camperclean-Plattform an der Zufahrt; **Chemie-WC:** konventionelle Station und eine hochmoderne Camperclean-Station: Kassette nur in das Schubfach stecken und sie wird automatisch entleert, gereinigt und desinfiziert; **Strom:** ja; **Preise:** 33–49 € (inkl. Anmeldegebühr); **Geöffnet:** ganzjährig; **Kontakt:** Dubravica 15, 20250 Orebić, Tel. 020 713100, www.nevio-camping.com (auch auf Deutsch)

OREBIĆ – DIE STADT DER KAPITÄNE
(Orebić – Viganj 7 km, Orebić – Lovište 15 km)

Von Dominče, dem Fährhafen Korčulas, ist es nur ein Katzensprung hinüber zum malerisch am Fuß des hoch aufragenden Berges Sv. Ilija gelegenen Hafenort **Orebić** (1500 Einwohner), benannt nach einer Kapitänsfamilie des 16. Jahrhunderts. Er ist das touristische Zentrum des Pelješac mit prachtvollen subtropischen Gärten und den Villen der pensionierten Adriakapitäne.

An die große Vergangenheit als Seehafen mit einst 33 eigenen Großseglern erinnert das **Seefahrtmuseum** (Pomorski Muzej) am Trg Mimbelli. Herrlich ist es aber auch, einfach ziel- und planlos durch die von verschwenderischer Blumenfülle gesäumten Pflastergassen und entlang der Uferpromenade zu bummeln.

Vom westlichen Ortsende führt ein lohnender Spaziergang über einen steilen Asphaltweg hinauf zum **Franziskanerkloster** (15. Jahrhundert), dessen rotes Dach aus gelben Ginsterhainen ragt und dessen Kirchturm mit den Zypressen um die Wette gen Himmel strebt. Die schlichte kleine Loggia vor der Kirche bietet einen grandiosen Blick hinüber nach Korčula.

Gute Kondition und Ausrüstung vorausgesetzt, kann man vom Kloster auf einem Pfad in etwa 4 Stunden den Gipfel des **Sveti Ilija** erreichen, an dessen Hängen noch Mufflons und Schakale leben.

Information
› **TZG Orebić,** Zrinsko Frankopanska 2, 20250 Orebić, Tel. 020 713718, www.visitorebic-croatia.hr

Parken
🅿 **146 Orebić, Fährhafen,** GPS 42.9741, 17.1760, gebührenpflichtige Parkplätze
🅿 **147 Orebić, Zufahrt Fährhafen,** GPS 42.9749, 17.1712, gebührenpflichtig

⑧⓪ Camping Trstenica ★★★

GPS 42.9772445, 17.1898708

Komfortabler, aber zugleich familiärer und naturnaher Platz gleich neben dem Hauptstrand von Orebić mit Blick auf den Archipel des Peljesac-Kanals mit 19 kleinen Inseln und der Insel Korcula. **Lage/Anfahrt:** Am Ortseingang von Orebić von der Straße 404 (ulica Bana Josipa Jelačića) links abbiegen; **Platzanzahl:** 25–30; **Service:** Strom, Trinkwasser, Abwasser, Chemie-WC, WLAN; **Kontakt:** Kneza Domagoja 50, Tel. 020 713348, www.kamp-trstenica.com (auch auf Deutsch)

Von Orebić zieht sich die schmale Straße eng an der Küste entlang nach Westen zu den Badestränden der ebenfalls von üppiger Vegetation verwöhnten kleinen Orte **Kučište** und **Viganj** (7 km von Orebić) und weiter über die Ausläufer des Sv.-Ilija-Massivs nach **Lovište** (15 km von Orebić) nahe dem Westkap der Halbinsel.

Tipp

› Danach folgen weitere Plätze, die alle recht „vom Winde verwöhnt", also mehr für Surfer als für Badegäste interessant sind.

⑧① Camping Palme ★★★

GPS 42.976582, 17.129391

Ein kleiner Privat-Campingplatz, der vom Betreiber Ivo Mrcic mit sehr viel Liebe und hohen Ansprüchen an Qualität und Umweltschutz eingerichtet wurde – und weiter wird. Direkt am Strand; mit eigener Zufahrt, eigenem Steg und imposanten alten Palmen; Wiesenfläche mit schattigen Olivenbäumen; sympathische kleine Bar; Einrichtungen für Windsurfer, WLAN, viele gewonnene Preise und eine Atmosphäre, wie keiner der „Großen" sie bieten kann. **Lage/Anfahrt:** ca. 5 km westlich von Orebić, schmale Straße direkt am Meer; **Wasser:** ja; **Abwasser:** ja, geeignete Plattform; **Chemie-WC:** ja, aber in Kombination mit Bio-Kläranlage, also bitte die Chemie sehr sparsam einsetzen; **Strom:** ja; **Preise:** ca. 41–44 €; **Geöffnet:** ganzjährig; **Kontakt:** Kučište 45, Tel. 020 719164, Mobil 098328357, www.kamp-palme.com (auch auf Deutsch)

ÜBER DEN RÜCKEN DER HALBINSEL
(Orebić – Trpanj 24 km, Orebić – Potomje 22 km, Potomje – Trstenik 7 km, Trstenik – Ston 36 km)

Fährt man von Orebić in Richtung Osten, so klettert die Straße bald an den Felsen entlang hoch auf den Inselrücken empor und eröffnet einige herrliche Ausblicke über die kleinen Inselchen im Pelješki-Kanal und auf Korčula. Nach etwa 16 km ab Orebić zweigt links eine Straße ab, die durch eine wilde Gebirgslandschaft 8 km zum Fährhafen **Trpanj** führt, von dem man nach Ploče gelangt.

Fähren
› **Trpanj – Ploče** (s. S. 216), Information: Ploče, Tel. 020 679321, Trpanj (Pelješac) Tel. 020 743911

Weiter führt die gut ausgebaute Inselstraße über die weite Hochebene und durch kleine, verschlafene Bauerndörfchen. Man passiert das für seine Weine berühmte Winzerdorf **Potomje,** ehe es am Hang einer tief eingeschnittenen Bucht wieder hinunter geht. Der einst lebhafte Hafen **Trstenik,** von dem früher Fähren hinüber zur Nachbarinsel Mljet verkehrten, liegt heute still und verwaist. Viele Häuser sind verlassen und malerisch eingewachsen. Am langen Kiesstrand zieht sich eine von Tamarisken beschattete Promenade entlang. Auch wenn der Strand, seit der Fährbetrieb eingestellt wurde, nicht mehr gepflegt wird: Zu einer stillen Badepause im touristischen Abseits lädt er immer noch ein.

Parken
🅿 **148 Trstenik,** GPS 42.9165, 17.3983, einige Parkplätze am Kiesstrand

Auch bei dem vergessenen Küstendorf **Žuljana** (gegenüber am anderen Ufer der breiten Bucht, über eine gut 3 km lange, desolate Stichstraße von Westen oder über eine 5 km lange bessere Straße von Osten her zu erreichen) warten schöne, einsame Badebuchten auf Liebhaber von Strandromantik nach Robinsonart.

Durch Weinfelder gelangt man zu einer Bucht an der Nordostküste der Halbinsel mit Austern- und Muschelzuchten sowie einem Restaurant, das allerlei Meeresgetier aus eigener Produktion anbietet, das ich aber bislang nicht probieren konnte. Dann geht es noch einmal rund 20 km zwischen zwei Bergzügen durch einsame Landschaft, ehe man am dünnen „Stiel" der Halbinsel die Doppelortschaft Ston erreicht.

STON – DIE LÄNGSTE VERTEIDIGUNGSMAUER EUROPAS
(Orebić – Veliki Ston ca. 64 km)

Dort, wo zwei flache Meeresengen die Halbinsel fast vom Festland abschnüren, liegt die Doppelstadt Ston, von der man zuerst Veliki Ston erreicht. Die im 14. Jahrhundert von der Stadtrepublik Ragusa, dem heutigen Dubrovnik, streng geometrisch angelegte Ortschaft ist im September 1996 durch ein schweres Erdbeben stark beschädigt worden – konnte aber seither weitgehend wieder restauriert werden.

Fast schadlos überstanden hat die Katastrophe jedoch die große Sehenswürdigkeit der Stadt – die längste Verteidigungsmauer Europas. Den Hang hinauf zieht sie sich mehr als 5 km lang quer über die gesamte Landenge bis zum Wehrdorf **Mali Ston** – 5 bis 10 m hoch und mit etwa vierzig Türmen und Bastionen befestigt. Angelegt hatte dieses gewaltige Festungswerk die mächtige Handels- und Hafenstadt Ragusa, um die zu ihrem Staatsgebiet gehörende Halbinsel Pelješac zu schützen. Vor allem aber zum Schutz der wertvollen und gewinnträchtigen Salinen von Ston, die bereits von den Illyrern angelegt wurden und bis heute in Betrieb sind.

Neben der Salzgewinnung dienen die flachen Lagunen der Meeresarme auch zur einträglichen **Austernzucht.** Preiswert und garantiert frisch kann man die Delikatesse in dem uralten, vom Erdbeben verschont gebliebenen Wehrdorf Mali Ston kosten, das sich malerisch um ein kleines Hafenbecken gruppiert und von den Festungen Koruna und Podzvizi überragt wird.

Information
› **TZO Ston,** 20230 Ston, Pelješki put 1, Tel. 020 754452, www.ston.hr (auch auf Deutsch)

Gastronomie
› **Koruna,** Mali Ston, Tel. 020 754999, www.vila-koruna.hr (auf Englisch). Das vor der Stadtmauer gelegene Restaurant mit großen Bassins direkt im Speisesaal bietet hervorragende Austern und zahllose andere Meeresfrüchte aus eigener Zucht. Selbst Feinschmecker aus Italien kommen eigens hierher, um die Muscheln und Meeresfrüchte zu genießen.

Parken
P 149 Veliki Ston, Stadtmauer, GPS 42.8371, 17.6958

P 150 Östlich von Veliki Ston, GPS 42.8380, 17.6976, großer Parkplatz

P 151 Mali Ston, GPS 42.8458, 17.7054, am Ortsrand nahe der Vila Koruna

⑧² Camping Prapratno ★★★

GPS 42.81781, 17.675831

Schöner, teils schattiger, teils sonniger Wiesenplatz an einer hübschen Sand-/Kiesbucht. **Lage/Anfahrt:** von Veliki Ston ca. 3 km in Richtung Orebić, dann bei der Rechtskurve links hinunter; **Wasser:** mit Kanister; **Abwasser:** Schacht ganz am Ende des Platzes; **Chemie-WC:** im WC; **Strom:** ja; **Preise:** ca. 31 €; **Geöffnet:** 1.5.–30.9.; **Kontakt:** Dubrovačko primorje d.d., 20230 Ston, Tel. 020 754000, www.duprimorje.hr (auch auf Englisch)

Anschluss
› Etwa 4 km nach Ston gelangt man wieder auf die Adria-Magistrale (s. Route 7, S. 226).

Königliche Rotweine: Dingač und Postup

Ganz Dalmatien ist für seine Rotweine berühmt, doch die besten davon kommen von der felsigen Halbinsel Pelješac: Der dunkelrote Dingač und der rubinrote Postup. Beide gedeihen nur auf diesem so karg wirkenden Felsenriegel. Ersterer wird rings um das Dorf Dingač angebaut, nach dem er seinen Namen trägt. Man gewinnt ihn aus der kleinen Plavač-Traube, die erst geerntet wird, wenn sie fast schwarz und halb vertrocknet ist. Ihren außergewöhnlich hohen Zuckergehalt verdankt diese Traube aber auch der intensiven Sonneneinstrahlung an der Südseite der Halbinsel und insbesondere der extremen Neigung der Rebhänge, die bis zu 75 Grad steil ins Meer abfallen, sodass die Trauben zusätzlich durch die Reflektion des Meeres erwärmt werden. Der volle, frisch und harmonisch schmeckende Dingač erreicht daher einen Alkoholgehalt von 15 %, bei einem Restzucker von über 30 g/l – weshalb ihn die Winzer zu Braten, Wild und Käse aus Likörgläsern trinken.

Nicht minder qualitätvoll ist der Postup, der unter ähnlichen Bedingungen bei den Orten Trstenik und Mokalo angebaut und ebenfalls aus der Plavač-Traube gekeltert wird. Seit 1967 trägt er das Gütesiegel als Qualitätswein und auch im Alkohol- und Zuckergehalt ähnelt dieser königliche Tropfen dem Dingač.

ROUTE 7
SÜDDALMATIEN: VOM NERETVA-DELTA ZUR FESTUNGSSTADT DUBROVNIK

ROUTENÜBERSICHT

Süddalmatien umfasst die Gespanschaft (Županija) Neretva-Dubrovnik – vom fruchtbaren Neretva-Delta bis zur Festungsstadt Dubrovnik und bis zum Konavle-Tal mit der Halbinsel Pelješac, dem romantischen Korčula, der Honiginsel Mljet und dem Archipel der Elaphyten. Die lange Anreise über die kurvenreiche Adria-Magistrale lässt den Touristenstrom hier etwas dünner werden. Doch der Weg lohnt sich, vor allem auch, weil diese Küste und ihre Inseln weniger überfüllt sind als die Touristenzentren Istriens. Hier hat man noch Chancen auf stille Plätzchen, an denen man ungestört stehen und baden kann. An Vielfalt und Kontrasten ist auch in Süddalmatien kein Mangel: vom fruchtbaren Sumpfland des Neretva-Deltas mit seinen Sandstränden bis zu kargen Felsenküsten, von den Austernbänken bei Ston bis zur „kroatischen Toskana" des Konavle-Tals, von steinigen Bergregionen, in denen Mufflons und Schakale leben, bis zur subtropischen Üppigkeit der Insel Mljet und von den belebten Badezentren wie Cavtat bis zu den stillen Buchten der Inseln. Außerhalb der touristischen Zentren ist die Infrastruktur allerdings noch weniger ausgebaut. Die Campingplätze sind meist einfacher – dafür kann man aber liebevoll angelegte Privatplätze entdecken.

Strecke:
Ploče – **Neum** (34 km, s. S. 225) – **Slano** (34 km, s. S. 226) – **Trsteno** (14 km, s. S. 226) – **Dubrovnik** (ca. 15 km, s. S. 227) – **Cavtat** (ca. 15 km, s. S. 234)

Streckenlänge: 112 km

« *Kapitelstartseite: Im Hof des Klosters Sv. Klara, Dubrovnik*

▷ *Von der Stadtmauer von Dubrovnik bieten sich weite Ausblicke über Meer und Inseln*

Route 7: Süddalmatien

ZWISCHEN PLOČE UND DUBROVNIK

Das glanzvolle Finale am Südende der Makarska Riviera bildete Gradac mit der Bucht Gornja Vala, in der einer der schönsten Strände der ganzen östlichen Adria zum Baden lockt (s. Route 5, Seite 196). Danach verlässt die Adria-Magistrale für ein kurzes Stück die Küste und windet sich einen Bergrücken empor, hinter dem überraschend und in sattem Grün der bei Anglern sehr beliebte **Bačinska Jezera** aus dem Tal hervorleuchtet. Weit weniger reizvoll als dieser See ist die gesichtslose Industrie- und Hafenstadt **Ploče:** mehr ein Sprungbrett für die Fähre zur Halbinsel Pelješac (s. S. 226) als ein Ort zum Verweilen.

Die Felder und Deiche im Neretva-Delta bilden bizarre Muster

Fähren
› **Ploče – Trpanj** (s. S. 216), Information: Tel. 020 679321, Tel. 020 743911 (Trpanj/Pelješac)

DAS NERETVA-DELTA – SUMPFLANDSCHAFT IM KARST
(Ploče – Neum 34 km)

Bei Ploče erreicht man das Neretva-Delta, eine amphibische Landschaft aus Wasser und ein wahres Vogelparadies. Das fruchtbare Schwemmland ist ein einziger üppiger Garten. Hier fährt man die Ernte nicht mit dem Wagen ein, sondern mit kleinen Kähnen. An der Straße bieten zahlreiche Stände frisch geerntetes Obst und Gemüse feil. Kleine, aber gute Sträßchen ziehen sich zwischen Schilf und Wasserflächen zur Küste mit fast menschenleeren Sandstränden hin. Kurz hinter der Abzweigung nach Opuzen klettert die Straße aus dem Delta wieder am Hang empor und eröffnet einen herrlichen Blick auf das grafische Muster der strahlenförmig verlaufenden Kanäle, Felder und Wasserflächen. Größere Parkflächen rechts der Straße laden dazu ein, diesen Ausblick bei einer Kaffeepause zu genießen.

Information
› **TZG Ploče,** Vladimira Nazora 26, 20340 Ploče, Tel. 020 679510, http://infoploce.hr (Engl.)

Parken und Picknick
 152 Ploče, GPS 42.9796, 17.5382. Großer Schotterplatz mit Panoramablick dort, wo die Straße aus dem Delta emporsteigt.

DER KORRIDOR VON NEUM

Kaum hat man diese eigenartige und so gar nicht in das sonstige Bild der Küste passende Sumpfebene hinter sich, da folgt als Gegenstück zu dieser launischen Eigenart der Natur ein politisches Kuriosum: der Korridor von Neum. Staatsrechtlich gehört der 8 km schmale Meereszugang mit riesigen Hotels und Villen zu **Bosnien-Herzegowina.** Zu sozialistischer Zeit hat sich die Politprominenz hier ihre Sommervillen errichtet, neben riesigen Hotelburgen für die zweite Garnitur.

Inzwischen wurden reguläre Grenzkontrollstellen eingerichtet und da das Kuriosum inzwischen eine **EU-Außengrenze** ist, geht nun ohne Pass oder Ausweis nichts mehr. Tatsächlich wurden schon Urlauber zurückgewiesen, die einen Ausflug nach Dubrovnik machen wollten, aber den Pass an der Rezeption vergessen hatten! Und im Sommer bilden sich nun oft lange Warteschlangen verärgerter Urlauber. Seit 2007 wird mit Hochdruck an einer Straßenbrücke gearbeitet, die kurz vor Klek zur Halbinsel Pelješac führen und so den Korridor von Neum umgehen wird. Teile der Zufahrt sowie die Pfeiler sind bereits fertiggestellt und 2022 soll die Brücke eingeweiht werden.

Die Neretva-Piraten
Jahrhundertelang war das unwegsame Sumpfland des Neretva-Deltas Machtzentrum der berüchtigten Neretvaner, eines slawischen Stammes gefürchteter Seeräuber. Bis hinauf nach Omiš dehnte sich ihr Reich Paganien im 9.–13. Jahrhundert und umfasste zeitweise sogar die Inseln Brač, Hvar, Korčula und Mljet. Ende des 14. Jahrhunderts wurden sie vom bosnischen Königreich unterworfen, ihre Macht zerfiel und schließlich konnte sich Venedig das Piratenreich einverleiben.

Das Kuriosum von Neum
Bereits im 17. Jahrhundert hatte die Republik Ragusa (Dubrovnik) den schmalen Korridor von Neum den Osmanen überlassen: als schützende Pufferzone zu den venezianischen Gebieten. Als nach dem Zweiten Weltkrieg die Grenzen der jugoslawischen Teilrepubliken festgelegt wurden, blieb der Korridor bestehen und verschaffte Bosnien-Herzegowina einen Zugang zum Meer, der auch 1995 im Abkommen von Dayton erhalten blieb und Süddalmatien seither zur Exklave macht. Der schmale Meereszugang umfasst einige Badestrände – aber keinen geeigneten Hafen. Als Gegenleistung für freie Passage durch den bosnischen Landkorridor gewährt Kroatien dem Nachbarland freien Zugang zum Hafen von Ploče.

Information
› **FVA Herzegowina:** Dr. Ante Starčevića bb, 88000 Mostar, Tel. +387 36 355090, www.hercegovina.ba (auch auf Engl.)
› **FVA Neum:** Kralja Tomislava 4, 88390 Neum, Tel. + 387 36 880117
› **Botschaft von Bosnien und Herzegowina:** Deutschland: Ibsenstrasse 14, 10439 Berlin, Tel. 030 81471210; Österreich: Tivoligasse 54, 1120 Wien, Tel. 01 8118534, www.bh-botschaft.at; Schweiz: Thorackerstrasse 3, 3074 Muri b. Bern, Tel. 031 3511051

ENTLANG DER LANDENGE VON STON
(Neum – Abzweigung Halbinsel Pelješac 18 km, Abzweigung – Slano 16 km, Slano – Trsteno 14 km, Trsteno – Dubrovnik ca. 15 km)

Hinter Neum folgt die Straße dicht an der Küste und durch kaum besiedeltes Land dem Kanal von Ston, über den hinweg man die Halbinsel Pelješac erblickt. Im seichten Wasser des Kanals erkennt man die Bojen und Leinen der zahlreichen Austern- und Muschelzuchten, für welche die Region um Ston bekannt ist, und passiert dann die Abzweigung zur **Halbinsel Pelješac** (s. S. 216). Inzwischen gibt es hier auch einen Stand, der frische Muscheln verkauft.

Auch dahinter zieht sich die Straße durch menschenleere und kaum erschlossene Küstenlandschaft bis nach **Slano**. Der kleine und recht ruhige Badeort liegt zwischen Kiefernwäldchen und Olivenhainen an einer reizvollen, 2 km langen Bucht mit schönen Stränden.

Information
› **TZG Slano**, 20232 Slano, Trg Rudera Boskovica 1, Tel. 020 871236, www.visit-slano.com (auch auf Deutsch)

Parken
P **153 Slano, Strand,** GPS 42.7842, 17.8885. Kleiner, ebener und teils schattiger Parkplatz südlich der Ortschaft an einem kleinen Strand nahe der ACI Marina.

Slano ist ein kleiner Badeort an einer relativ ruhigen Bucht

Etwa 14 km weiter erreicht man den inmitten üppiger Vegetation gelegenen Ort **Trsteno**. Der Ort war einst Residenz der bekanntesten Dubrovniker Familien Gučetić (Gozze), die hier einen sehenswerten Park angelegt haben, einen der ältesten und schönsten Renaissanceparks des Landes (das heutige Arboretum, das man aus „Game of Thrones" kennt). Zwei riesige, mehrere Jahrhunderte alte Platanen fallen bereits an der Ortsdurchfahrt ins Auge. Leider gibt es hier kaum Parkmöglichkeiten und die Zufahrt ist sehr eng. Ich konnte aber bei der Riesenplatane parken und die wenigen Schritte zu Fuß hinuntergehen.

Information
› **Trsteno und Orašac:** TZG Dubrovnik (s. S. 232)

83 Autocamp Trsteno ★★★

GPS 42.713747, 17.977345

Sympathischer, familiärer Platz mit Terrassen in parkartiger Landschaft am Hang, nahe dem Arboretum und 10 Min. vom felsigen Strand entfernt; schöne Gaststätte. **Lage/Anfahrt:** Am nördlichen Ortseingang von Trsteno rechts hinab (recht steil und schmal, aber mit Standard-Womos möglich – für größere Mobile ungeeignet; Wendemöglichkeit vorhanden). **Wasser:** ja; **Chemie-WC:** nein; **Strom:** ja; **Preise:** ca. 18 €; **Sicherheit:** beleuchtet und bewacht; **Geöffnet:** 1.5.–1.10.; **Kontakt:** Od Potoka 4, 20233 Trsteno, Tel. 020 751060, www.trsteno.hr (auch auf Deutsch); **Tipp:** Das Arboretum und den Strand sollte man nicht versäumen.

Beim Dörfchen **Zaton** schlingt sich die Straße um eine weitere kleine Bucht herum, dann steht man vor den Pforten der Adriaperle Dubrovnik. Vor einiger Zeit musste man noch einen gut 10 km langen Umweg um die fjordartige Bucht machen (die Kroatien hier fast bis zur Ostgrenze durchschneidet!), heute kann man sie auf einer Brücke überqueren, die mit Stahlseilen an einem einzigen Pfeiler hängt.

DUBROVNIK – BOLLWERK ZWISCHEN ORIENT UND OKZIDENT

Versuchen Sie am besten gar nicht erst, mit dem Wohnmobil bis vor die Tore der Altstadt zu gelangen, denn erstens ist dies stressig und zweitens werden Sie dort garantiert keinen Parkplatz finden und müssen dann sowieso wieder zurückfahren. Biegen Sie lieber gleich rechts ab und fahren sie in Richtung zum **Fährhafen** im Stadtteil **Gruž** (Schilder mit Schiffssymbol). Sie können Ihr rollendes Zuhause dann auf dem großen, gebührenpflichtigen Platz am Hafen abstellen und den Stadtbus (Linie 6) ins Zentrum nehmen (ca. 2 km) oder um die Hafenbucht herumfahren und den Schildern zum **Campingplatz „Solitudo"** folgen, denn erstens stehen Sie dort auf einem der besten Plätze Süddalmatiens, nicht weit vom Strand und der Bushaltestelle, und zweitens lohnt es sich, für Dubrovnik mehr als ein paar Stunden Zeit zu haben. (Sollten Sie allerdings doch bereits vor dem Stadttor stehen, so können Sie rund 800 m weiter in Richtung Cavtat fahren und versuchen, auf dem Parkplatz der Seilbahn eine Lücke zu finden).

Die **Altstadt** von Dubrovnik mit ihren riesigen Mauern und mittelalterlichen Kirchen, Klöstern und Patrizierpalästen ist ein Gesamtkunstwerk und Kulturdenkmal, das in Europa seinesgleichen sucht. Mit kulturhistorischen Schätzen von Weltrang und mediterranem Charme ist die als Weltkulturerbe geschützte Festungsstadt ein faszinierendes Reiseziel und zugleich Sprungbrett zu den subtropischen Naturparadiesen der süddalmatinischen Inseln.

Eindrucksvoller könnte der Eintritt in das historische Herz von Dubrovnik kaum sein als durch das gewaltige **Pile-Tor** an der Nordseite. Nicht nur, dass es als Bauwerk und Befestigung imponiert – zugleich ist es fast wie das Tor in eine andere Welt: Aus dem Verkehrschaos des Brsalje-Platzes wechselt

Die perfekt erhaltene Stadtmauer zieht sich rund um die ganze Altstadt von Dubrovnik

Ragusa – Dubrovnik: eine kleine Stadtgeschichte

Als die Awaren 605 die Römerstadt Epidaurum (heute Cavtat) eroberten, flüchteten die Überlebenden auf einen steil aus dem Meer aufragenden Felsen. Sie nannten ihre neue Heimat „Ragusa" (vermutlich von „Lausa", griechisch für „Fels"). Gegenüber, am Fuße des Berges Srd, siedelten die Slawen und nannten ihren Ort „Dubrava" (von „Dubr", slawisch für „Eiche").

Beim Verfall des Oströmischen Reichs gelang es den Ragusanern, ihre ökonomisch günstige, strategisch jedoch höchst prekäre Lage am Schnittpunkt zwischen Orient und Okzident auszunutzen, indem sie sich zum Mittler zwischen den konkurrierenden Kräften machten. Selbst als Venedig 1204 Byzanz eroberte und Ragusa unter venezianische Herrschaft geriet, konnte die Handelsmetropole sich beträchtliche Freiheiten bewahren.

1526 wurde Ragusa zu der mit allen Attributen staatlicher Souveränität ausgestatteten „Freien Stadtrepublik Ragusa". Ihre Blütezeit währte bis ins 17. Jahrhundert und ihr Stadtbild wurde durch venezianische Kirchen und Paläste geprägt. Niemandem ist es je gelungen, das monumentale Bollwerk einzunehmen. So war es übermenschlichen Kräften vorbehalten, den strahlenden Stern fast zum Erlöschen zu bringen. Am Morgen des 6. April 1667 verwüstete ein Erdbeben die Stadt und vernichtete ihre Kunstschätze. Nur etwa 2 Prozent ihrer rund 20.000 Einwohner überlebten die Katastrophe. Doch exakt nach den alten Plänen bauten sie ihre Stadt neu auf. Ihren alten Glanz hat sie danach nicht wieder erreicht und 1808 fiel alle Regierungsgewalt an Napoleons Statthalter und die stolze Stadtrepublik erlosch. Den Namen Ragusa behielt sie weiterhin. Erst nach dem Zweiten Weltkrieg wurde Ragusa als Dubrovnik zu einem Teil von Titos Vielvölkerstaat. Als die Serben die Stadt 1991 vom Berg Srd herunter mit Granaten beschossen, drohte der Untergang eines einzigartigen Kulturerbes. Doch die Schäden hielten sich in Grenzen und heute ist praktisch nichts mehr davon zu sehen.

man in ein autofreies Idyll, das jedem Historienfilm als Kulisse dienen könnte. Breit und schnurgerade schneidet die Placa (oder Stradun) genannte Pflasterstraße durch das historische Ensemble und markiert den Verlauf des einstigen Kanals, der die Felsinsel vom Festland trennte. Alle Gebäude entlang dieser Flaniermeile sind aus demselben gelbweißen Stein erbaut, mit dem auch der Boulevard gepflastert ist. Die großen Steinplatten glänzen wie frisch gewachst und poliert, denn in vielen Jahrhunderten haben Millionen von Füßen sie spiegelblank geschliffen.

Gleich hinter dem Pile-Tor erreicht man den von einer schmucken Kuppel gekrönten **Großen Onofrio-Brunnen** und links führt eine steile Treppe hinauf zum Wehrgang der **Stadtmauer** und zum **Minčeta-Turm,** von dem sich einer der schönsten Blicke auf die Altstadt eröffnet. Und egal, was man sonst anschaut oder nicht: Ein Spaziergang auf dieser einzigartigen Mauer (am besten bei Sonnenuntergang!) sollte bei keinem Dubrovnik-Besuch fehlen! Von dort oben überblickt man die ganze Pracht der Stadt- und Festungsanlage wie auf einem Stadtplan im Maßstab 1 : 1. Geschaffen hat dieses monumentale Bollwerk der Architekt Juraj Dalmatinac, der die Stadt Mitte des 15. Jahrhunderts (mit Finanzhilfe des Vatikans!) als äußersten Vorposten des Christentums gegen den türkischen Balkan ausbaute. Bis zu 25 Meter hoch und sechs Meter mächtig türmen sich die Felsquader der fast 2 km langen Zyklopenmauer. 15 Wehrtürme und vier Bastionen ergänzen die Anlage.

Zwischen der kleinen Erlöserkapelle am Pile-Tor und der an den Stradun grenzenden Klosterkirche führt eine schmale Gasse zum **Franziskanerkloster.** Es besitzt einen herrlichen Kreuzgang mit filigranen Doppelsäulen um den stillen Innenhof mit Orangenbäumen und Oleander herum. Zu seinen größten Kostbarkeiten zählt jedoch die seit 1317 unverändert erhaltene **Klosterapotheke,** eine der ältesten der Welt.

Am anderen Ende des Stradun gelangt man auf einen weiten Platz der seit Jahrhunderten das Zentrum allen städtischen Lebens ist. Seine Mitte markiert das mittelalterliche Symbol der freien Handelsstadt, eine große Roland-Säule *(Orlandov stup).* Um den Platz erheben sich die repräsentativen Sitze der drei tragenden Säulen Ragusas (Kaufleute, Ratsherren und Kirche): Der **Sponza-Palast** der Kaufleute, eines der wenigen Bauwerke, die das Erdbeben von 1667 überstanden haben, die schlichte, aber monumentale, von ei-

> **Literaturtipp**
> „CityTrip Dubrovnik" (mit Rundgang zu Game of Thrones) von Daniela Schetar u. Friedrich Köthe, REISE KNOW-HOW Verlag

ner mächtigen Kuppel überspannte **Marienkathedrale (Kathedrale Sv. Gospa)** und der **Ratspalast,** der bis heute noch als Rathaus dient.

Direkt daneben erstreckt sich der **Rektorenpalast** mit seiner prachtvoll verzierten Renaissance-Loggia und dem Arkaden-Innenhof. Über seinem Portal liest man die Maxime der Stadtrepublik: „Obliti privatorum, publica curate" – „Vergesst den Privatkram, sorgt für die Öffentlichkeit!"

Vom Stradun und den Plätzen führend Dutzende von Gassen in ein faszinierendes Labyrinth der Entdeckungen: historische Bauwerke, Kunstschätze und zahllose Restaurants. Nehmen Sie sich Zeit zum Bummeln und Genießen!

Information

› **TZG Dubrovnik** (Stadt-Information), Tel. 020 323887, 312011, www.tzdubrovnik.hr (auch auf Deutsch)

› **TZŽ Dubrovnik-Neretva** (Region Süddalmatien), Tel. 020 324999, www.visitdubrovnik.hr (auch auf Deutsch)

› **Infobüro im Stadtteil Pile,** Brsalje 5, 20000 Dubrovnik, Tel. 020 312001, Mo–So 8–20 Uhr, im Winter außer Do tägl. 9–15 Uhr

› **Infobüro im Stadtteil Gruz,** Obala I. Pavla II, 1, 20000 Dubrovnik, Tel. 020 417983, Mo–So 8–20 Uhr, im Winter außer Do tägl. 9–15 Uhr

Gastronomie

› **Gradska Kavana/Taverna Arsenal,** Pred Dvorom 1 (im ehemaligen Arsenal), Tel. 020 321065. Das „Stadtcafé" ist eines der beliebtesten Lokale, in dem sich Einheimische wie Besucher gleichermaßen treffen. Zum Kaffee oder Bier sitzt man auf der belebten Terrasse zur Placa hin und beobachtet das Treiben. Die stille Meeresterrasse auf der Seite gegenüber ist inzwischen für Restaurantgäste reserviert, die dort mit Blick auf den alten Hafen und das Fort Revelin gute Gerichte in stimmungsvollem Ambiente genießen.

› **Restaurant Pantarul,** Kralja Tomislava 1, Dubrovnik/Lapad, Tel. 020 333486, http://pantarul.com, Di–So 12–24 (unbedingt reservieren). Das relativ kleine Restaurant hat weder eine tolle Lage noch Meerblick noch eine Terrasse. Dass es trotzdem so gefragt ist, hat seinen Grund: eine erstklassige Küche (traditionelle Rezepte mit einem Touch Moderne), hochwertige, stets frische Zutaten, beste einheimische Weine (zu erstaunlich günstigen Preisen), ein sehr erfahrenes und sympathisches Team und ein gehobenes Niveau in entspannt-familiärer Atmosphäre. Kein Wunder, dass man hier ohne Reservierung nur selten Glück hat. Zudem liegt das Pantarul (Dubrovnik-Idiom für „Gabel") zu Fuß nur 10–15 Min. vom Campingplatz Solitudo **84** entfernt! Und wer von den Gerichten so begeistert ist wie ich, der kann 120 traditionelle Rezepte und Geschichten mitnehmen – in einem prämierten Kochbuch, verfasst und fotografiert von der Inhaberin Ana-Marija Bujić. Ein tolles Geschenk!

Fähren

> Der **Fährhafen** der Stadt Dubrovnik liegt etwa 2 Kilometer nördlich der Altstadt im Stadtteil Gruž. Ab hier fahren z. B. die internationale Autofähre nach Bari/Italien und eine regionale Autofähre nach Sobra/Mljet. Man kann von hier aber auch mit einer der diversen Personenfähren zu den Elaphiten-Inseln Šipan, Lopud und Koločep fahren.
> **Jadrolinija-Büro,** Obala S. Radiča 40, Tel. 020 418000

Parken

🅿 **154 Fährhafen Gruž,** GPS 42.65966, 18.08589. Großer, ebener und beleuchteter, aber teurer und nicht sonderlich ruhiger Asphaltplatz direkt am Fährhafen.

⑧⑷ Camping Solitudo ★★★

GPS 42.661491, 18.07028
Große Anlage mit mehreren Plätzen (die einzige im Stadtgebiet); gut, aber wenig Schatten und nachts Autolärm; nicht direkt am Meer, aber ein belebter Strand und Pool sind nur wenige 100 m entfernt; gute Ver-/Entsorgungsstation nahe der Rezeption, in der Saison mit Warteschlangen; Buslinie 6 zur Altstadt (Haltestelle ca. 500 m vom Platz). **Lage/Anfahrt:** Richtung Fährhafen Gruž und den Schildern zur Hotel-Halbinsel folgen; der Platz ist in weitem(!) Umkreis ausgeschildert, trotzdem kann man sich im Gewirr des Stadtverkehrs verfransen; **Wasser:** ja, Station nahe dem Eingang mit Schlauchanschluss; **Abwasser:** tadellose Plattform mit Schacht nahe dem Eingang; **Chemie-WC:** ja; **Strom:** ja; **Preise:** ca. 62 €; **Geöffnet:** ganzjährig, **Kontakt:** V. Lisinskog 60, Tel. 052 465010, 020 465010, www.camping-adriatic.com/solitudo-camp-dubrovnik (auch auf Deutsch).

◁ *Die monumentale Stadtmauer beim Pile-Tor*

Der Wunschkopf

An der Fassade der Franziskaner-Klosterkirche entdeckt man rechts neben dem Portal einen etwa in Kniehöhe aus der Wand ragenden Reliefkopf. Wer den Balanceakt schafft, mit beiden Beinen und ohne sich festzuhalten auf der schmalen, glatten und abschüssigen Fläche des Kopfes zu stehen, dessen Wunsch geht in Erfüllung – so heißt es. Die Dubrovniker schwören auf ihren Wunschkopf – und wie die starken Abnutzungen zeigen, wird er seit Generationen fleißig genutzt.

CAVTAT UND DAS KONAVLE-TAL
(Dubrovnik – Cavtat ca. 15 km)

Verlässt man Dubrovnik nach Süden in Richtung Cavtat, so klettert die Küstenstraße am steilen Fuß des Berges Srd empor und bietet herrliche Panoramablicke auf die an drei Seiten vom Meer umgebene Altstadt (mehrere Parkplätze am Straßenrand; schönster Blick am Morgen). Dann geht es wieder hinunter zur **Župski-Bucht** mit den kleinen Badeorten **Srebreno** und **Mlini,** an der Kroatien zwischen der bosnischen Grenze und dem Meer gerade noch einen Kilometer breit ist.

Information
> **TZG Cavtat & Konavle,** Zidine 6, 20210 Cavtat, Tel. 020 479025, www.visit.cavtat-konavle.com/de

85 Camping Kupari ★★

GPS 42.623959, 18.18832

Ein eher einfacher, aber preisgünstiger Platz in Strandnähe, allerdings ohne eigenen Strand. Er ist ruhig und schattig und meist weniger voll als andere. **Lage/Anfahrt:** in Srebreno an der Tankstelle links; **Wasser:** ja; **Abwasser:** Betonschacht mit nicht ganz einfacher Zufahrt; **Chemie-WC:** ja; **Strom:** ja; **Preise:** 22 €; **Geöffnet:** Mai–Okt.; **Kontakt:** Kuparsko polje 4, 20207 Mlini, Tel. 020 487307, www.campkupari.com (auch auf Deutsch)

86 Camping Kate ★★★

GPS 42.624592, 18.208019

Ein sympathischer, kleiner Privatplatz oberhalb des Meeres mit schönem Ausblick, viel Grün, Hangterrasse, WLAN und einem netten und sehr hilfsbereiten Mitarbeiter an der Rezeption, der etwas deutsch und englisch spricht; Taxiboote und Busse nach Dubrovnik. **Lage/Anfahrt:** hinter Soline unmittelbar rechts der Küstenstraße; **Wasser:** Schlauch gegenüber der Entsorgungsstation; **Abwasser:** an der Einfahrt links Betonplatte mit Loch; nicht ganz ideale Zufahrt; **Chemie-WC:** möglich; in der Abwasser-Entsorgung; **Strom:** ja; **Preise:** ca. 26 €; **Geöffnet:** April–Okt.; **Kontakt:** Tupina 1, 20207 Mlini, Tel. 020 487006, www.campingkate.com (auch auf Deutsch)

Etwa 15 km südlich von Dubrovnik, auf einer bewaldeten Halbinsel jenseits der Župski-Bucht, zweigt rechts eine Straße zum Ferienstädtchen **Cavtat** ab, besser bekannt unter seinem antiken Namen Epidauros. Seine malerische Altstadt, die luxuriösen Hotels, eine traumhafte Promenade, schöne Strände und diverse Kulturdenkmäler haben den Ort zu einer Touristenattraktion ersten Ranges gemacht.

Parken
▣ **155 Cavtat,** GPS 42.5824, 18.2193. Großer Parkplatz am Ende der Stichstraße, knapp 3 km hinter der Abzweigung; Felsstrand und schöner Spazierweg.

Von Cavtat nach Südosten erstreckt sich zwischen bewaldeten Küstenbergen und dem 1234 m hohen Snježnica-Massiv bis zur Bucht von Kotor das 20 km lange **Konavle-Tal** (Konavosko Polje), das wegen seiner zahlreichen Zypressen, Olivenhaine und Weinberge und seines milden Klimas als die „Toskana Dalmatiens" bezeichnet wird. Dieses fruchtbare Tal im Südzipfel Dalmatiens ist dafür bekannt, dass dort alte Bräuche und Feste bis heute gepflegt und gelebt werden.

Besonders gerühmt wird auch seine traditionelle Küche. Die wohl beste Möglichkeit, ihre Köstlichkeiten kennenzulernen, bietet das **Restaurant „Konavski dvori"** in einer alten Mühle am romantischen Wildbach Ljuta (bei Gruda links abbiegen und der kleinen Straße ca. 3 km folgen). Hier stimmt einfach alles – nicht zuletzt das traumhafte Ambiente der Gartenwirtschaft im kühlen Schatten der Bäume direkt am rauschenden Wasser.

▷ *Üppiges Grün prägt die Insel Mljet*

Gastronomie

> **Konavoski Dvori,** 20217 Pridvorje, Ljuta, Tel. 020 791039, www.esculaprestaurants.com/restaurant-konavoski-dvori (auf Engl.), tägl. 11–23 Uhr. Das romantische Restaurant in einer alten Mühle hat viele Tische im Freien unter schattigen Bäumen am kühlenden Wildbach Ljuta. Früher wurden vor allem ausgezeichnete Lammgerichte, frische Forellen und exzellentes selbstgebackenes Brot geboten, serviert von hübschen Mädchen in regionaler Tracht. Inzwischen umfasst die Karte ein weit breiteres Spektrum an Spezialitäten aus verschiedenen Regionen Kroatiens und die Qualität kann sich noch immer sehen lassen.

Tipp

> **Abstecher nach Herzegowina:** Der Grenzübergang bei Dabeli brijeg ist in der Saison überlastet. Dann kommt man schneller und problemloser über die Grenze, indem man die westlich verlaufende Parallelstrecke über Pločice und Vitaljina wählt.

MLJET – HONIGINSEL MIT SUBTROPISCHER PFLANZENPRACHT

Mljet ist die südlichste und die grünste aller dalmatinischen Inseln. Touristisch ist das stille Naturparadies kaum erschlossen und deshalb der perfekte Ort für Naturliebhaber. Die knapp 100 km² große „Honiginsel" (wie der aus dem Griechischen abgeleitete Name lautet) ist nur von 1200 Menschen bewohnt und zu 80 % von herrlichen Eichen-, Pinien- und Kiefernwäldern bedeckt. Dank dieser unberührten Natur wurde ein Teil der Insel zum Nationalpark erklärt. Der Legende zufolge haben hier einst die wilden Amazonen gelebt und in der Meeresgrotte soll Odysseus sieben vergnügliche Jahre bei der Nymphe Kalypso verbracht haben.

Neben üppiger Natur, eigenartigen Salzseen und der **Klosterinsel Sv. Marija** sind es die stillen Strände, die den Besuch von Mljet lohnen. Besonders schön ist die Sandbucht Saplunara beim Dorf Korita, am Ostende der Insel. Fährhafen ist **Sobra** an der Bucht im Nordosten der Insel. Hier legen die Küstenfähren Split – Dubrovnik an und in der Saison tägliche Personen- und Autofähren von Dubrovnik.

Hauptattraktion der Insel ist jedoch der **Nationalpark Mljet,** der ihr westliches Drittel umfasst. Der 31 km² große Nationalpark wurde 1960 gegründet, um die üppige und artenreiche Pflanzenwelt der Insel zu schützen. Neben Kiefern- und Steineichenwäldern gedeihen Lorbeer-, Johannisbrot- und Olivenbäume, Mastixsträucher und Myrten. Die einst ebenfalls sehr reiche Vogel- und Reptilienwelt wurde allerdings durch den zur Schlangenbekämpfung eingeführten Mungo stark dezimiert. Das Kernstück des Nationalparks bilden die beiden natürlichen **Salzseen Veliko Jezero** und **Mali Jezero,** die durch Kanäle mit dem Meer verbunden sind. Entstanden sind sie aus Karstsenken, die sich durch das Ansteigen des Meeres mit Wasser gefüllt haben. Ein besonders beliebtes Touristenziel ist die „Insel auf der Insel" im Veliko Jezero mit einem Benediktinerkloster.

Da die einzige Autofähre von Dubrovnik nach Sobra auf Mljet nur einmal täglich verkehrt, etwa 2 Stunden braucht und für Wohnmobile nicht gerade billig ist, empfiehlt es sich, den Nationalpark bei Pomena per Tagesausflug von Korčula aus zu besuchen (s. S. 213).

Informatio

› **Nationalpark-Verwaltung,** Pristanište 2, 20226 Goveđari, Tel. 020 744041, www.np-mljet.hr (auch auf Engl.)
› **TZO Mljet,** Zabrježe 2, 20225 Babino Polje, Tel. 020 746025, www.mljet.hr (auch auf Deutsch)
› **Mljet Travel Guide,** www.mljettravel.com (auf Engl.)

Fähren

› Fähren verkehren von Prapratno/Pelješac und Dubrovnik via Šipan (zweimal tägl.) nach Sobra auf Mljet, außerdem bieten viele Agenturen Tagesausflüge an; **Info:** Tel. 020 754247 (Prapratno); Tel. 020 418000 (Dubrovnik); Tel. 020 746134 (Sobra/Mljet)

Blick auf das Kloster Sv. Marija

ANHANG

KLEINE SPRACHHILFE KROATISCH

WÖRTER RUND UMS WOHNMOBIL

A

- Abblendlicht — oboreno svjetlo
- abdichten — zaptivanje
- Abschleppen — šlepati
- Abschleppseil — saila za šlepanje
- Abschleppwagen — vozilo za šlepanje
- abstellen/parken — ostaviti/parkirati
- Abwasser — odpadne vode
- Achse — osovina
- Alarmanlage — alarmni uređas
- Ampel — semafor
- Anlasser — anlaser
- Anschluss/Adapter — priključak/adapter
- Antriebsräder — pogonski točkovi
- Auspuff — auspuh
- Auto — auto

B

- Bahnübergang — prijelaz za vlak
- Batterie — baterija
- Batterie laden — bateriju napuniti
- Baustelle — gradiliste
- befahrbar (nicht befahrbar) — prohodan (nije prohodan)
- Benzin — benzin
- Benzinpumpe — benzinska pumpa
- beschädigt — oštećen
- Blinker — žmigavac
- Breite — širina
- Bremsbelag — kočione obloge
- Bremse — kočnice
- Bremsen (die) — kočiti
- Bremsflüssigkeit — ulje za kočnice

C, D

- Chemie-Toilette — hemiski toalet
- defekt — kvar
- dicht — zaptivanje
- Dichtung — zaptivka
- Diesel — dizel
- Differential — diferencjal

E

- Einbahnstraße — jednosmjerna ulica
- Einspritzpumpe — pumpa za ubrizgavanje
- eng, schmal — usko
- entleeren/entsorgen — isprazniti
- erlaubt — dozvoljeno
- Ersatzrad — rezerni kotač
- Ersatzteil — rezerni dio

F

- Feder — opruga
- Fernlicht — dugo svjetlo
- Feuerlöscher — aparat za gašenje požara
- Frostschutzmittel — antifriz
- Führerschein — vozačka dozvola

G

- Gang — brzina
- Gasflasche — boca za gas
- gebrochen — slomljen
- geöffnet — otvoren
- Gepäckträger — nosač prtljaga
- geschlossen — zatvoreno
- Geschwindigkeit — brzina
- gesperrt — blokiran
- Getriebe — mjenjač
- Gewicht — težina
- Glühbirne — sijalica
- Grauwasser — mutna voda

H

- Haarnadelkurve — oštra krivina
- Halteverbot — zabrana zaustavljanja
- Handbremse — ručna kočnica
- Hebel — poluga
- Heizung — grijanje
- Hilfe — pomoć
- Höhe — visina
- Hupe — sirena

K

- Kabel — kabal
- Kanister (Benzin-) — kanister (benzin)
- Kardanwelle (Antriebswelle) — kardansko vratilo (pogonsko vratilo)
- Karosserie — karoserija
- Keilriemen — kaišnik
- Kfz-Kennzeichen — tablica
- Kolben — klip
- Kreuzung — krizanje
- Kugellager — kuglični ležaj
- Kühler — hladnjak
- Kühlschrank — vitrina za hlađenje
- Kupplung — kvačilo
- Kurve — krivina
- Kurzschluss — kratki spoj

L

- Länge — dužina
- langsames Fahrzeug — sporo vozilo
- Lastwagen — teretno vozilo
- leer — prazan
- Lenkrad — volan
- Lenkung — upravljanje
- Licht ein- und ausschalten — svjetlo uključiti isključiti
- Lichtmaschine — dinamo mašina
- Luftfilter — zračni filter
- Lüftung — zračenje

M, N

- Massekabel — kabal za masu
- Messstab — štap za mjerenje
- Motor — motor
- Motoröl — motorno ulje
- Mutter — matica
- Nabe — prirubnica
- niedrig — nizak

O, P

- Ölwechsel — mjenjanje ulja
- Panne — kvar
- Parkplatz — parking
- Parkverbot — zabrana parkiranja
- Propangas — propan gas

R

- Rad — kotač
- Radkappe — radkapa
- Radkreuz — ključ za maticu
- Radmutter — matica za kotač
- Radwechsel — zamjena kotača
- Rastplatz — mjesto za odmor
- Reifen — guma
- Reifendruck — pritisak u gumi
- reparieren — popraviti
- Reserverad — rezerni kotač
- Rücklicht — zadnje svjetlo
- Rückspiegel — ogledalo

S

- Sackgasse — slijepa ulica
- Schalter — prekidač
- Scheibenwischer — brisač
- Scheinwerfer — far
- Schlauch — šlauf
- Schlüssel — ključ
- Schmutzwasser — prljava voda
- Schneeketten — lanci za snijeg
- Schraubenschlüssel — ključ za šarafe
- Schraubenzieher — šafziger
- Sicherung — osigurač
- Starthilfe-Kabel — kablovi za startovanje
- Stau — zaustavljanje
- Steckdose — šteker ženski
- Stecker — šteker muški
- steil — strm
- Stoßdämpfer — amortizer
- Stoßstange — branik
- Strom — struja

T

- Tank — rezervar
- tanken — točiti
- Tankstelle — benzinska pumpa

Kleine Sprachhilfe Kroatisch

| Tempolimit | ograničenje brzine |
| Trinkwasser | voda za piće |

U
Überbrückungskabel	produžni kablovi
übernachten	prenoćište
Umleitung	promjena smjera
undicht	ne zaptiva
Unfall	nezgoda

V
Ventil	ventil
Ventilator	ventilator
Ver-/Entsorgung	snabdijevanje/ odvoženje
verboten	zabranjeno
Vergaser	karburator
Verletzte (Schwer-)	povređen (teško povređen)
Versicherung	osiguranje
voll tanken	pun rezervar
Vorfahrt	prednost

W
Wagenheber	dizalica za auto
Wasserpumpe	pumpa za vodu
Wassertank	rezervar za vodu
Werkstatt	radionica
Werkzeug	alat
Windschutzscheibe	vjetrobransko staklo
Wohnmobil	kamping vozilo
Wohnmobilist	vozač kamping vozila
Wohnmobil-Stellplatz	quickstop, kamperstop

Z
Zündkerze	svjećica
Zündschlüssel	kontakt ključ
Zündung	paljenje
Zylinder	cilindar
Zylinderkopf	glavava cilindra

HÄUFIGE GEBRAUCHTE BEGRIFFE

Berg	brdo
Bucht	uvala
Burg	kula
Dorf	selo
Ebene	ravan
Fluss	rijeka
Gebirge	planine
Hafen	luka
Hochebene	visoravan
Insel	ostrvo
Kirche	crkva
Kloster	manastir

Markt	pijaca/tržnica
Platz	trg
Rathaus	općina
Schloss	zamak
Schlucht	zaliv
See	jezero
Stadt	grad
Strand	plaža
Straße	ulica
Tal	dolina
Teich	močvara
Turm	toranj/kula

Liebe Leserin, lieber Leser,

ein unabhängiger Verlag für unabhängig Reisende – das sind wir, der Reise Know-How Verlag aus Bielefeld, eines der letzten Familienunternehmen in der Branche. Obwohl wir zu den größten Reiseführerverlagen Deutschlands gehören, ist der familiäre Umgang miteinander in allen Bereichen des Verlagslebens zu spüren: In der Geschäftsführung in zweiter Generation, in einer wertschätzenden Arbeitsatmosphäre, in der Nähe zu unseren frei arbeitenden Autorinnen und Autoren, im engen Austausch mit unseren Leserinnen und Lesern – und auch in der Zusammenarbeit mit Druckereien in Deutschland, in denen wir ausschließlich und regional unsere Bücher produzieren. Die sollen schließlich erst mit Ihnen auf große Reise gehen.

Alles, was wir in unsere Bücher und Landkarten stecken, soll Ihnen eines ermöglichen: Auf Ihre ganz eigene, individuelle Weise die Welt zu entdecken. Wir wünschen Ihnen viel Freude und unvergessliche Erlebnisse mit diesem Wohnmobil-Tourguide.

Es grüßen herzlich
Peter Rump & Wayan Rump

REGISTER

A
Alkohol 23, 51
Anreise 12
Ausflüge 16
Auslandskrankenversicherung 28
Auslandsschutzbrief 32
Austernzucht 219
Autocamp 45
Autogas 27
Automobilklubs 32, 34

B
Bačinska Jezera 224
Bakar 104
Banken 28
Baredine, Tropfsteinhöhle 67
Barrierefreies Reisen 16
Baška 136
Baška Voda 192
Behinderte 16
Beli 123
Biograd na Moru 162
Biokovo-Panoramastraße 194
Biserujka-Höhle 138
Blaca, Felsenkloster 202
Bol 204
Bosnien-Herzegowina 225
Botschaft 17
Brač 200
Brela 192
Brestova 122
Brijuni-Inseln 90
Bucht von Bakar 104
Bucht von Soline 138
Bucht von Tar 59
Buje 80
Buzet 75

C
Camping 46
Campingplätze, Klassifizierung 49
Cavtat 234
Čepićko Polje 94
Cetina-Schlucht 189, 190
Čiovo 179
Cittanova 59
Cres 122, 123
Crikvenica 105
Croatia Ferries 16

D
DarsGo unit-Transponder 13
Debitkarte 28
Dingač 220
Diplomatische Vertretungen 17
Dol 201
Drvenik 196
Dubrovnik 227
Dugi Otok 158
Dušan Džamonja, Skulpturenpark 71
Dvigrad 87

E
EC-Karte 28
Einkaufen 17
Einreisebestimmungen 20
Entsorgung 51
Essen und Trinken 20

F
Fähren 15, 24
Fährgesellschaften 24
Fažana 90
Feiertage 25
Felsenfestung Klis 184
Felsenkloster Blaca 202
Feste 25
Feuer 50
FKK 46
Fotografieren 26
Freistehen 43
Fremdenverkehrsämter 29
Frkanj, Halbinsel 140

G
Galovac 158
Gasversorgung 27
Geld 27
Gesetzliche Feiertage 25
Gesundheit 28
Girocard 28
Glagoliza 78

Go-Box 12
Goldenes Horn 204
Goldenes Kap 83
Golf 36
Gornji Tučepi 194
GPS-Koordinaten 10
Gračišće 72
Gradac 196
Grožnjan 79
Grüne Versicherungskarte 20

H
Halbinsel Frkanj 140
Halbinsel Medulin 91
Halbinsel Montraker 69
Halbinsel Premantura 91
Handy 42
Haustiere 29
Hirtensiedlung Humac 207
Hum 73
Humac 207
Hvar 207, 211

I
Igrane 195, 196
Informationen 29
Insel Koversada 69
Insel Murter 165
Insel Sv. Katarina 83
Internetseiten 30
Istrien 53
Istrien, Anreise 14

J
Jablanac 114
Jadrolinija 16
Jama Baredine 67
Jelsa 209

K
Kalifront-Halbinsel 141
Kamenjak, Regionalpark 93
Kanfanar 87
Kapellen 74
Kap Kamenjak 92
Kap Mašnjak 94
Kap Veli Rat 161

Karstphänomene 76, 112
Karten 31
Kartensperrung 35
Kaštela 183
Kažuni 79
Klassifizierung Campingplätze 49
Klettern 36
Klima 33
Klis 184
Klosterinsel Galovac 158
Konavle-Tal 234
Konoba 22
Konsulat 17
Korčula 212
Kornaten-Nationalpark 166
Koromačna-Bucht 126
Korridor von Neum 225
Košljun 133
Koversada 69
Krk 132
Krka-Nationalpark 170
Krk-Most 105, 132
Kroatien, Anreise 14
Kroatische Engel 30
Kroatischer Autoklub (HAK) 41
Kroatischer Campingplatzverband KUH 50
Kroatische Zentrale für Tourismus 30
Küche, kroatische 20
Kuna 27, 50
Küste von Rovinj 81

L
Labin 93
Landeswährung 27, 50
Landminen 35
Lebensmittel 17
Likör 23
Limski-Kanal 81
Lokale 22
Lopar 141
Lošinj 128
Lovran 99

M
Makarska 192
Makarska Riviera 191
Mali Lošinj 129

Mali-Lošinj-Bucht 129
Mali Ston 219
Marina-Bucht 178
Martinšćica 126
Maut 12
May, Karl 116
Medulin, Halbinsel 91
Merag 123, 132
Milna 200
Minen 35
Mljet 235
Montraker, Halbinsel 69
Moreška 214
Mošćenička Draga 98
Motovun 76
Murter 165

N

Nationalpark Mljet 236
Naturist Camping 46
Naturpark Kamenjak 91
Naturpark Velebit 107
Neretva-Delta 224
Neretva-Piraten 225
Nerezine 128
Netzspannung 41
Neum 225
Nin 151
Notrufnummern 32, 35
Novalja 146
Novigrad 59
Novi Vinodolski 106

O

Obzovo-Gebirge 136
Olivenöl 66
Oltare 114
Omiš 189
Opatija 99
Oprtalj 76
Orebić 217
Osor 126
Österreich, Anreise 12

P

Pag 146, 149
Pager Spitzen 19, 149

Paklenica-Nationalpark 115
Pakoštane 164
Panne 32
Pantera-Bucht 160
Parken 32, 45
Pašman 157
Pazin 72
Pelješac 216
Plitvicer Seen 109
Ploče 224
Podgora 195
Polo, Marco 213
Poreč 64
Post 33
Postira 203
Postup 220
Potomje 219
Povljana 150
Preko 157
Premantura, Halbinsel 91
Prepaid-Datenkarten 42
Primošten 176
Prizna 115, 146
Produkte der Region 18
Promajna 192
Promillegrenze 51
Pučišća 203
Pudarica 139
Pula 87
Punat 133
Pupnatska Luka 215

Q

Quickstop 44

R

Rab 139
Rabac 94
Radfahren 36
Ragusa 228
Regionale Feste 25
Regionale Produkte 18
Regionalpark Kamenjak 93
Reiseveranstalter 30
Reisezeit 33
Reiten 37
Rijeka 101

Risnjak-Nationalpark 104
Riviera von Opatija 98
Riviera von Poreč 62
Riviera von Umag 56
Roč 73
Rogoznica 176, 177
Rotweine 220
Rovinj 82
Ruinenstadt Dvigrad 87
Rundfunk 34

S
Sakarun-Bucht 159
Sali 159
Salona 183
Sandstrand von Sakarun 161
San-Marino-Bucht 142
Savudrija 56
Schnaps 23
Segeln 37
Senj 108
Šibenik 167
Sicherheit 34
Skradin 170
Škrip 201
Skulpturenpark Dušan Džamonja 71
Slano 226
Slowenien, Anreise 13
Soline 138
Souvenirs 19
Sperrnotruf 35
Split 185
Splitska 203
Sport 36
Sportangeln 38
Sportschifffahrt 37
Stari Grad 210
Stellplätze 44
Stincina 115
Ston 219, 226
Straßenkarte 31
Straßenverhältnisse 40
Strom 41
Sućuraj 207
Sukošan 162
Sumartin 206
Surfen 205

Sveti Juraj 113
Sveti Jure 194
Sv. Katarina, Insel 83

T
Tanken 41
Tar 62
Tar, Bucht von 59
Tauchen 38, 159
Telašćica-Naturpark 161
Telefon 42
Televerine 128
Tennis 38
Top Camping Croatia 48, 50
Trinkgeld 42
Trogir 179
Tropfsteinhöhle Baredine 67
Trpanj 219
Trstenik 219
Trsteno 226
Trüffel 66
Tučepi 195
Tulove Grede 118
Tunnel 41

U
Übernachten 43
Ugljan 157
Umag 58
Umsatzsteuer 50
Unfall 32
Uskoken 108

V
Valbiska 132
Valun 125
Vela Luka 215
Velebit-Küste 106
Velebit, Naturpark 107
Veli Brijun 90
Veli Lošinj 131
Verkehrsregeln 51
Verkehrsservice 41
Versicherung 20, 32
Ver- und Entsorgung 51
Verunić 160
Vidova Gora 201, 203

Vignette 12
Vinodolski-Riviera 104
Vodice 167
Vodnjan 85
Vorwahl 42
Vraner See 125, 164
Vrata Biokova 194
Vrbnik 137
Vrboska 209
Vrsar 67
Vrulja-Bucht 191

W

Währung 27, 50
Wandern 39
Wasserfälle 172
Wechselkurse 28
Wein 80, 177
Wetter 33
Winde 34
Windsurfen 39
Winnetou 116
Winnetou-Museum 118
WLAN 42

Z

Zadar 154
Žigljen 146
Zlatni rat 204
Zoll 52
Zrće-Bucht 148
Zrmanja Schlucht 118
Žuljana 219
Župski-Bucht 234

IMPRESSUM

Rainer Höh

Die schönsten Routen durch KROATIEN

© Reise Know-How Verlag Peter Rump GmbH 2006, 2009, 2012, 2013, 2015, 2017
7., neu bearbeitete und aktualisierte Auflage 2021

Alle Rechte vorbehalten.

ISBN 978-3-8317-3433-7

Druck und Bindung:
   mediaprint solutions GmbH, Paderborn

Herausgeber: Klaus Werner
Layout: amundo media GmbH (Inhalt),
   Wayan Rump (Umschlag)
Lektorat: amundo media GmbH
Routenkarten: world mapping project
Ortspläne: amundo media GmbH, der Verlag,
   Ingenieurbüro B. Spachmüller
Kontakt: Osnabrücker Str. 79, 33649 Bielefeld,
   info@reise-know-how.de

Alle Angaben in diesem Buch sind gewissenhaft geprüft. Preise, Öffnungszeiten usw. können sich jedoch schnell ändern. Für eventuelle Fehler übernehmen Verlag wie Autor keine Haftung.

Bildnachweis
Umschlagvorderseite: stock.adobe.com © Tomasz Zajda | Umschlagrückseite: Rainer Höh (oben), Istra Premium Camping Resort by Valamar (unten)
Soweit ihre Namen nicht vollständig am Bild vermerkt sind, stehen die Kürzel an den Abbildungen für die folgenden Fotografen, Firmen und Einrichtungen. Rainer Höh: rh | fotolia.com by adobe: fo | stock.adobe.com: as

DER AUTOR

Rainer Höh, 1955 geboren, ist durch seine Bücher und Artikel zu Outdoor-Themen bekannt geworden. Seit 30 Jahren ist er aber auch für verschiedene Wohnmobil- und Allrad-Zeitschriften tätig. Er hat ein Buch zum Thema „Wohnmobil-Reisen in den USA" verfasst und eine Reihe spezieller Wohnmobil-Reiseführer herausgebracht. Für den REISE KNOW-HOW Verlag verfasste er neben zahlreichen Outdoor-Büchern u. a. das „Wohnmobil-Handbuch". Zusammen mit seinem Bruder Peter Höh hat er für denselben Verlag die Reihe der Wohnmobil-Tourguides begründet. In dieser Reihe sind neben dem vorliegenden Band vom selben Autor auch Bücher zur Bretagne und zur Provence erschienen.

Mit gemieteten Reisemobilen hat der Autor weite Teile Nordamerikas erkundet, mit seinem eigenen Reisemobil bereiste er zu allen Jahreszeiten Europa vom Mittelmeer bis zum Polarkreis und von Irland bis zum Baltikum. Kroatien (damals als Teil Jugoslawiens) hat er 1971 erstmals besucht – allerdings noch nicht per Wohnmobil, sondern mit dem Moped. Aber seine erste Reise mit dem selbst ausgebauten Campingbus führte 1989 wieder an die kroatische Küste. Während der Kriegsjahre hat er vor allem Istrien und die Kvarner Inseln besucht, um Texte für Bildbände zu verfassen.

Sofort nach dem Krieg hat er dann zusammen mit seinem Bruder Peter die gesamte Küste und alle größeren Inseln Kroatiens intensiv bereist. Seither besucht er das Land regelmäßig, um seine Bücher zu aktualisieren und neue Informationen zu sammeln.

ROUTENATLAS

Routenatlas

ÜBERSICHT DER CAMPING- UND STELLPLÄTZE

Die **GPS-Koordinaten der Stell- und Campingplätze im Buch** können auf der Verlags-Homepage www.reise-know-how.de von der Artikelseite dieses Buches unter der Rubrik Datenservice als Waypoint-Liste heruntergeladen werden.

ANFAHRT

①	Camping Plitvice	12

ROUTE 1

②	Camping Savudrija	56
③	Camping Kanegra	57
④	Camping Stella Maris	58
⑤	Camping Finida	59
⑥	Camping Park Umag	59
⑦	Camping Aminess Park Maravea	61
⑧	Aminess Sirena Camping	61
⑨	Lanterna	62
⑩	Camping Ulika	63
⑪	Camping Bijela Uvala	63
⑫	Istra Premium Camping Resort, Funtana	70
⑬	Camping Koversada	70
⑭	Camping Porto Sole	70
⑮	Camp Terre, Selina bei Sveti Lovreč	71
⑯	Stellplatz Motovun	77
⑰	Camping Valalta Naturist	85
⑱	Camping Val Saline	86
⑲	Camping Polari	86
⑳	Camping Veštar	86
㉑	Camping Arena Stoja	90
㉒	Camping Indije	91
㉓	Camping Arena Medulin	92
㉔	Kranjski Camp	92
㉕	Camping Oliva	94

ROUTE 2

㉖	Camping Sibinj	106
㉗	Kamp Škver	108
㉘	Plitvice Holiday Resort	113
㉙	Bluesun Camp Paklenica	118

ROUTE 3

㉚	Camping Kovačine	124
㉛	Camping Slatina	126
㉜	Camping Bijar	127
㉝	Camping Baldarin	127
㉞	Camping Lopari	128
㉟	Camping Rapoca	129
㊱	Camping Čikat	130
㊲	Aminess Atea Camping Resort	132
㊳	Autocamp Bor	133
㊴	Camper Stop Krk	134
㊵	Krk Premium Camping Resort	135
㊶	Camping Pila	135
㊷	FKK-Camp Konobe	136
㊸	Baška Beach Camping Resort	137
㊹	Naturist Camp Bunculuka	137
㊺	Padova Premium Camping Resort	141
㊻	San Marino Camping Resort	142

ROUTE 4

㊼	Camping Straško	147
㊽	Camping Village Šimuni	149
㊾	Camping Zaton	153
㊿	Stellplatz Marni	156
51	Camp Kargita	160
52	Camp Mandarino	160
53	Camping Filko	162
54	Camping Park Soline	164
55	Camping Kozarica	165
56	Autocamp Oaza Mira	165
57	Jezera Village	166
58	Autocamp Slanica (Murter)	167
59	Camping Resort Solaris	169
60	Camping Skradinske Delicije	171
61	Camp Marina	171

ROUTE 5

- 62 Camping Jasenovo — 176
- 63 Camping Adriatiq — 176
- 64 Camping Vranjica Belvedere — 182
- 65 Camping Rožac — 182
- 66 Camping Labaduša — 183
- 67 Camping Stobreč — 188
- 68 Camping Galeb — 190
- 69 Autocamp Sirena — 191
- 70 Camping Male Čiste — 196

ROUTE 6

- 71 Waterman Beach Resort — 201
- 72 Camping Mario — 206
- 73 Autocamp No 1 — 206
- 74 Camping Mlaska — 207
- 75 Camping Grebišće — 208
- 76 Camp Holiday — 208
- 77 Camping Port 9 — 215
- 78 Camping Mindel — 216
- 79 Camping Nevio — 217
- 80 Camping Trstenica — 218
- 81 Camping Palme — 218
- 82 Camping Prapratno — 220

ROUTE 7

- 83 Autocamp Trsteno — 226
- 84 Camping Solitudo — 233
- 85 Camping Kupari — 234
- 86 Camping Kate — 234

Routenatlas
Übersicht der Camping- und Stellplätze

Routenübersicht